www.ingramcontent.com/pod-product-compliance
Lightning Source LLC
LaVergne TN
LVHW021238080526
838199LV00088B/4577
9789358725575

رتن ناتھ سرشار:
فن اور شخصیت
(تحقیق و تنقید)

ثمیر کبیر

© Sameer Kabeer

Ratan Nath Sarshaar - Funn aur Shakhsiat

by: Sameer Kabeer

Edition: April '2024

Publisher :

Taemeer Publications LLC (Michigan, USA / Hyderabad, India)

ISBN 978-93-5872-557-5

مصنف یا ناشر کی پیشگی اجازت کے بغیر اس کتاب کا کوئی بھی حصہ کسی بھی شکل میں بشمول ویب سائٹ پر
اَپ لوڈنگ کے لیے استعمال نہ کیا جائے۔ نیز اس کتاب پر کسی بھی قسم کے تنازع کو نمٹانے کا اختیار
صرف حیدرآباد (تلنگانہ) کی عدلیہ کو ہو گا۔

© ثمیر کبیر

کتاب	:	**رتن ناتھ سرشار: فن اور شخصیت**
مصنف	:	**ثمیر کبیر**
پروف ریڈنگ / تدوین	:	اعجاز عبید
صنف	:	تحقیق و تنقید
ناشر	:	تعمیر پبلی کیشنز (حیدرآباد، انڈیا)
سالِ اشاعت	:	۲۰۲۴ء
صفحات	:	۱۸۰
سرورق ڈیزائن	:	تعمیر ویب ڈیزائن

فہرست

(۱)	سرشار۔ شخصیت اور فن	6
(۲)	اردو فکشن اور سماجی مسائل	19
(۳)	اردو میں جدید ناول	51
(۴)	جدید اردو ناول کی ابتداء	55
(۵)	مولوی نذیر احمد	60
(۶)	مجالسِ النساء۔۔۔ حالی	91
(۷)	نصیحت کا کرن پھول۔۔۔ آزاد	94
(۸)	شاد عظیم آبادی	96
(۹)	فسانۂ خورشیدی	100
(۱۰)	ناول میں سماجی شعور کی کارفرمائی	103
(۱۱)	سرشار کے ناولوں میں سماجی مسائل کی پیشکش	127
(۱۲)	خدائی فوجدار	128
(۱۳)	سیر کہسار	130
(۱۴)	جامِ سرشار	139
(۱۵)	کامنی	143
(۱۶)	پی کہاں	149
(۱۷)	کڑم دھم	153
(۱۸)	ہشو	155
(۱۹)	طوفانِ بے تمیزی	156
(۲۰)	فسانۂ آزاد	158

پہلا باب
سرشار: شخصیت اور فن

پنڈت رتن ناتھ در،المعروف بہ سرشار کا شمار اردو زبان ادب کے محسنین میں ہوتا ہے اس صاحبِ طرز ادیب، انشا پرداز اور ناول نگار کے کارنامے اردو ادب کی تاریخ میں سنہرے حروف میں لکھے جائیں گے۔ ہندوستان اور پاکستان کی یونیورسٹیوں میں سرشار پر جو تحقیقی کام ہوا ہے یا ہو رہا ہے اس کی تفصیل ہماری معلومات کے مطابق حسبِ ذیل ہے:
اس کے علاوہ اردو کے سر بر آوردہ نقادانِ فن نے لا تعداد تنقیدی مضامین لکھ کر سرشار کے فن اور ان کے کارناموں کے مختلف پہلوؤں اور گوشوں کو اجاگر کیا ہے۔ یہ کہنا قطعی نامناسب نہ ہو گا کہ اردو زبان و ادب کی کوئی تاریخ سرشار کے مفصل ذکر کے بغیر مکمل قرار نہیں دی جا سکتی۔

ہمارا موضوع ہے، "سرشار کے ناولوں میں سماجی مسائل کی پیش کش۔ چونکہ سرشار کے حالاتِ زندگی اور ان کی نجی اور ادبی حیثیت کے بیشتر پہلو محقق ہو کر ہمارے سامنے آ چکے ہیں۔ اس لیے ہم اس باب میں نہایت اختصار کے ساتھ، حوالہ جات اور اقتباسات و اندراجات کو نظر انداز کرتے ہوئے، ان کے اہم سوانح اور شخصیت کے بنیادی عناصر کا ذکر اس انداز میں کریں گے کہ ہمارے بنیادی موضوع سے اس کا تعلق برقرار رہے۔

سرشار کشمیری برہمن پنڈت بیج ناتھ در کشمیری کے بیٹے تھے جن کا شمار لکھنؤ کے با عزت شہریوں میں ہوتا تھا۔ سرشار کے برادر خورد بشمبر ناتھ در اور بیٹے نرنجن ناتھ در سرکاری خزانے میں نوکر تھے۔ سرشار نواب امجد علی شاہ کے عہد میں ۵/جون ۱۸۴۶ء کو لکھنؤ میں متولد ہوئے۔ ۱۸۵۰ء میں والد کی وفات کے بعد ماں نے ان کو پالا پوسا۔

سرشار صغر سن ہی سے شریر اور ذہین تھے۔ پڑوسی مسلم خواتین سے اردو سیکھی، مسلم طرزِ معاشرت کو قریب سے دیکھا اور اسے ذہن میں بسایا۔ بڑے ہونے پر ان کو عربی فارسی کی تحصیل کی غرض سے لکھنؤ کے مکتب میں داخل کرایا گیا اور دستور قدیم کے موافق تعلیم دی گئی۔ انگریزوں کے دورِ حکومت میں کیننگ کالج لکھنؤ کے قیام کے بعد اس میں داخلہ لیا لیکن کوئی باقاعدہ ڈگری نہ لے سکے۔ تاہم انگریزی ادب کے گہرے مطالعے نے ان کے ذہن کو منور اور طبیعت کو متحرک کر دیا۔

ایام بلوغت میں وسیلۂ رزق کی جستجو ناگزیر ہوئی تو کھیری کے ضلع اسکول میں ایک قلیل عرصے تک معلمی کے فرائض انجام دیئے۔ پھر تصنیف و تالیف میں منہمک ہو گئے۔ کھیری کی ملازمت کے دور ہی میں سائنسی اور تعلیمی موضوعات پر آرٹیکل لکھ کر اودھ پنچ اور دیگر رسائل میں چھپوائے پہلا آرٹیکل کشمیری پنڈتوں کے رسالے مراسلۂ کشمیری میں شائع ہوا۔

ابتدائی رجب علی بیگ سرور کے مسجع اور مقفیٰ اسلوب میں مضامین لکھے لیکن بہت جلد اپنا اسلوب اختیار کیا اور اردو ناول میں ایک نئے طرز کی بنیاد ڈالی۔ انکی تحریریں مراسلۂ کشمیری کے علاوہ مراۃ الہند اور ریاض الاخبار میں بھی طباعت پذیر ہوئیں۔ لیکن بہر کیف ان کے اپنے مخصوص اسلوب کی ابتداء اودھ پنچ میں مطبوعہ مضامین و نگارشات

ہی سے ہوئی۔

یوپی کے ایجوکیشن ڈپارٹمنٹ کی طرف سے شائع ہونے والے اخبار میں علمی اور اخلاقی مضامین کے ترجمے شائع ہوئے۔ وہ ترجمہ کرنے کے فن میں مہارت نامہ رکھتے تھے اور سائنسی مضامین کا انگریزی سے اردو میں بامحاورہ اور سلیس زبان میں ترجمہ کر لیتے تھے۔ ۱۸۸۷ء میں فزکس اور جغرافیہ کی ایک انگریزی کتاب کا ترجمہ کیا اور صحیح معنوں میں ان کی ادبی زندگی کا آغاز ہوا۔ اور ان کے ترجمے کی اردو دنیا میں دھوم مچ گئی۔ منشی نول کشور لکھنؤ کے نامی طابع تھے۔ سرشار کی شمس الضحیٰ انھوں نے ہی چھاپی۔ پھر اودھ اخبار نامی روزنامہ شروع کیا اور اسکی ادارت سرشار کے سپرد کی۔ سرشار نے یہ ذمہ داری اپنی مالی پریشانیوں کے پیشِ نظر قبول کر لی۔ منشی صاحب موصوف نے سرشار سے مختلف علمی اور فنی کتابوں کا ترجمہ کرانا شروع کیا۔ اس دوران انھوں نے میکنیزی والیس کی مشہور تصنیف روسو کا ترجمہ "اعمالنامۂ روس" کے نام سے کیا۔ پھر اسپین کے مشہور ناولٹ سروانٹیر کے ناول "ڈان کوئی زاٹ" کا ترجمہ خدائی فوجدار کے نام سے اودھ اخبار میں بالا قساط شائع کیا۔

خدائی فوجدار کے بعد اودھ میں فسانۂ آزاد چھپنا شروع ہوا۔ یہ ناول پہلے دسمبر ۱۸۷۸ء سے دسمبر ۱۸۷۹ء تک مسلسل ایک قسط وار شائع ہونے کے بعد ۱۸۸۰ء میں کتابی صورت میں طبع ہوا۔ فسانۂ آزاد کے بعد سرشار نے اودھ اخبار کے لیے بیک وقت دو ناول سیر کہسار اور جامِ سرشار لکھے اول الذکر فسانۂ لطیف اور آخرالذکر فسانۂ جدید کے نام سے اودھ اخبار میں قسط وار شائع ہوتے رہے۔ اس دوران منشی نول کشور سے ان کی ان بن ہو گئی اس لیے انھوں نے دوسرے ناشروں کے لیے بھی لکھنا شروع کیا۔ چھوٹے چھوٹے رسالے لکھے جن کو ہم اردو کے ابتدائی ناولٹ قرار دے سکتے ہیں۔

اب تک سرشار مے نوشی کی لت میں پڑ چکے تھے منشی صاحب نے اس کا ناجائز فائدہ اٹھا کر صرف ٹھرّے کی بوتل پر بھی ناول لکھوائے اس چال کو تاڑتے ہی انھوں نے منشی صاحب کی ملازمت کو خیر باد کہہ دیا اس دوران انھوں نے جوبلی پرنٹنگ پریس، اصح المطابع اور شمس المطابع سے رابطہ قائم کر لیا۔

سرشار نے ۱۸۹۲ء سے ۱۸۹۵ء تک بطور ایک فری لانسر کے کام کیا اور ہشو، پی کہاں کڑم دھنم کامنی پدمنی، الف لیلیٰ اور رنگے سیارے کے نام سے ناول اور ناولٹ تصنیف کئے۔ ۱۸۹۴ء میں جوبلی پرنٹنگ پریس کے مالک ڈاکٹر سی۔ سی گھوش کے لیے ایک پندرہ روزہ رسالہ "خم کدۂ سرشار" نکالنا شروع کیا۔ جس میں ان کے ناولٹ ہوتے تھے۔ پہلا ناولٹ کڑم دھم پانچ ہزار کی تعداد میں شائع ہوا۔ درج بالا کتابیں سرشار کے شاہکار فسانۂ آزاد کے مقابلے میں کوئی حیثیت نہیں رکھتی ہیں لیکن ان سے یہ ضرور معلوم ہو جاتا ہے کہ ایک ادیب کی زندگی عروج سے زوال کی طرف کس طرح آتی ہے۔

سرشار نے ۱۸۹۲ء میں آل انڈیا کانگریس کمیٹی کے اجلاس منعقدہ مدارس میں بحیثیت مندوب شرکت کی۔ شاعری میں منشی مظفر علی اسیرؔ کے آگے زانوئے تلمذ تہہ کیا وہ اکثر مشاعروں میں بھی شرکت کرتے تھے۔ چنانچہ کشمیری پنڈتوں کی ایک کانفرنس منعقدہ اکتوبر ۱۸۹۴ء لکھنؤ میں طوفان سرشار کے عنوان سے جو قصیدہ پڑھا اس میں کشمیری پنڈتوں کی زبوں حالی کا رونا تھا اور پوری قوم کو بیدار ہونے کی تلقین اور سماجی برائیوں کے خاتمے کی اپیل تھی۔ پنڈت بشن ناتھ در انگلینڈ سے بیرسٹری کر کے لوٹے تو ان کے استقبالیہ جلسے میں مثنوی تحفۂ سرشار پیش کی۔ اس مثنوی سے ولایت کے سفر کا جواز پیدا کرنے میں آسانی ہو گئی۔

کچھ عرصے الٰہ آباد ہائی کورٹ میں بحیثیت مترجم کام کرنے کے بعد ۱۸۹۵ء میں

مہاراجہ سرکشن پرشاد شادؔ وزیر اعظم نواب حیدر آباد کے اشارے پر حیدر آباد چلے گئے۔ نظام نے انھیں اپنے معزز درباریوں میں شامل کیا اور مہاراجہ موصوف نے دو سو روپے ماہانہ وظیفہ مقرر کر دیا۔ سرشار ان کے کلام منثور و منظوم کو بنظر اصلاح دیکھنے لگے اور انہی کی سرپرستی میں ایک رسالہ دبدبۂ آصفی بھی جاری کیا۔ ایک بار مہاراجہ سے بد ظن ہو کر لکھنؤ لوٹ آئے لیکن مہاراجہ نے منا کر پھر بلا لیا وہ حیدر آباد میں بیمار رہنے لگے۔ ان کا معدہ اور جگر دونوں خراب ہو گئے تھے۔ پیچپیس میں بھی مبتلا رہنے لگے تھے۔ مہاراجہ کے یونانی دواخانے سے علاج ہونے تو لگا لیکن شراب نوشی اور دیگر بد پرہیزیوں سے ان کی صحت تباہ ہو کر رہ گئی۔ مہاراجہ نے بے زار ہو کر سرپرستی کا سلسلہ منقطع کر دیا۔ اب ان کی رسائی ایک دوسرے رئیس تک بھی ہو گئی۔ لیکن یہاں بھی انھیں نامرادی کا سامنا کرنا پڑا۔

ان کی زندگی کے آخری ایام بڑی کس مپرسی کی حالت میں بسر ہوئے دربار کی سرپرستی منقطع مے نوشی کے تباہ کن نتائج کا ظہور غرض کہ سوکھ کر کانٹا ہو گئے تھے۔ کھانا پینا چھوڑ کر بستر پکڑ لیا تھا۔ آخر ۲۷/ جنوری ۱۹۰۲ء کو نہایت زبوں حالی میں حیدر آباد میں اس دنیا سے کوچ کیا اور وہیں نذر آتش کئے گئے۔

سرشار کا قد تقریباً چھ فٹ تھا۔ چہرہ بیضاوی اور بھرا، بڑی بڑی مونچھیں، توانا بدن، چوڑی چھاتی اور لمبے لمبے بازو تھے۔ جوش مزاج بلکہ ہنسوڑ تھے۔ خندہ پیشانی ان کا شعار تھا۔ بذلہ سنجی، طباعی، حاضر جوابی اور ظرافت میں بے مثال تھے۔ شکل وشباہت کے لحاظ سے فسانۂ آزاد کے میاں آزاد سے ملتے جلتے تھے یہ کہنا غلط نہ ہو گا کہ سرشار نے میاں آزاد کے روپ میں اپنا کردار ہی پیش کر دیا تھا۔

سرشار ہمیشہ قمیض اور اس پر کبھی کبھی اچکن یا لمبا کوٹ اور نیچے تنگ موری کا پاجامہ

اور سر پر ترکی ٹوپی پہنتے تھے۔ ہاتھ میں ہمیشہ ایک چھڑی ہوتی۔ ضد اور دھن کے پکے تھے۔ زندہ دلی میں دوستوں کو ستا کر لطف لیتے۔ گھومنے پھرنے کے بے حد شوقین تھے۔ دن بھر لکھنؤ کی سیر کرتے۔ گھومتے پھرتے اور رات کو لکھا کرتے تھے۔ بلا کی ذہانت پائی تھی۔ سب کچھ قلم برداشتہ لکھتے تھے نہ یہ یاد رہتا کہ پچھلی بار کیا لکھا تھا اور نہ ہی کوئی یاد دلاتا۔ مسودے پر کبھی نظر ثانی نہیں کرتے تھے۔ طبیعت پر آمد کی کیفیت طاری ہوتی تو کوئلے سے دیوار پر لکھنے لگ جاتے۔ نظر ثانی نہ کرنے کی عادت سے ان کی خود اعتمادی کا اظہار ہوتا ہے اور ساتھ ہی ساتھ لاپرواہی کا گمان بھی گزرتا ہے۔ اگر یہ کمزوری نہ ہوتی تو وہ اپنے مسودے پر نظر ثانی کرتے اور اعتراض کرنے والوں کے منہ پہلے ہی بند ہو جاتے۔

کھانے پینے کے بڑے شوقین تھے۔ خوش خوراک بھی تھے۔ پوڑی پکوان ان کو بہت پسند تھا۔ گوشت میں قورمہ پسند کرتے تھے۔ پراٹھے ادر ماش کی دال بھی مزے سے کھاتے تھے۔ ان کی شخصیت کا ایک دل نشین پہلو یہ تھا کہ وہ فرقہ واریت اور مذہبی تعصب سے بالاتر تھے۔ ہندو مسلمان، سکھ، عیسائی سب ان کی نظر میں برابر تھے۔ اردو زبان، شائستگی اور تہذیب انھوں نے مسلمان خواتین سے سیکھی۔ کدورت کے زنگ سے ان کا دل پاک تھا۔ ایک طرف منشی سجاد حسین اور مرزا چھجو بیگ ستم ظریف ان کے گہرے دوست تھے تو دوسری طرف پنڈت بشن نرائن در، پنڈت جوالا پرشاد برقؔ اور پنڈت تربھون ناتھ ہجر بھی ان کے یار غار تھے۔ آزاد پسندی ان کی طبیعت کا خاص جوہر تھی۔ طبیعت پر کسی کا بوجھ ان کے لیے ناقابل برداشت ہوتا تھا۔ اکتاہٹ بھی بہت جلد ان کے مزاج پر حاوی ہو جاتی تھی۔ کھیری کے مدرسی کے ماحول سے اکتائے تو نول کشور کے یہاں آ گئے اور جب وہاں سے جی اکتا گیا تو اودھ اخبار چھوڑ دیا اور فری لانسر بن گئے

وہاں سے جی بھر گیا تو الہ آباد ہائی کورٹ میں مترجم ہو گئے اور جب ملازمت کو پاؤں کی بیڑی سمجھا تو اسے بھی چھوڑ دیا۔ اتنا ہی نہیں حیدرآباد میں جب مہاراجہ کی سرپرستی کے پہلو بہ پہلو کچھ پابندیاں بھی عائد سی محسوس ہوئیں تو ان کی مصاحبت اور ملازمت کو بھی ٹھکرا دیا۔ طبیعت میں بے نیازی تھی، اس لیے کبھی دولت جمع کرنے کی لالچ نہیں ہوئی اور نہ ہی کسی امیر یا رئیس کے آگے دستِ سوال دراز کرنے کی ضرورت پیش آئی۔

بے اعتدالی اور بے پرواہی مزاج میں بلا کی تھی، بلانوشی اس پر مستزاد۔ وہ ان کی کمزوری بن چکی تھی۔ آخری عمر میں انھیں ہلکا ہلکا بخار رہنے لگا تھا۔ جسم سوکھ کر ہڈیوں کا ڈھانچہ بن کر رہ گیا تھا۔ قوت ہاضمہ بھی ناپید ہو چکی تھی۔ کوئی غذا ہضم ہی نہ ہوتی تھی۔ یہی کمزوری ان کی جان کی دشمن بن گئی تھی۔

قدرت نے انھیں ایک خاص ملکہ عطا کیا تھا۔ وہ جو کچھ دیکھتے اسے ذہین میں جزئیات و تفصیلات کے ساتھ محفوظ کر لیتے تھے۔ مثلاً سیر کے دوران اگر بازار میں کوئی مچھلی والی، کوئی بھٹیاری یا کنجڑا اپنے گاہک سے مول بھاؤ تکرار یا حجت کرتے نظر آتا۔ دھوبی دھوبن کو لڑتے دیکھتے تو سب کچھ اپنے ذہن میں نقش کر لیتے اور موقع پر وہی زبان اور وہی انداز پیش کر دیتے۔

سرشار کو جب اپنی سب سے بڑی کمزوری یعنی شراب نوشی کے تباہ کن اثرات کا احساس ہوا تو پانی سر سے گزر چکا تھا۔ اب وہ خود اپنے بھلے کے لئے کچھ نہ کر سکتے تھے۔ لیکن دوسروں کی بھلائی بھی انھیں عزیز تھی۔ ان کے سماجی شعور اور اخلاقی ذمہ داری کے احساس نے انھیں مائل کیا کہ وہ دوسروں کو شراب نوشی سے دور رہنے کی تلقین کریں۔ چنانچہ انھوں نے دو ناول ہشو اور جامِ سرشار اس فعل شنیع کی مذمت میں لکھے ان دونوں ناولوں میں لالہ اور نواب کے کردار اسی نقطہ نظر کی غمازی کرتے ہیں۔

سرشار کو اگر ہم اپنے دور کا نمائندہ اور ترجمان کہیں تو بے جا نہ ہوگا۔ ایک طرف تو وہ رجعت پرست بھی نہیں تھے اور دوسری طرف وہ نام نہاد روشن خیالی یا ترقی پسندی کے مبلغ بھی نہیں تھے۔ ان کی شخصیت مشرقی اور مغربی دونوں تہذیبوں اور تمدنوں کا سنگم تھی۔ وہ یہ چاہتے تھے کہ ہم مغربی اور مشرقی دونوں تمدنوں کی اچھی باتیں قبول کرلیں اور خراب و ناپسند باتیں ترک کر دیں۔ فسانۂ آزاد کے ایک اہم نسوانی کردار سپہر آرا اسی نقطہ نظر کی وضاحت کرتا ہے۔ بالفاظ دیگر یہ بھی کہا جا سکتا ہے کہ وہ ہندوستان اور برادرانِ وطن کی فلاح و بہبود اور ترقی کے خواہاں تھے۔

سرشار نے اپنے عہد کے لکھنؤ اور دیگر مقامات کے نوابوں اور رئیسوں کے حالات و کیفیات سے بخوبی واقف تھے۔ وہ ان کو اس لئے پسند کرتے تھے کہ ان میں علم اور عمل دونوں کا فقدان تھا۔ فسانۂ آزاد میں انھوں نے اسی قماش کے لوگوں کی پول کھولی ہے۔ اتنا ہی نہیں وہ تماشوں اور میلوں ٹھیلوں میں بچوں کو گہنے زیور پہنانا بھی پسند کرتے تھے۔ اس لئے فسانۂ آزاد کی ہیروئن حسن آرا سے کہلواتے ہیں کہ ہم یہ بھی کبھی نہ مانیں گے کہ گہنا پہنانے سے چھوٹے لڑکے اچھے دکھائی دیتے ہیں اور جو اس لئے پہنایا جائے کہ اس کے ماں باپ روپے والے سمجھے جائیں گے۔ یہ بھی ٹھیک بات نہیں ہے جو روپیہ ہی دکھانا ہے تو یہ کیوں نہ کرے کہ اچھے اچھے کپڑے پہنائے۔ دیکھو انگریز لوگ کبھی ایسا نہیں کرتے۔ کوئی تو کہہ دے کہ ہم نے انگریزوں کے لڑکوں کو کڑا یا ہنسلی یا کوئی اور گہنا پہنے دیکھا ہو۔

سرشار صنف نازک کی ضرورت، افادیت اور اہمیت سے بخوبی واقف تھے وہ جانتے تھے کہ کوئی سماج اس وقت تک ترقی نہیں کر سکتا جب تک کہ اس میں عورتوں کو مناسب مساوی مقام اور حقوق نہ ملیں۔ وہ تعلیم نسواں سے صرف عورتوں کا فائدہ نہ ہوگا۔ بلکہ

مرد بھی فوائد عظیم حاصل کریں گے۔ ایک یہی فائدہ کیا کم ہے کہ اگر عورتیں تربیت یافتہ ہوں گی تو مردوں کو مارے شرم کے ضرور پڑھنا ہوگا۔ سرشار کے اس نظریے کی توثیق اس سے بھی ہوتی ہے کہ انھوں نے فسانۂ آزاد میں مس پیٹر اور کلیریسا سے عورتوں کی تعلیم کا ایک کالج کھلوایا۔ وہ بچوں کو انگریزی اسکول میں بھیجنے کے بھی حامی تھے لیکن اس کے ساتھ ہی وہ پرانی قدروں کو ترک کرنے کے لیے بھی تیار نہیں تھے۔ چنانچہ لکھتے ہیں کہ اپنے لڑکوں کو اپنے اعزاء اقربا میں انھی لوگوں کے سپرد کر دیں جو انگریزی مدرسوں اور مکتبوں دونوں کی طرزِ تعلیم سے واقف ہوں اور خود بھی کبھی ماسٹر رہ چکے ہوں۔

سرشار کا خیال یہ نہیں تھا کہ نوجوان انگریزی تعلیم کے حصول کے بعد محض دفتر کے بابو یا چپراسی وغیرہ بن جائیں بلکہ وہ انھیں تجارت کی طرف راغب دیکھنا چاہتے تھے۔ فسانۂ آزاد میں میاں آزاد ایک ایڈریس کو جواب دیتے ہوئے فرماتے ہیں کہ منصفی یا ڈپٹی کلکٹری کا پانا تو بجز کوئی تیس روپے ماہوار کا کلرک لوکل فنڈ کلرک ہو گیا۔ کسی نے پندرہ بیس کی اسامی پائی۔ اب فرمایئے ان عہدوں پر امیر زادوں کا رہنا تضیع اوقات ہے یا نہیں؟ اگر اس کے برعکس وہ تجارت کی طرف متوجہ ہوں تو سبحان اللہ تجارت سے ملک کی صنعت و حرفت ترقی پاتی ہے اور ثروت سے آسودگی، فارغ البالی، آرام و عیش کو دن دونی رات چوگنی ترقی ہوتی ہے۔

سمندر پار کی سیاحت کشمیری پنڈتوں کے نزدیک ناپسندیدہ سمجھی جاتی رہی ہے۔ سرشار ولایت کے سفر کو برا نہیں جانتے تھے لیکن ان کی منشا یہ تھی کہ حصولِ تعلیم کی غرض سے ولایت کا سفر کرنا تو عین ثواب ہے۔ لیکن محض سیر و تفریح کے لیے نقص بتاتے ہیں۔ ایک یہ کہ دھرم جاتا رہتا ہے۔ اس اعتراض کی وقعت ظاہر ہے۔ اول تو

ہماری سمجھ میں یہی نہیں آتا کہ دھرم جانے کے کیا معنی؟ دھرم کسی عارضی کا نام تو ہے نہیں کہ سمندر کی ہوا سے ناپید ہو جائے یا جاتا رہے یا جہاز پر بیٹھنے سے انسانی جسم میں بے دھرمی پیدا ہو جائے۔ دھرم تو عقیدے کا نام ہے عقیدے کو جہاز یا ولایت سے کیا سروکار؟ مگر بعض جہلا نے یہ پخ لگا دی ہے کہ سمندر میں گئے اور سیدھے نرک میں پہنچے۔

یہ اعتراض کیا جاتا ہے کہ ولایت جا کر ہندو لوگ انگریزوں اور عیسائیوں کے ہاتھ کا پکا ہوا کھاتے ہیں اور نلوں کا پانی پیتے ہیں۔ اب فرمایئے نلوں کا پانی کہاں پیتے، کلکتہ میں بڑے بڑے باجپائی اور بڑے بڑے برہمن نلوں کا پانی پیتے ہیں یا نہیں۔ راجپوتانہ میں اکثر مقام ایسے ہیں جہاں ہندو پانی کی چھوت نہیں دلّی میں بعض برہمنوں کے یہاں اب تک سقے پانی بھرتے تھے۔ اب اگر کوئی سقے کا پانی پیۓ تو کوئی اعتراض نہیں کر سکتا۔ باقی رہا یہ امر کی عیسائیوں کے ہاتھ پکا ہوا کھاتے ہیں۔ ہم پوچھتے ہیں کہ کیا وہ لوگ جو ولایت نہیں جاتے اس سے بری ہیں۔ کیا بنگال کے ہندو کھلے بندوق ہوٹلوں میں کھانا نہیں کھاتے۔ کیا جب وہ لوگ مرتے ہیں تو برہمن اور پنڈت ان کا کریا کرم نہیں کرتے؟ اس سے پہلے بھی لکھا جا چکا ہے کہ سرشار نے ۱۸۹۴ء میں اپنے دوست بشن نرائن در کی ولایت سے واپسی پر استقبالیہ جلسے میں مثنوی تحفۂ سرشار پڑھی تھی جس سے ظاہر ہوتا ہے کہ وہ متعصب اور شدت پسند طبقے کے کتنے مخالف تھے اور سمندر پار جانے والے نوجوانوں کی محنت اور لگن کی کس طرح داد دیتے تھے۔

ڈاکٹر مصباح الحسن کے تجزیے کے مطابق سرشار نے اپنے مضامین میں معاشرتی زندگی کے ہر قابلِ غور پہلو پر تبصرہ کیا ہے لیکن خصوصیت سے ان مسائل پر زور دیا ہے جنھیں وہ عوام کی خوشحالی اور بہبود کے لئے بنیادی مسئلہ تصور کرتے تھے۔ وہ عوام کی پستی کا راز اور ان کے احساس کمتری کا سبب ان کی جہالت اور مغربی تعلیم سے محرومی میں سمجھتے

ہیں اور قوم کی سلامتی اور ترقی کیلئے تعلیم کو از حد ضروری امر خیال کرتے ہیں۔ ان کے نزدیک مغربی تعلیم ہی ملک کی خوش حالی اور ترقی کا زینہ ہے اور اس باب میں وہ روایت، تقلید، جہالت اور مذہب کی غلط تاویلات کا مضحکہ اڑاتے ہیں۔ وہ ہندوؤں اور مسلمانوں کو بنگالیوں کی مثال پیش کرتے ہوئے لکھتے ہیں کہ بنگالی جو حکومتِ ہند کے اعلیٰ عہدیدار ہیں اور گورنمنٹ کی نگاہ میں ان کی جو وقعت اور عزت ہے اس کا سبب یہ ہے کہ بنگالی تعلیم کے میدان میں ہندوؤں اور مسلمانوں سے بہت آگے ہیں۔ تجربہ شاہد ہے کہ بنگالی یونیورسٹی سے اعلیٰ تعلیم حاصل کرنے اور ڈگریاں لینے میں مشغول ہیں جبکہ ہندوؤں اور مسلمانوں کو شادی رچانے اور بچے پرورش کرنے سے ہی فرصت نہیں۔ انھوں نے ہندوؤں اور مسلمانوں پر علیحدہ علیحدہ تنقید کرتے ہوئے لکھا ہے کہ مسلمانوں کی پستی کا سبب ان کا غلط طریقہ تعلیم ہے کیونکہ ایک مسلمان بچے کو جو ابتدائی تعلیم دی جاتی ہے تو صرف یہ کہ وہ قرآن کی ان آیات کو حفظ کرے جس کے مفہوم اور مطلب سے وہ قطعی نا آشنا ہے۔ ظاہر ہے کہ اس کی دنیاوی زندگی میں اس تعلیم سے فائدے کی امید نہیں کی جا سکتی۔ دنیاوی زندگی کو پر مسرت بنانے کی استعداد کو بڑھانا چاہیئے تاکہ ان مضامین پر لکھی ہوئی انگریزی کتابوں سے استفادہ ممکن ہو۔ ہندوؤں سے وہ اس لیے ناراض ہیں کہ وہ توہم پرستی کا شکار ہیں۔

سرشار نے اپنے مضامین میں معاشرے کی خرابیوں کو بے نقاب کرنے کے علاوہ سیاسی مسائل پر بھی خامہ فرسائی کی ہے۔ وہ خود انڈین نیشنل کانگریس کے ممبر تھے اور اس کے مقاصد سے واقفیت رکھتے تھے لیکن وہ ایک ادیب تھے سیاسی لیڈر نہیں یہی وجہ ہے کہ کہیں کہیں ان کے سیاسی نظریات آپس میں دست و گریباں نظر آتے ہیں۔ بہر حال وہ ایک مخلص ایڈیٹر کی طرح ہندوستان اور بیرونی ممالک کے اہم سیاسی واقعات کو

عوام کے سامنے پیش کرتے رہے اور اس طرح انھوں نے عوام میں سیاسی شعور پیدا کرنے کی کوشش کی۔

ڈاکٹر قمر رئیس نے اپنی کتاب رتن ناتھ سرشار میں سرشار کا لکھنؤ کے زیر عنوان لکھنؤ کی تاریخی سیاسی اور سماجی نیز علمی وادبی حالت کا جائزہ لینے کے بعد لکھنؤ کا سرشار کے عنوان سے سرشار کے ذہنی ارتقاء کا سراغ لگانے کی سعی بلیغ کی ہے۔ ان کی تحریر کا خلاصہ یہی ہے کہ سرشار اپنے عہد کے سماجی مسائل سے نہ صرف واقف ہی تھے بلکہ انھوں نے ان سماجی مسائل کا حل پیش کرنے کی کوشش کی ہے۔ اس کتاب کے محض چند اقتباسات ملاحظہ فرمایئے۔

سرشار کا لکھنؤ جس تہذیبی زوال کا نمونہ تھا اس کی جڑیں ماضی میں دور تک پھیلی تھیں یہ براہِ راست اس سیاسی آشوب وانتشار کا نتیجہ تھا جس کے پیچھے برطانوی ایسٹ انڈیا کمپنی کی سازشیں اور اودھ پر تسلط کے جارحانہ عزائم برائے کار تھے۔

لکھنؤ میں جو ایک نئی تہذیب بن رہی تھی اور اردو زبان وادب جس نئے سانچے میں ڈھل رہے تھے عام طور پر اس کی شناخت نازک خیالی، صناعی، رنگینی اور تکلّف سے ہوتی ہے اور اسے لکھنویت کہا جاتا ہے۔ یہ تصویر کا صرف ایک پہلو ہے۔ لکھنو کی تہذیب کے مظاہرہ زیادہ وسیع اور متنوع تھے۔ ہماری قومی تہذیب کو انھوں نے مرتی ہوئی بے جان اور بے ثمر تہذیب بھی دیکھی تھی اور اس نئے ابھرتے ہوئے معاشرے کی متحرک زندگی سے بھی وہ مانوس تھے۔ صرف یہی نہیں وہ اس زندگی کے صحت مند اور توانا پہلوؤں اس میں جنم لینے والی نئی قدروں اور نئے انسانی رشتوں کو وہ قدر کی نگاہ سے دیکھ رہے تھے۔ پچھلے جاگیر دارانہ نظام کا تعفن خیز جمود، اس کی دقیانوسیت اور روایت پرستی ان کے سامنے تھی۔ اس نئے نظام میں حرکت اور عمل کی قوتیں انسان کو امکانات اور

ترغیبات کے سہارے مسلسل آگے قدم بڑھانے پر اکسا رہی تھیں۔ ریل گاڑی، رسل ورسائل اور اخبارات کے ذریعے اب انسان ساری دنیا سے اپنا رشتہ قائم کر رہا تھا۔ سماج اور فطرت کی اس آویزش کا آغاز ہو گیا تھا۔ یہ نئی قوتیں اس کی صلاحیتوں اور حوصلوں کی للکار رہی تھیں اور اس وسیع تناظر میں وہ اپنے وجود اور اپنے خوابوں کی تکمیل کے نت نئے وسائل تلاش کر رہا تھا۔

سرشار کے حلقہ احباب میں بیشتر لوگ تعلیم یافتہ اور روشن خیال تھے ملک میں مغربی تعلیم کی ترویج و اشاعت کے ساتھ ساتھ اصلاحی تحریکوں کے اثرات بھی اپنی جگہ بنا رہے تھے۔ عقلیت پسندی اور انسان دوستی کے تصورات متوسط طبقے میں ایک نئی ذہنی بیداری کو جنم دے رہے تھے سرشار قدیم جاگیردارانہ سماج کی مصوری کرنے کے باوجود مستقبل کی طرف دیکھ رہے تھے۔ اپنے متعدد مضامین اور ناولوں میں انھوں نے فرسودہ رسم و رواج، توہم پرستی، تنگ نظری اور جہالت کے خلاف آواز بلند کی۔ وہ ہندو مسلم اتحاد تعلیم نسواں اور مذہبی رواداری کے حامی تھے اور قومی ترقی کیلئے اسے ضروری سمجھتے تھے۔

* * *

دوسرا باب
اردو فکشن اور سماجی مسائل

قوموں کی فکری زندگی کے ساتھ سماجی زندگی بھی ارتقاء کے اصولوں اور رشتوں کی پابند ہوتی ہے اس طرح علمی، فنی اور ادبی اسالیب بھی ارتقاء کے رشتوں سے منسلک ہوتے ہیں خواہ ان کے اظہار کی شکلیں کتنی مختلف اور ایک دوسرے سے جداگانہ کیوں نہ ہوں۔ ارتقائی تسلسل کی اسی اہمیت کے پیش نظر جب ترقی یافتہ قومیں اپنی فکری اور سماجی تاریخ مرتب کرنے پر مائل ہوتی ہیں تو اپنے ارتقاء کے رشتے کو بڑی تلاش و تحقیق اور سراغ و جستجو کے جذبۂ بے پایاں کے ساتھ ابتدائی مراحل، عوامل اور محرکات سے جوڑتی ہیں۔ اس کا سبب یہ ہے کہ نئے فکری سماجی اور ادبی ادارے کسی تاریخی بنیاد کے بغیر نشو و ما نہیں پا سکتے۔ بعض وقت اقتصادی مادی اور سیاسی حالات میں کسی فوری اور ناگزیر تبدیلی سے ان میں انقلاب بھی آ جاتا ہے تاہم ماضی سے ان کا رشتہ بدستور استوار رہتا ہے۔

ناول کی صنف ہمارے ادب میں مغرب سے آئی ہے مغرب کا یہ قیمتی سرمایہ انیسویں صدی میں ہمارے حصے میں آیا لیکن یہ نکتہ بھی نا قابلِ فراموش اور نا قابلِ تردید ہے کہ ناول کو قبول کرنے والا وہ ذہنی، نفسیاتی، فکری اور سماجی سطح پر موجود تھا جس نے اس سے پہلے داستانوں اور قصوں کی نشو و نما کی تھی۔

بے شک انیسویں صدی کا اقتصادی اور ذہنی ماحول بدلا ہوا تھا لیکن ہمارے فن کار

نفسیاتی اور سماجی رشتہ ابھی ماضی سے منقطع نہیں ہوا تھا چنانچہ ہندوستان کا ناول نگار انہی حد بندیوں میں رہ کر اپنے کارنامے پیش کرنے پر مجبور تھا اس حقیقت سے کسی کو انکار نہیں ہو سکتا کہ ہمارے قدیم قصوں اور داستانوں کا ماحول عینی خیالی اور طلسماتی رہا ہے اس لئے عام طور پر سماجی زندگی کے جو نقوش ہم کو ان میں ملتے ہیں وہ زیادہ تر اپنے زمانۂ تخلیق کے اعتبار سے عینیت کا پرتو لیے ہوئے ہیں لیکن اس کے باوجود ہر ادبی تخلیق خواہ وہ کتنی بھی عینی اور خیالی کیوں نہ ہو اپنے سماجی پس منظر ہی میں ابھر سکتی ہے اور اس سے بے تعلق ہرگز نہیں رہ سکتی کیونکہ ادیب بھی بالآخر انسان ہے ایک سماجی انسان، زمان و مکان کی قید میں جکڑا ہوا انسان جو اپنے عہد کے سماجی ماحول اور فکری حصاروں سے بے نیاز نہیں رہ سکتا اپنی ذہنی تخلیق میں وہ تخیل کی کتنی ہی بلند پروازی سے کام لے لیکن اس کا تعلق سماج سے اور ماحول سے اٹوٹ ہوتا ہے۔ ہیگل تو ادب کو اس سماج کا اظہار قرار دیتا ہے جس نے اسے پیدا کیا اسی کا ذکر کرتے ہوئے آرتھر براؤن اپنی تصنیف میں لکھتا ہے۔

"فلسفہ تاریخ پر ہیگل نے جو لکچر دیے تھے (۲۳۔ ۱۸۲۲) ان میں ہیگل نے قومی ادب سے بحث کی تھی اور ان کو ایسے سماجوں کی اظہاری شکلوں سے تعبیر کیا تھا جنھوں نے اسے پیدا کیا۔

حقیقت بھی یہی ہے کہ ادیب کے تخیل کو غذا سماجی زندگی سے ملتی ہے خواہ اس کے اظہار کا وسیلہ کچھ بھی ہو غالب کے الفاظ میں چاہے وہ ناز و غمزہ کی گفتگو ہو یا دشنہ و خنجر کی بات یا بادۂ ساغر کا ذکر ہو۔ مگر سب کا مرکز مشاہدۂ حق ہوتا ہے غرض ادیب اور ادب کا رشتہ سماج سے اٹوٹ ہوتا ہے۔ اگر شعر و ادب کا تعلق سماج سے ٹوٹ جائے تو اس کی مثال ایک بے بادبان کشتی یا ایک بے لنگر جہاز کی ہوگی جس پر کسی کا بس نہیں ہوتا ہے ایسا ادیب جو اپنے سماج سے بیگانہ ہوگا ایک معما ہوگا " سمجھنے کا نہ سمجھنے کا" یہ بات کہ قدیم

قصوں اور داستانوں کو لوگ پڑھتے اور ان سے لطف اندوز ہوتے تھے اور آج بھی کچھ لوگ پڑھتے ہیں اور لطف اندوز ہوتے ہیں۔ اس بات کی دلیل ہے کہ وہ سماج کے کسی نہ کسی گوشے سے ٹکے ہوتے ہیں رزمیہ شاعری کی اٹھان کا اس کا اپنا سماجی پس منظر تھا۔ آج زندگی کا وہ پس منظر نہیں رہا جو کہ رزمیہ شاعری یا داستان کا تھا اس لیے آج کے ادیب کے لئے یہ ممکن نہیں ہے کہ وہ اس نوعیت کے کارناموں کی تخلیق کر سکے۔ اگر کوئی ادیب یا شاعر اسی "جرأت رندانہ" سے کام لے تو اسے اس زمانے میں "فکر فضول" سے زیادہ وقعت نہیں دی جا سکتی۔ قصّوں اور داستانوں کا زندگی سے یہ تعلق ہم کو ہر زمانے میں نظر آتا ہے۔ اگر ہم قدیم سے قدیم قصوں اور داستانوں پر بھی نگاہ ڈالیں و ہمیں یہ بات صاف معلوم ہو جائے گی کہ وہ اس سماجی پس منظر کو پیش کر رہے ہیں جس میں کہ وہ لکھے گئے ہیں۔ پروفیسر عبد القادر سروری افسانے کی پیدائش کے متعلق تحریر فرماتے ہوئے سماج اور افسانہ میں جو تعلق ہوتا ہے اس پر یوں روشنی ڈالتے ہیں۔

"غرض افسانے کی پیدائش کا خیال اور اسکی قدیم شکل کی جستجو ہم کو اس قدیم زمانے تک لے جاتی ہے جس میں زبان کے ابتدائی قواعد بھی مدون نہیں ہوئے تھے۔ مگر قصے اور کہانیاں ہستیوں کے حالات اور بہادروں کے کارنامے بوڑھوں کی نوک زبان پر اور بچوں کے سینہ بہ سینہ چلے آتے تھے۔ ان قصوں میں جانوروں اور بے جان چیزوں سے انسانوں کا کام لیا جاتا تھا اور ان جانوروں میں انسانی لوازمات فرض کر لیے جاتے تھے۔ فوق العادت واقعات اس کی روح رواں تھے اور انسانی قصوں کا ہیرو رستم اور حاتم برائے نام انسان مگر خصلت میں فرشتہ دیو یا شیطان ہوتا تھا اسی طرح ہیروئن یا اندر کے اکھاڑے کی کوئی خوبصورت پری ہوتی یا پھر بھوت چڑیل ہوتی تھی۔ اس کے پلاٹ کے لئے کسی خاص سرزمین کا ہونا ضروری نہ تھا۔ بہر حال جو چیز ان قصّوں میں نمایاں ہے۔ وہ

مصنف کی ذہنیت اور اس کا تخیل ہے اور بس گویا قدیم افسانے اس سوسائٹی کے خیالات کی موزوں یادگار ہیں جس میں ان کی پیدائش ہو گی"۔

زندگی کی رفتار کے ساتھ سماجی حالات اور ادیبوں کے فکری سانچے بدل جاتے ہیں۔ یہی وجہ ہے کہ مختلف ادیبوں کا تخیل اور طرز فکر بھی ایک دوسرے سے لازمی طور پر مختلف رہا ہے اس لیے وہ مختلف اداروں سے تعلق رکھنے والے ادیب جب کوئی موہوم، خیالی اور مثالی دنیا آباد کرتے ہیں تو ان میں بہت کچھ فرق پایا جاتا ہے۔ مثال کے طور پر انیسویں صدی کا ایک ہندوستانی داستان گو اپنے تخیل کے زور سے جب ایک جہاں آباد کرتا تھا اس میں طلسم کے کارخانے۔ جن، پری، بھوت، جادو منتر، سحر، کل کے گھوڑے، پرواز کرنے والی قالینیں، جیسے فوق الفطری عناصر سے اسے سجانا اور دلکش بنانے کی کوشش کرتا تھا۔ یہ وہ زمانہ تھا جب نہ تو ریل ایجاد ہوئی تھی نہ ہوائی جہاز کا تصور تھا۔ نہ چشم زون میں ایک شہر کو بقعۂ نور بنا دینے والی بجلی کے کرشمے تھے اور نہ دخانی قوت کی سحر طرازیاں نہ حمل و نقل کے یہ سریع السیر ذرائع تھے اور نہ رسل ورسائل کی ایسی سہولیتیں فضا کے فاصلوں کو جلد سے جلد طے کرنے کی خواہش میں ہمارے داستان گو نے اڑن قالین اور اڑن کھٹولے کا تصور پیدا کیا تھا۔ موت پر فتح پانے کے اس کے ذہن نے آبِ حیات کا چشمہ جاری کیا لیکن جدید دور کی سائنسی تحقیقات نے ہمارے داستان گو کے ذہن کو بھی مات دے دی ہے۔ جن چیزوں کی اس نے ذہنی طور پر تخلیق کی تھی سائنسی تحقیقات نے انہیں عملی طور پر سماج کی خدمات کے لئے قابل حصول بنا دیا ہے۔ اب ہمارے قصۂ گو اور ناول نگار کے ذہن کے لئے یہ گوشے تحریک کا باعث نہیں رہے داستان گو کا ذہن اس بھی شل نہیں ہوا۔ اب بھی وہ بر سرِ عمل ہے لیکن اس کی تلاش کے گوشے بدل گئے ہیں۔ چنانچہ ہماری صدی کا مشہور و معروف انگریز ادیب ایچ۔ جی۔ ویلز اپنے

تخیل کے بل بوتے پر اپنے ناولوں میں ایک خیالی دنیا کی تخلیق کرتا ہے چونکہ وہ بیسویں صدی کا ادیب ہے جو ایک میکانکی یا مشینی بلکہ جوہری دور بھی ہے۔ جس میں محض ایک انگلی کی جنبش سے رات کی تاریکی کو دن کی روشنی میں تبدیل کر دینا، چند گھنٹوں میں دنیا کے ایک گوشے سے دوسرے گوشے تک پہنچ جانا۔ گھر بیٹھے ہزاروں کوس کی دوری کی تہہ کو کھنگال دینا، آباد اور بیس بسائے عظیم شہروں کو چند ثانیوں میں لق و دق صحرا میں تبدیل کر دینا امکانی بات ہو گئی ہے۔ ظاہر ہے کہ ایسے زمانے میں سائنس لینے والا ادیب اپنے تخیل سے کوئی نئی دنیا پیدا کرنا چاہے تو وہ داستان گو کی دنیا سے بالکل الگ ہو گی۔ اب اسے اپنی تخلیق کو ایک عجوبہ بنانے کے لئے طلسمات سے کام لینے کی ضرورت نہیں۔ قدیم زمانے کے مقابلے میں اب ہماری روز مرہ کی دنیا ہماری جانی پہچانی دنیا خود ایک طلسمات کی دنیا ہے۔ جس میں وہ ساری باتیں پیش آ رہی ہیں جو گذشتہ صدی تک داستانوں میں پیش آسکتی تھیں اس لئے آج کا داستان گو یعنی ہمارا ناول نگار اپنے پڑھنے والوں کو فضا کی سیر کرانے چاند اور مریخ کے مناظر کی جھلک دکھانے اور ہمارے ذہن جہاں تک سوچ سکتے ہیں اس سے چند قدم آگے بڑھانے کی کوشش کرتا ہے۔

اب اسے جن اور پریوں کے پیکر تراشنے کی ضرورت نہیں۔ وہ مریخ اور چاند میں بسنے والے انسانوں کے گن گاتا ہے جدید داستان گو کو انسانوں اور دیوؤں کے درمیان جنگ و پیکار کے منظر دکھانے کی ضرورت نہیں وہ دو دنیاؤں کے بسنے والوں میں جنگ کرا سکتا ہے اور اس سلسلے میں وہ ساری باتیں بیان کر سکتا ہے جو کسی طلسماتی کارخانے کا دروازہ ہم پہ کھول دیتی ہیں۔ عہد قدیم کے داستان گو نے انسان کو اس زمانے میں ہوا میں اڑایا تھا جب کہ امکانی اعتبار سے یہ ممکن نہیں تھا۔ جدید داستان گو ولز نے انسان کو اس زمانے میں چاند پر پہنچا دیا جب کہ انسان خلاء میں سفر کے تصور سے نا آشنا تھا۔ اس کے

ناولوں کی فضا داستان کے جن، دیو اور پریوں سے کم نہیں ہیں۔ لیکن چونکہ وہ آج کی سماجی زندگی سے مطابقت رکھتے ہیں اس لئے ان کے مافوق الفطرت پہلو بھی ہمارے لئے گراں نہیں گزرتے کیونکہ کسی نہ کسی حد تک ان میں ہماری اپنی زندگی کا پہلو تو نظر آتا ہے۔ اس طرح ہر ادبی تخلیق خواہ وہ کتنی ہی نصب العینی کیوں نہ ہو اپنے مادی اور سماجی پس منظر سے کچھ دور تو جاسکتی ہے لیکن بہت دور نہیں جاسکتی اس کا بڑا ثبوت یہ ہے کہ نصب العینی اور داستانی شاہکار میں بھی بعض ایسے سماجی پہلو ابھر آتے ہیں جن کی بناء پر اس بات کا تعین کیا جاسکتا ہے کہ وہ کس ملک کس زمانے اور کس سماج سے تعلق رکھتے ہیں۔ داستانوں میں اگرچہ ایک انتہائی خیالی اور مثالی دنیا کا نقشہ پیش کیا جاتا ہے۔ لیکن اس میں بھی کچھ، سماجی پہلو نمایاں ہو ہی جاتے ہیں جس کی وجہ سے ان میں اس زمانے کی سماجی زندگی کے کبھی واضح اور کبھی مبہم نقوش ہمیں دکھائی دیتے ہیں ان کی بناء پر کسی داستانی کارنامے یا قصے کے بارے میں بتایا جاسکتا ہے کہ وہ کس ملک یا کس زمانے کی پیداوار ہے۔ مثلاً "الف لیلیٰ" کی معاشرت اور رسم ورواج سے اندازہ کیا گیا ہے کہ وہ ۱۴۰۰ء عیسوی سے پہلے لکھی گئی ہے کیونکہ اس میں کشید کی ہوئی شراب کا، کافی تمباکو اور آتشیں اسلحہ کا ذکر نہیں اور ان چیزوں کا استعمال ۱۴۰۰ء عیسوی کے بعد ہونا ثابت ہے۔ انھی امور کے پیش نظر اس بات کا اندازہ کیا جاسکتا ہے کہ کوئی افسانہ کس زمانے اور ملک سے تعلق رکھتا ہے مثال کے طور پر حاتم کے قصے میں بعض سماجی رسم ورواج کے عناصر کی بناء پر اندازہ کیا گیا ہے کہ وہ ہندوستان میں لکھا گیا۔ کیونکہ کوہِ ندا والے سوال کو پورا کرنے کے لئے حاتم ہندوستان بھی پہنچا ہے۔ ایک ہندو اس کی تواضع کے لئے ایک کٹورا دودھ لاتا ہے اور ایک کٹورا پانی۔ اس کے علاوہ اس شہر میں حاتم ایک مرد کی چتا کے ساتھ چار عورتوں کو ستی ہوتے دیکھتا ہے۔

ہمارے اکثر قصے اور داستانیں اپنے سماجی پس منظر، خاص طرزِ معاشرت، مذہبی معتقدات

اور مخصوص دیومالا کی تفصیلات میں یہ ظاہر کرتے ہیں کہ ان کا تعلق کس ملک سے ہے۔ جیسے طوطا کہانی، گل بکاولی، (جذبۂ عشق) مدھومالتی (گلشن عشق) کام روپ (پھول بن) قطب مشتری وغیرہ ایسے قصے ہیں جو صاف طور پر یہ ظاہر کرتے ہیں کہ ان کا تعلق ہندوستان سے ہے اسی طرح لیلیٰ مجنوں، شیریں فرہاد، اپنے ڈھانچے اور قصے کی تفصیلات سے یہ ظاہر کرتے ہیں کہ ان کا تعلق ہندوستان سے نہیں ہے۔ داستان حمزہ اور اس کے مختلف سلسلے جیسے نوشیروان نامہ، ہرمز نامہ، طلسم ہوش ربا، وغیرہ اپنے ڈھانچے میں ایرانی معلوم ہوتے ہیں لیکن وہ جزئیات میں ہندوستان کی سماجی زندگی سے ہی اپنا مواد لیتے ہیں۔ قصہ چار درویش، قصہ بہرام گور، سروش سخن، نوطرز مرصع، ایسے قصے ہیں جو اسلامی اور عجمی تہذیب وتمدن کے اثرات کے ساتھ ہندوستانی تہذیب اور سماجی زندگی کو پیش کرتے ہیں۔ بعض دفعہ ملے جلے تہذیبی اور سماجی اثرات کچھ اس طرح اور ایسے متوازن انداز میں نمایاں ہوتے ہیں کہ اس کا تعین کرنا مشکل ہوجاتا ہے کہ قصہ گو نے اپنا مواد کس سماج سے لیا ہے۔ عربی زبان کی شاہکار "الف لیلیٰ" کے سلسلے میں یہی دقت پیش آتی ہے۔ اس بات پر علماء اور محققین میں اختلاف ہے کہ یہ کس زبان اور کس ملک میں لکھی گئی۔

"پروفیسر گالدن کی رائے میں الف لیلیٰ ہندوستان سے فارس ہوکر عرب تک پہنچی۔ ایک فریق الف لیلیٰ کی اصل ایرانی سماج بتاتا ہے، دوسرا عرب ان قصوں کا پہلوی ماخذ بتانے والے بیرون جوفت جان میر ہیں انھیں عربی الاصل ماننے والا عالم ڈی۔ سامی ہے۔ لیکن اس بات پر سب کا اتفاق ہے کہ اس کی مختلف کہانیاں مختلف جگہوں سے لی گئی ہیں۔ مثال کے طور پر الف لیلیٰ میں قمر الزماں کی کہانی کو ڈی سامی نے خاص طور پر عرب قرار دیا ہے۔ الہٰ دین کی کہانی پر تحقیق کے بعد علماء اس نتیجے پر پہنچے ہیں کہ وہ مصری الاصل

ہے۔ ماہی گیر اور جن کی کہانی میں ماہی گیر جن کو جس ترکیب سے زک دیتا ہے۔ وہ اس بات پر شاہد ہے کہ یہ ہندوستان ہے۔ بوستان حکمت کی کہانیوں سے بھی یہی قیاس ہوتا ہے کہ اسکی مختلف کہانیاں مختلف جگہوں سے تعلق رکھتی ہیں کہ لکھنے والا خواہ کسی مقام اور کسی زمانے کا کیوں نہ ہو اپنے سماجی ماحول سے الگ ہو کر نہیں لکھ سکتا اور کسی نہ کسی صورت میں اس کے ملک کے سماجی حالات اور روایات اس کی تحریر میں جلوہ گر ہو کر رہتی ہیں۔

اردو کی ساری داستانیں ظاہر ہے کہ ہندوستان ہی میں لکھی گئی ہیں ممکن ہے کہ وہ ابتداء میں کسی اور ملک میں تصنیف ہوئی ہوں۔ خود اردو کی سب سے اہم مہماتی داستان "امیر حمزہ" کے بارے میں اب تک کوئی بات طے نہیں ہو سکی کہ وہ ہندوستان میں لکھی گئی یا ایران میں بعض لوگ جن میں مرزا غالب بھی شامل ہیں۔ کہتے کہ "داستان حمزہ قصہ موضوعی ہے۔ شاہ جہاں ثانی کے عہد میں ایران کے صاحبانِ طبع نے اس کو تالیف کیا ہے۔ بعض لوگ اسے اکبر کے زمانے کی تصنیف قرار دیتے ہیں۔ خلیل اللہ اشکؔ فورٹ ولیم کالج کے مترجم اپنے دیباچے میں لکھتے ہیں "بنیاد اس دلچسپ قصہ کی سلطان محمود بادشاہ کے وقت میں ہے۔ لیکن بقول ڈاکٹر گیان چند" یہ ماننے میں تامل ہے کہ یہ قصہ اصل میں عربی میں ہو گا۔ ایرانی اور ہندوستانی عناصر پلاٹ میں اس کثرت سے مخلوط ہیں کہ وہ مترجم کا اضافہ نہیں مانے جاسکتے بلکہ وہ اصل میں بھی تھے اس کے دیو اور پری اس کے عیاری ساحری کے واقعات ہند ایرانی نوعیت کے ہیں۔ عرب سے صرف امیر حمزہ عمرو اور مقبل کے نام لئے گئے ہیں باقی کوئی بات اس میں عربی تاریخ کی نہیں۔ اس کے علاوہ "اردو میں اس لئے ترجموں میں کتابوں کے علاوہ راویوں کی یادداشت کے اندراجات بھی ہیں اردو ترجمے میں مضمون کے صفحے ہندوستانی اجزاء سے بھرے پڑے

ہیں داستان کی داستان تصنیف کر کے شامل کر دی گئی ہے۔

ہمارے قدیم قصوں کی ابتداء جس طرح سے ہوئی ہے اس سے خود اس زمانے کی سماجی زندگی پر روشنی پڑتی ہے داستان امیر حمزہ کی ابتداءیوں ہوتی ہے۔

"واقعہ نگاران تحریر، مور خان شیریں تقریر نوکندگان افسانہ کہیں یا دوھندگان دیرینہ بجن یوں بیان کرتے ہیں کہ سرزمین ایران جنت نشان میں ملک مداین کا ایک شہنشاہ تھا۔ مباد کامران کا وہ مستمندان ناکام رعیت پروری میں لاجواب اور عدالت گستدی میں نظیر اس کانایاب عدل گستدی اس کے عدل کے روبروجو معلوم ہوتا تھا فلاح و عیش اس دربار میں بیدار ظلم و بیدار خواب عدم میں سوتا تھا اس کے ملک میں محتاج و فقیر مثل عنقا بے نشان تھے اغنیاز کوٰۃ دینے کو محتاج، ارباب استحاق کوئی نہ ملتا تھا۔ حیران تھے اور زبردست وزیر دست یکساں تھے۔۔۔۔۔۔ دن رات دروازے گھروں کے مثل پاسباں کھلے رہتے تھے کہ درز حناتک اسیائے عدالت میں بسا جاتا تھا۔ چور چوروں سے بھی نام چوری کا زبان پہ لاتا تھا۔ اگر راہی راہ میں کچھ پڑا پایا تو ڈھونڈ کر مالک کو دے جاتا۔

ملک کی خوشحالی بادشاہ کا یہ عدل و انصاف اور یہ پرسکون زندگی صرف داستان امیر حمزہ ہی کی خصوصیت نہیں بلکہ ہماری اکثر داستانوں میں کچھ، ایسی ہی زندگی کے نقشے جگہ جگہ ملتے ہیں۔ چنانچہ "فسانۂ عجائب میں " محرران رنگین تحریر و مور خان جادو تقریراً "شہب جبندہ قلم "کو "یوں گرم عنان وجولان کرتے ہیں"۔

"سرزمین ختن میں ایک شہر تھا مینو سواد۔۔۔۔۔۔ خلقِ خدایا خاطر شاد اسے قسمت آباد کہتے تھے۔ سب طرح کی خلقت رغبت سے اس میں رہتی تھی۔ والیِ ملک وہاں کا شاہِ گردوں وقار۔۔۔۔۔۔ شہنشاہ غیر وعزت نام موج بخشش سے اس عجز جود وعطا کی سائلات لب تشنہ سیر اب دبدبہ دوادہی وغلغلۂ عدالت سے دشمن دوست جانی چور مسافر

کے مال نگہبان ڈکیتوں کو عہدہ پاسبانی۔۔۔۔۔۔محتاج و فقیر کا شہر میں نام نہیں۔ داد فریاد آہ وہ نالہ سے کسی کو کوئی کام نہیں رعیت راضی۔۔۔

میر حسن کی مثنوی سحر البیان کا آغاز بھی ایسے ہی بادشاہ کی حشمت و جاہ اور اس کے مال و متاع کے بیان سے ہوتا ہے اور رعایا کی خوشحالی کا ہر بیان یوں کیا جاتا ہے:

رعیت تھی آسودہ و بے خطر
نہ غم مفلسی کا نہ چوری کا ڈر
سدا عیش و عشرت سدا راگ رنگ
نہ تھا زیست سے اپنی کوئی بہ تنگ
نہ دیکھا کسی نے کوئی واں فقیر
ہوئے اس کی دولت سے گھر گھر میرا۔

بادشاہ اور رعایا کی یہ پر سکون زندگی جسکو ایک معین ضابطے کے طور پر بار بار دہرایا گیا ہے۔ داستان سراؤں کی ایک تمنا ہے جو بادشاہوں کو رعیت پروری کے تقاضوں سے آگاہ کرنے کے لئے ایک اصول موضوع کے طور پر دہرائی جاتی ہے۔ اس میں کچھ تو واقعہ ہے اور کچھ وسیلۂ زیب داستان اس میں لکھنؤ کی لا ابالی اور بے فکر زندگی کا رنگ جھلکتا ہے۔ شاید اس لئے لکھنؤ میں سب سے زیادہ داستان سرائی ہوئی اور یہاں گویا داستان گوئی کا ایک احیا بھی ہوا۔

لیکن دوسرے مقامات پر بھی جو داستانیں لکھی گئی ہیں ان میں بھی زندگی فراغت اور بے فکری سے مملو اور پر سکون نظر آتی ہے میر امن دہلوی کی باغ و بہار بھی زندگی کا جو نقشہ پیش کرتی ہے۔ اس کے پس منظر میں "امن چین اور ذہنی آسودگی کی کار فرمائی صاف محسوس ہوتی ہے۔ وہ اپنے قصے کی ابتدا اس طرح کرتے ہیں۔

داستانوں کی یہ ابتداء ہندوستانی سماجی زندگی کی ایک بنیادی حقیقت کو ظاہر کرتی ہے۔ ان داستانوں میں شہر کو مرکزی حیثیت حاصل ہوتی ہے بلکہ قصے کے تمام واقعات کسی نہ کسی شہر میں وقوع پذیر ہوتے ہیں اور یہ شہر ملک کا پایہ تخت ہوتا ہے۔ شہری زندگی کی یہ خوش حالی بے بنیاد موہوم یا خیالی نہیں ہے۔ داستانوں میں دیہات کی زندگی کی جھلکیاں نہیں ملتیں۔ بلکہ شہری زندگی کے سارے ہنگامے انکے پس منظر دکھائی دیتے ہیں قدیم عہد میں شہروں کی اہمیت برطانوی عہد حکومت کے مقابلے میں زیادہ تھی اور ہمارے قصہ نگار اسی حقیقت کی ترجمانی کرتے ہیں۔

پہلے شہر تہذیب و تمدن خوشحالی، تجارت سیاست اور فنونِ لطیفہ کا مرکز ہوا کرتے تھے۔

"شہر حکومت کے پایہ تخت ہوا کرتے تھے۔۔۔ شہنشاہ اور بادشاہ ان کے درباری، امراء، اور رؤسا فوج کے سپہ سالار اور تمام بڑے عہدہ دار رہا کرتے تھے شہر میں ہی سب سے بڑی فوجی چھاؤنی بھی ہوتی تھی کیونکہ فوج کا بڑا حصہ یہیں قیام کرتا اور یہاں ہر قسم کے سماجی گروہ جمع ہوتے تھے۔ مثلاً موسیقار، بت تراش، مصور، شاعر و ادیب، درباری او طوائفیں جو حکمرانوں اور امراء کی صحت مند اور غیر صحت جسمانی یا فنکارانہ ضرورتوں کو پورا کیا کرتی تھیں۔

ان حالات میں ظاہر ہے کہ شہر کا نظم و نسق اور اسکی تہذیب و ثقافت بہت ہی ترقی یافتہ ہوتی تھی۔ اس لئے لوگوں کو چوروں اور ڈاکوؤں کا خطرہ بہت کم ہوتا تھا۔ "ظلم و بیداد" کا بہت کم احتمال رہتا تھا۔ چور مسافر کے مال کی نگہبانی کرنے پر اور ڈاکو "عہدۂ پاسبانی" پر مجبور ہو جاتے ہوں تو کوئی تعجب کی بات نہیں۔ اس زمانے کے ہندوستان میں کبھی کوئی بغاوت، کوئی گڑبڑ کوئی بد نظمی، اور کوئی شر انگیزی ہوتی تو وہ پایہ تخت کے علاوہ

اور کسی علاقے میں ہوتی۔ پایہ تخت کی زندگی میں ہلچل اسی وقت پیدا ہوتی جب کہ حکومت میں انقلاب آتا۔ اس کے علاوہ داستان نویس۔ "رعیت کی آبادی، خزانے کی معموری، فلاح اور عیش کی بیداری، "گھر گرامیرں" اور عیش و عشرت راگ ورنگ کا جو نقشہ کھینچتے ہیں۔ وہ محض انکی رومانیت پسندی کا نتیجہ نہیں ہے بلکہ اس کے پس منظر میں اس دور کے ہندوستان کی سماجی زندگی کے کچھ ٹھوس حقائق بھی تھے۔ عہد قدیم میں حکمرانوں کا پہلا تعلق خاطر پایہ تخت سے ہوا کرتا تھا۔ لہٰذا اس کی ترقی پر ساری توجہ صرف کی جاتی اور دیہات کے صرفے سے کی جاتی پایہ تخت یا شہر کی خوشحالی کے بیان میں۔ اے۔ آر۔ دیسائی لکھتے ہیں۔

"شہر کی معیشت زیادہ ترقی یافتہ ہوتی تھی کیونکہ وہاں مختلف سماجی طبقوں کی مانگ ہوتی، جن سے زندگی کی مختلف ضرورتیں پوری ہوا کرتی تھیں۔ ان سماجی طبقوں میں بادشاہ اور اس کے درباری دولت مند تاجر اور بڑے بڑے امراء اور روسا شامل ہوتے تھے۔ زمین کے محصول کا بڑا حصہ شہر ہی پر صرف ہوتا تھا۔ تاجر گروہ اپنا منافع شہر ہی میں صرف کرتا تھا۔ یہ تمام چیزیں شہر کی معیشت کو بڑھاتی تھیں اور اس کی پیداوار اور مختلف صنعتیں مثلاً اعلیٰ اور نفیس قسم کا کپڑا اعلیٰ درجے کی صناعی سے آراستہ دھات اور مرمر کے برتن ہر قسم کی اشیائے ضروری جنگی اسلحہ جن کی اعلیٰ طبقے اور تاجروں میں مانگ تھی۔ شہر کی اقتصادی حیثیت کو مستحکم کرتی تھیں۔ شہر میں ملک کی ساری دولت کھینچ کر چلی آتی تھی اور اس کا بہت بڑا حصہ یہیں صرف ہوتا تھا۔ اس طرح شہر کی معاشی اور سماجی زندگی آسودہ اور خوشحال ہوتی تھی"۔

اس کا بڑا سبب یہ تھا کہ ہمارے فنکار یا داستان گو شہر سے تعلق رکھتے تھے یا شہر ہی سے حقیقی یا ذہنی وابستگی استوار کر لیتے تھے۔ گاؤں (گاؤں ہار گاؤں والا) کا ہونا یعنی اپنے

ماتھے پر گنوار کا کلنک لگوانا کوئی پسند نہ کرتا تھا۔ اس لیے داستانوں میں جو زندگی پیش کی جاتی ہے اور جو تہذیب شائستگی، خوش حالی تجارت کی تفصیلات اور بعض وقت جنگ و جدل کے حالات وغیرہ بیان کئے جاتے ہیں ان کا تعلق تمام تر شہری زندگی سے ہوتا ہے یہ طریقہ ہندوستان میں بہت عرصہ سے چلا آرہا ہے گوری شنکر اوجھا لکھتے ہیں:

"ہندوستان کے بڑے بڑے شہر تجارت کے مرکز تھے ہندوستان میں زمانہ قدیم سے بڑے بڑے شہروں کا رواج تھا"۔

جہاں تک داستانوں میں شہروں کی خوش حالی کے تذکرے کا تعلق ہے اس کی تائید کئی باتوں سے ہوتی ہے۔ گوری شنکر اوجھا کا بیان ملاحظہ فرمایئے۔

"ہندوستان اپنی زراعت، تجارت، حرفت اور معدنیات کی بدولت بہت صرفہ الحال تھا۔ اس زمانے میں کسبِ معاش کی زیادہ فکر نہ کرنی پڑتی تھی۔ شہری زندگی جس کا ذکر ہم اکثر کرتے ہیں۔ اس سے بھی یہی معلوم ہوتا ہے کہ قدیم باشندے بہت خوش حال تھے تجارت اور برآمد کی کثرت کے باعث ملک کی دولت روز بروز بڑھتی جاتی تھی یہاں ہیرے نیلم، موتی اور نپا کی دکانیں تھیں۔ مشہور کوہ نور ہیرا بھی اسی زمانے میں ہندوستان میں تھا۔"

ان بیانات کی روشنی میں ہمارے داستانِ گو ملک کی خوشحالی کے جو نقشے پیش کرتے ہیں وہ بالکل بے بنیاد نہیں ہوسکتے۔ ہاں ایک بات ضرور ہے کہ وہ اپنی فطرت کے مطابق تصویروں کو ابھارنے کے لئے رنگ آمیزی سے کام لیتے تھے۔ اس سلسلے میں ایک بات یہ بھی ذہن نشین ہونی چاہیئے کہ عہد قدیم کے ہندوستان کو تکمیل احتیاج کا شعور بلکہ ذوق پیدا نہیں ہوا تھا۔ ان کی خواہش ان کی مادی اور امکانی ضرورتوں تک محدود تھی اور اگر تکمیل احتیاج کا شعور انھیں اپنے ماحول سے بغاوت پر آمادہ بھی تو کرتا تو وہ بغاوت طبعی

ہونے کے بجائے ارتعاش کی صورت اختیار کرتی جس کے نتیجے میں ان کی فوق الفطری، نصب العینی اور موہوم دنیا کی تخلیق ہوتی ہے۔ داستانوں کی عیش پسندانہ زندگی کے نقوش دراصل کچھ تو متاع حاصل کی ترجمانی کرتے ہیں اور کچھ متاع غیر حاصل کی ذہنی تکمیل ہمارے قدیم شاہکار افسانوں کارناموں میں ادب فن بیان و زبان، حسن اظہار اور خوبی تحریر و تقریر کے بارے میں توصیفی اشارے ملتے ہیں اس سے ثابت ہوتا ہے کہ ہمارے بزرگوں نے اپنے ذوقِ جمال کی آبیاری بڑی عرق ریزی سے کی تھی خاص طور پر زبان کے معیار اور اسکی صحبت کے شعور اور پاسداری میں وہ کسی سے پیچھے نہیں تھے۔ انشاء اللہ خاں انشاء دریائے لطافت میں لکھتے ہیں:

"در پر ملک قاعدہ این است کہ صاحب کمالان و خوش بیانان آنجا در شہری کہ قرار گاہِ دولت بادشاہی باشد جمع شوند و از کثرت ورودِ آدم ہر دیار برائے تحصیل قوت، در آن، باشند گانش در تحریر و تقریر بہ از کانن بلاو دیگر آن ولایت باشند۔۔۔۔۔۔چوں بیشتر جائے عیش سلاطین تیموریہ دارالخلافہ شاہجہاں آباد بودہ است و فصیحان وبلیغان و علمائے عالی قدر فریقین و دیگر ارباب فنون لطیفہ واصحاب علوم شریفہ در آن شہر ونواز آرام گاہے برائے خود ساختہ بودند ہر چند کہ لاہور ملتان داشتہ آن۔۔۔ در زمانہ سابق آدم ہر شہر درانِ شہر وار می شد وکسب آدمیت می کرد و باشندہ آنجانہ شہر دیگر نمی رفت و اگر سحبہ ضرورت می رفت بزرگزادھالے عالی قدر آن بلدہ بزیارتش می آمدند و در صحبت او قوانین مجلس یاد می گرفتند۔"

گویا انشاء کا بیان اوجھا کے نتیجہ فکر کی تائید کرتا ہے۔ انشاء نے اس بات کی بھی وضاحت کی ہے کہ دارالخلافہ کس طرح اور کیوں کر فن کاروں اور صاحبِ کمالوں کا ماوا ملجا بن جایا کرتا تھا چونکہ یہاں بادشاہ رہتا تھا اور یہاں دولت کی فراوانی ہوتی تھی اس لئے

دارالخلافہ میں اہل کمال کی خاطر خواہ سرپرستی بھی ہوا کرتی تھی چنانچہ ہر قسم کے خاص فن کار ملک کے کونے کونے سے کھینچ کر یہاں جمع ہو جاتے تھے۔ مغلیہ سلطنت کے ختم ہونے کے بعد لکھنؤ کو بھی کچھ ایسی ہی مرکزیت حاصل ہو گئی تھی اور اس فضا میں ہماری بہت سی داستانوں کا پس منظر تیار ہوا کیونکہ ہماری بہت سی چھوٹی بڑی منظوم اور نثری داستانیں یہیں لکھی گئیں۔ مثلاً فسانۂ عجائب، بوستان خیال، سحر البیان وغیرہ۔ کئی داستانیں ایسی ہیں جن کو لکھنؤ ہی میں فارسی سے اردو میں منتقل کیا گیا۔ مثلاً داستان امیر حمزہ جس کے سب حصے ترجمہ کر کے یہیں سے شائع کئے گئے۔

لکھنؤ انیسویں صدی عیسوی میں دہلی کی ساری تہذیبی دولت سمیٹ چکا تھا اور دولت کی فراوانی اور خوشحالی کی وجہ سے مرکزی حیثیت حاصل کر چکا تھا اور اس حیثیت سے اس وقت کا لکھنؤ اودھ کا نہیں بلکہ سارے ہندوستان کا پایہ تخت بن گیا تھا۔ میر احمد علی علوی لکھنؤ کے بارے میں لکھتے ہیں:

"یہ دارالسلطنت بھی شاعری و نثاری کا معدن فصاحت و بلاغت کا معیار زبان اور محاورات کی ٹکسال شائستگی و تہذیب کا گھر دولت و ثروت کا سرچشمہ اور حشمت و جاہ و جلال کا خزانہ یا یوں کہو کہ اودھ کی دولت مستعیل دلکش مستقر تھا جس کے شیدائی دعوے سے کہتے تھے۔"

گو ملی جنت بھی رہنے کو بجائے لکھنؤ
چونک پڑتا ہوں میں ہر دم کہہ کر ہائے لکھنؤ

ہمارے زمانے کے مشہور شاعر اور ادیب فراق گورکھپوری اپنے مضمون "اردو ادب کا سماجی پسِ منظر" میں لکھنؤ کی خوشحال زندگی اور اس سے پیدا شدہ حالات کو ظاہر کرتے ہوئے لکھتے ہیں۔

"لکھنؤ کے نئے شہر اور نئی راجدھانی کے سماجی پس منظر پر نظر ڈالیں، شہر کی دولت خوش حالی بے فکری، رونق اور چہل پہل کا کیا کہنا"۔

اس مضمون میں وہ لکھنؤ کی خوش حال زندگی کو مثنوی سحر البیان کی وجہ تالیف کا ایک تنقیدی پہلو قرار دیتے ہیں۔

"لکھنؤ کی زندگی کی خوشحالی اور خارجیت نے ہماری شاعری کی لغت کو وسعت دی اور یہ مثنوی اسی زندگی کی دین ہے۔ میر حسن نے جاگیر دارانہ زندگی کی اچھی خاصی جیتی جاگتی تصویر مثنوی سحر البیان میں پیش کر دی ہے۔۔۔۔

اس مثنوی کے لکھنے کی تحریک بھی یہی تھی کہ یہ زندگی خوشحال اور فارغ البال نظر آئے جیسا لکھنؤ میں نظر آ رہی ہے"۔

ہمارے قصہ نگار اور داستان گو بھی "ملک آباد" اور "رعیت شاد" کے گن گاتے تھے۔ اس کا پس منظر بھی یہی ماحول تھا جس میں اعلیٰ طبقہ تو خوشحال تھا ہی اور خود قصہ نگار بھی اپنے آپ کو اس طبقے سے ذہنی طور پر وابستہ کر لیا تھا۔ عوام کی خوشحالی ان کی قناعت تھی۔ نتیجہ بہر حال ایک ہے۔ ایک طبقے کو مادی خوش حالی نصیب تھی اور ایک طبقہ ذہنی خوش حالی کا مالک تھا۔ یہ ایک کھلی بات ہے کہ ادب کی تخلیق خلاء میں نہیں ہوتی۔ ہر ادب پارے کے بنیادی اجزاء ماحول سے فراہم کیے جاتے ہیں۔ یہ زمان و مکان کی قیدیں ہیں جن کو ایک انتہائی بے شعور داستان گو کا ذہن بھی نہیں توڑ سکتا اگر وہ لوگوں سے سنتے اور سمجھے جانے کا خواہش مند ہے۔ یہ ٹھیک ہے کہ داستان گو کا مطمح نظر اعلیٰ طبقے کی زندگی تھی اور یہی زندگی اس کو آدرش نظر آتی تھی۔ اسی محور کے اطراف قصے کے سارے واقعات اور سارے افراد گردش کرتے نظر آتے ہیں۔ دارالحکومتوں میں حکمرانوں طبقہ، بادشاہ، شہزادے اور اعلیٰ طبقے کے افراد کی زندگی سماج میں مرکزی حیثیت حاصل کر لیتی

تھی۔ شہر کی تمدنی اور تہذیبی زندگی کا اہم حصہ اعلیٰ طبقے کے افراد ہی ادا کرتے تھے۔ باقی دوسرے لوگ ان کی خدمت کے لیے ہوا کرتے تھے۔ یا ان کے حکم کی تعمیل کے لئے اسطرح ہم کو داستانوں میں لازماً صرف دو ہی طبقے ملتے ہیں۔ ایک ادنیٰ دوسرا اعلیٰ موجودہ متوسط طبقہ اس زمانے میں پیدا ہی نہیں ہوا تھا۔ یہ مصنوعی متوسط طبقہ برطانوی راج کے تلسط اور اسکے قریبی ربط کے نتیجہ میں سامنے آیا۔

چونکہ یہ طبقہ داستان گو کے زمانے میں نہیں تھا۔ اس لیے داستانوں میں شہری زندگی اور اعلیٰ طبقات کے حالات کو پیش کیا گیا ہے اور چونکہ یہ طبقہ آسودہ اور خوشحال ہوتا تھا اس لئے اس کا عکس ہم کو داستانوں میں بھی نظر آتا ہے۔ بادشاہ ایک ہوتا تھا اور نظم ونسق کا سارا بوجھ سنبھالتا تھا اس کے پیشِ نظر عموماً کوئی اہم اور خاص مسائل نہیں ہوا کرتے تھے۔ اس لئے داستان گو اس کی ترجمانی کرتے تھے۔ بادشاہت موروثی کی وفاداریاں شخصی اور خاندانی ہوتی تھیں لہٰذا تخت وتاج کے وارث کی تمنا ناگزیر ہوتی تھی۔ اس کی اہمیت جتانے کے لئے داستان گو بادشاہ کے بے اولادی کے غم میں مبتلا کرتا تھا۔ اصل میں اس کا مقصودِ نظر بادشاہ سے زیادہ شہزادہ ہوتا تھا جو اس کے ذہن کی تخلیق ہوتی اور وہ اس کی پرورش کرتا من مانے رنگوں سے اسے سجاتا اور کٹ پتلی کی طرح نچاتا تھا۔ بادشاہ تو اس کو بنا بنایا مل جاتا تھا اور شہزادے کو وہ خود جنم دیتا لیکن اگر اس کی پیدائش کو وہ معمولی واقعے کے طور پر پیش کرتا تو اس کی کیا اہمیت کو جتانے کے لئے اس کی پیدائش کو ایک اہم مسئلہ بناتا تھا۔ داستان گو کا یہ گر پڑھنے والوں کی توجہ کو مکمل طور پر اپنے ہیرو کی طرف کھینچ لینے کا کام کرتا تھا۔ ملک کی خوشحالی اور بادشاہ کی انتہائی بے فکری اور عیش و عشرت کی زندگی کو بے وہ اولادی کے غم کے پس منظر میں ابھارنے کے لئے پیش کرتا تھا بادشاہوں کو ایک غم اندر ہی اندر سی کھائے جاتا ہے اور وہ ہے اولاد کا غم فسانۂ عجائب کا

فیروز بخت اسی حسرت میں مبتلا ہے۔

سحر البیان کے شاہنشاہ گیتی پناہ کو بھی یہی الم ہے باغ و بہار کا آزاد بخت بھی اندھیرے گھر کا دیا تلاش کرتا دکھائی دیتا ہے۔

داستان کے افراد کے دراصل دو ہی غم ہیں۔ ایک غم اولاد دوسرا غم عشق، غم روزگار کا کہیں پتہ نہیں داستانوں کی یہ اٹھان ہندوستان کی سماجی زندگی اور اس کے اعتقادات سے بھی بہت گہرا تعلق رکھتی ہے۔ قدیم ہندو عقیدے کے مطابق ازدواج کا مقصد اولاد کا حصول ہے جیسا کہ محمد اشرف جنھوں نے ہندوستان کی زندگی اور حالات پر غور کیا ہے کہتے ہیں:۔

"ہندو تصورات کے مطابق عورت کا اہم ترین کام لڑکے کو جنم دینا ہے اور اگر بیٹا ہو جاتا ہے تو اس عورت کو عزت کی نگاہ سے دیکھتے۔"

ایک دوسری جگہ وہ لکھتے ہیں۔

"کسی خاندان میں بچے کی پیدائش بڑی اہمیت کا واقعہ ہوتا ہے۔۔۔ اور اگر وہ لڑکا ہوتا تو ہندو گھرانے میں بھی ہنگامہ ہوتا"۔

درج بالا بیانات میں اولاد کی خواہش صرف لڑکے کی پیدائش کی صورت میں اپنی تسکین چاہتی ہے۔ ہم داستانوں اور پرانے قصوں میں بھی دیکھتے ہیں کہ اولاد کی خواہش صرف لڑکے کے پیدا ہونے پر ہی تسکین پاتی ہے۔ لڑکی کی پیدائش کی خواہش کا پتہ نہیں چلتا ولسن آس کی وجہ بتاتے ہوئے لکھتے ہیں:۔

"عام خیال کے مطابق لڑکیاں پریشانی اور خرچ کا باعث ہوتی ہیں اور لڑکے قوت اور سہارا بنتے ہیں ایک ضرب المثل سے اس کا اظہار واضح طور پر ہو جاتا ہے کہ "نابینا لڑکے اپنے والدین کا سہارا بنتے ہیں لیکن بادشاہ کی بیٹیاں تک ان کو خرچ پر مجبور کرتی ہیں

لیکن شاید لڑکے کی پیدائش کی اس شدید خواہش کی وجہ یہ ہو کہ ہندوؤں میں آخری رسومات کو لڑکے کامیابی کے ساتھ انجام دے سکتے ہیں مہابھارت کی ایک کہانی سے اس بات کا ثبوت ملتا ہے کہ جس میں بتایا گیا ہے کہ ایک شخص نے جوان ہونے کے بعد بھی بڑی مدت تک شادی نہیں کی۔

روحوں کی دنیا سے گزرتے ہوئے وہ دیکھتا ہے کہ کئی آدمی اس میں بندھے ہوئے درخت کی ٹہنیوں سے سر کے بل لٹک رہے ہیں۔ نیچے گہری چٹانیں ہیں اور چوہے ان رسیوں کو آہستہ آہستی کتر رہے ہیں۔ دریافت کرنے پر اس شخص کو معلوم ہوا کہ یہ اس کے اسلاف ہیں جو اس مصیبت میں صرف اس لئے مبتلا ہیں کہ انہوں نے شادی نہیں کی اور لڑکا پیدا نہیں کیا۔ جو آخری رسومات ادا کر کے انہیں اس تکلیف سے چھڑا سکتا ہے اور جنت میں ان کے لئے جگہ بنا سکتا ہے۔"

ہماری داستانوں اور قصوں میں اسی وجہ سے اولاد کی اہمیت کو ظاہر کیا گیا ہے۔ داستانوں میں لڑکوں کی پیدائش پر زور دینے کی وجہ ایک تو یہ ہے کہ کوئی "نام لیوا اور پانی دیوا" رہے دوسرے یہ کہ ہمارے قصے اور کہانیوں میں بادشاہ یا روسا مرکزی حیثیت رکھتے ہیں جن کے پاس جاگیر دولت و حشمت ہوتی ہے۔ اس لئے انھیں ایک وارث کی بھی ضرورت ہوتی ہے۔

اکثر قدیم قصوں میں نرینہ اولاد کی اہمیت کو جتانے کے لئے اولاد سے محرومی کا ذکر بہت موثر انداز میں پیش کیا گیا اور اولاد کی طلب میں محرومِ اولاد کو طرح طرح کی تدبیریں اختیار کرتے ہوئے دکھایا گیا ہے۔ اکثر قصوں میں یا تو کسی درویش کی دعا سے لڑکا تولد ہوتا ہے یا پھر کسی رشی کا دیا ہوا پھل حصول مراد کا ذریعہ بنتا ہے۔ یا پھر کسی سادھو یا رشی کی دعا سے یہ آرزو پوری ہوتی ہے اور یہاں بھی داستان گو عہد کے مروجہ عقیدے

کے سہارے چلتا ہے۔ "مدھو مالتی" کے اصل قصے میں جس کا کچھ حصہ نظم کی صورت میں بھی ملتا ہے۔ یہی واقعہ پیش آتا ہے۔ داستانوں میں اولاد کے لئے جو مختلف تدابیر اختیار کی جاتی ہیں ان کا دائرہ عمل بہت وسیع ہے۔ ان میں مذہبی غیر مذہبی روایتی، توہماتی مرض، ہم ہر قسم کی تدابیر شامل ہیں۔ فسانۂ عجائب میں فیروز بخت حسرت پسر میں ہر ساعت رب لاتذری فرداًوانت خیر الوارثین اور "رب ھب لی من لدنک ولیا" کا ورد کرتا ہے اور اس تدبیر سے آخر "جناب باری میں تضرو زاری اس کی منظور ہوتی ہے اور "گوہر آبدار وشاہنواز "نمودار ہوتا ہے۔"

"باغ و بہار میں آزاد بخت "پانچوں وقت کی نماز کے بعد رب کریم سے اپنے نام لیوا اور پانی دیوا کے کے لئے دعا کرتا ہے اور جب ایک دن شیش محل میں مونچھوں میں سفید بال نظر آتا ہے تو "باقی زندگانی خالق کی یاد میں گزارنے کا تہیہ کر کے سب کو حکم دیتا ہے کہ "کوئی آج سے میرے پاس نہ آئے اور جب اس بات کا چرچا اعلیٰ و ادنیٰ تک پھیل جاتا ہے تو ادنیٰ اور اعلیٰ سب حیران و پریشان ہو جاتے ہیں۔

چنانچہ بادشاہ کا مقربِ خاص بادشاہ کی خدمت میں حاضر ہو کر سمجھاتا ہے اور جب بادشاہ "سب چھوڑ کر جنگل میں نکل" جانے کا خیال ظاہر کرتا ہے تو وزیر جو ہمیشہ دانا اور درویش ہوا کرتا ہے اسے باز رکھتا ہے اور اولاد کے لئے عبادت کیجئے اور درود و پیغمبر کی روحِ پاک پر نیاز کر کے درویش گوشہ نشین متوکلان سے مدد لیجئے اور راتب تقسیم پسر و عیال داروں، محتاجوں اور رانڈ بیواؤں کو کر دیجئے۔

سحر البیان میں بھی بادشاہ لاولدی کے غم میں جہاں بانی کو تج کر اور ساری دنیا سے کنارہ کش ہو کر سلطنت سے دور گوشۂ عافیت میں بیٹھ جانا چاہتا ہے اس کے دل میں بھی "فقیری" کا خیال پیدا ہوتا ہے۔ لیکن یہاں بھی وزیر با تدبیر اس کو اس خیال سے باز رکھتا

ہے اور کہتا ہے۔

'فقیری جو کیجئے تو دنیا کے ساتھ
نہیں خوب جانا ادھر خالی ہاتھ
کرو سلطنت لیکن اعمال نیک
کہ تا دو جہاں رہے حال نیک

اور جو بادشاہ کا اصلی غم ہے اس کے متعلق کہتا ہے۔

مگر جو اولاد کا ہے یہ غم
سو اس کو تردد بھی کرتے ہیں ہم۔

وزیر اہلِ نجم کو بلاتا ہے ان میں "نجومی و رمال اور برہمن "سب شامل ہیں جو زائچہ کر قرعہ ڈال کر اور "دینی کتاب" دیکھ کر اور پنڈت جنم پتر دیکھ کر بتاتے ہیں کہ "نحوست کے دن سب گئے ہیں نکل" اور پیشن گوئی کرتے ہیں۔ "چندرما سا بالک ترے ہوئے گا اولاد کے لئے بادشاہ کی یہ فکر مندی اور اس کے ازالے کی مختلف تدابیر سے جیسا کہ اوپر اشارہ کیا گیا ہے۔ ایک طرح سے ہندوستان کی سماجی زندگی کی قدیم روایات کا پتہ چلتا ہے۔ رائے بہادر گوری شنکر اوجھا کے بیان سے اس پر روشنی پڑتی ہے۔ اولاد کے لئے جو جو جتن کئے جاتے ہیں اس کے بارے میں وہ لکھتے ہیں:

رمّاؤں، پنڈتوں، ہریجنوں اور نجومیوں سے یہ عقیدت داستانوں میں بار بار دہرائی گئی ہے۔ بچے کی پیدائش کے بعد نجومی پھر بلائے جاتے ہیں اور وہ شہزادے کی جنم پرتی دیکھ کر یا زائچے بتا کر اس کے مستقبل کے حالات بتاتے ہیں۔ چنانچہ "فسانۂ عجائب" میں جان عالم کا مستقبل معلوم کرنے کے لئے یہ تیاریاں ہوتی ہیں۔

"نجومی پنڈت جفر دان حاضر ہوئے بہت سوچ بچار کر کے برہمنوں نے عرض کی۔

مہاراج کا بول بالا جاہ و حشم مرتبہ دوبالا اعلیٰ رہے ہماری پوتھی کہتی ہے، بھگوان کی دیا سے شہزادے کا چندرما بلی ہے"۔

یہ ہندو مسلم عقیدوں کی پوری ترجمانی ہے ہیرو کی اہمیت بڑھانے کے لئے داستان گو ہر ایک گر استعمال کرتا ہے۔ نجومی کبھی بارہ کبھی چودہ اور کبھی پندرہ برس میں اس کے لئے خطرہ بتاتے ہیں، "فسانۂ عجائب" کے نجومی بتاتے ہیں کہ پندرہویں برس میں شہزادے کو خطرہ ہے۔

'باغ و بہار میں ملک فیروز کا شہزادہ دوسرے درویش کو بتاتا ہے کہ:

"قبلہ گاہ نے میرے بعد پیدا ہونے کے نجومی اور رمّال اور پنڈت جمع کئے اور فرمایا کہ احوال شہزادے کے طالعوں کا دیکھو اور جانچو اور جنم پتری درست کرو اور جو کچھ ہوتا ہے حقیقت پل پل گھڑی گھڑی اور پہر پہر دن بدن برس برس کی مفصل حضور میں عرض کرو"۔

لیکن یہاں بھی وہ بتاتے ہیں کہ آئندہ زندگی میں شہزادے کو خطرہ نظر آتا ہے:

"چودہ برس تک سورج اور چاند کے دیکھنے سے ایک بڑا خطرہ نظر آتا ہے"۔

سحر البیان میں بھی نجومی شہزادے کے بارے میں بتاتے ہیں:

"خطر ہے اسے بارہویں برس میں"۔

اور اس سے بچنے کی تدبیر یہ بتاتے ہیں:

نہ آوے یہ خورشید بالائے بام
بلندی سے خطرہ ہے اس کو تمام
یہ نکلے یہ بارہ برس رشک مہ
رہے برج میں یہ مہ چار وہ،

جیوتش کی اہمیت اور عام زندگی میں اسکے اثر نفوذ پنڈتوں رمّالوں، نجومیوں کے احترام اور ان پر اعتماد کی ایسی مثالیں تاریخ کی کتابوں میں نہیں ملتیں۔ ان کا سب سے اچھا ماٰخذ ہماری داستانیں اور قدیم قصے میں داستانوں میں جیوتش، نجوم وغیرہ پر جو اعتماد دکھایا جاتا ہے وہ خود ہندوستانی سماجی زندگی میں جیوتش کی اہمیت کو ظاہر کرتا ہے۔ گوری شنکر اوجھا لکھتے ہیں:

"ہندوستان میں نہایت قدیم زمانے سے لوگوں کو جیوتشوں پر اعتماد رہا ہے۔ جیوتش سے مراد ان اثرات سے ہے جو سیاروں کی گردش اور محل وقوع سے انسان پر پڑتے ہیں "۔

وہ لکھتے ہیں۔

"نجوم کو بھی ویدوں کا ایک رکن مانا جاتا تھا"۔

جیوتش اور نجوم کی ہندوستان میں ایک مذہبی اہمیت تھی۔ یہ وجہ ہے کہ یہاں بچے کی پیدائش کے ساتھ ہی جنم پتری بنانا ضروری سمجھا جاتا تھا۔

ڈبلیو جے۔ ول کنسن لکھتے ہیں:۔

"ہندو بچے کی پیدائش کے ساتھ شاید جو بات سب سے اہم تصور ہوتی تھی وہ جنم پتری کا بنانا تھا۔ اس کی پیدائش کا بالکل صحیح وقت نجومیوں کو دیا جاتا تھا جو دکھشِنا کے مطابق بچے کی کم وبیش ساری تقدیر کے متعلق پیشن گوئی کرتے تھے"۔

ایک اور جگہ لکھتے ہیں:۔

"قدیم ہندو بادشاہوں کے دربار میں نجومیوں کا تقرر کیا جاتا تھا اور ہندو بادشاہوں کا اعتقاد تو مشہور ہے مسلم سلطان بھی اس اعتبار سے ان سے کچھ مختلف نہ تھے"۔

اس وجہ سے داستانوں اور قصوں میں نجومیوں اور پنڈتوں کا بار بار ذکر ملتا ہے۔ اس

عقیدت مندی کا ایک نتیجہ فوق الفطرت عناصر پر اعتقاد بھی تھا۔ داستانوں میں فوق الفطرت عناصر کی شمولیت بھی اس زمانے کے سماجی زندگی کے ایک اہم پہلو کی نشان دہی کرتی ہے۔ ہندوستان میں مذہبیت اور عقیدہ پرستی شروع ہی سے چلی آرہی ہے پروہتوں اور برہمنوں کا ہندوستان سماج میں بڑا زبردست اثر رہا ہے چنانچہ سماج میں برہمنوں کا سب سے زیادہ احترام کیا جاتا تھا۔

ایشوری پرشاد ہندوستان کی قرون وسطیٰ کی تاریخ کے ذیل میں ہندوستان میں مسلمانوں کی آمد کے وقت کے حالات پر روشنی ڈالتے ہوئے یوں رقم طراز ہیں کہ ہندوستان کی سماجی زندگی میں برہمنوں کی برتری مسلّم تھی۔ راجا اور ان کے ساتھ عوام برہمنوں کو اعلیٰ ترین اعزاز دیتے تھے۔

برہمنوں کا یہ اثر اور تقدس ہندو سماج میں ہر جگہ نظر آتا ہے انتہا یہ کہ خود راجا بھی جو زمین پر خدا کا نائب سمجھا جاتا تھا انھی کے مشہوروں پر عمل کرتا تھا۔

"ریاست کے طبقہ کے لئے مذہب نے کچھ کام تعویض کیے تھے۔ جن کی خلاف ورزی نہ صرف ریاست کے مقابلے میں جرم تھی بلکہ آسمانی ہستی" کے خلاف بھی گناہ سمجھی جاتی تھی ریاست کے اس تصور کے مطابق راجا" مساوی حقوق" کے بل بوتے پر حکومت کرتا تھا۔ اور ایک مفہوم میں خدائی کرتا تھا۔ وہ خود برہمن پروہت کے مشوروں کے بغیر قدم نہیں اٹھا سکتا تھا۔"۔

گوری شنکر اوجھا مذہبی اثرات کا ذکر کرتے ہوئے اے۔ آر۔ دیسائی کے حوالے سے واضح کرتے ہیں کہ ہندو تہذیب و تمدن کی نمایاں خصوصیت اس کا مذہبی عنصر ہے مذہب اور ادب اس قدر قریب ہیں کہ تصانیف کا بہت بڑا حصہ جو ہندوستان کی مختلف زبانوں میں دستیاب ہوتا ہے۔ وہ بھکتی کی خصوصیات سے متعصب ہے۔ آرٹ بہت زیادہ

مذہب سے وابستہ ہے اور فن تعمیر کا اظہار مندروں میں ہی ہوتا تھا۔

ہندوستانی عوام کی مذہبیت سے متعلق ول کنسن لکھتے ہیں۔

"ہندوستان میں ہر شخص کم و بیش مذہبی ہوتا ہے اور اس وقت بھی جبکہ اس کی اخلاقی زندگی خراب ہو وہ اپنی ذات کے اصول اور مذہبی رسوم اور تہواروں پر بڑی سختی سے کاربند رہتا ہے۔"

ہندوستانی سماج پر ہر زمانے میں مذہب کا اثر رہا ہے۔ آج بھی ہندوستانی زندگی کسی نہ کسی طرح سے مذہب سے وابستہ ہے۔ بعض مفکروں کا خیال ہے کہ ہندوستان میں مادّی ترقی نہ ہونے کی اصل بنیاد یہی مذہب سے وابستگی ہے۔ دھو جانی پرشادؔ سیاسی اور سماجی تحریکات کو مذہبی تصورات سے وابستہ کرتے ہیں ان کا کہنا ہے:۔

"جب کہ شری آروبندو اور مہاتماجی زندہ ہوں تو کوئی بھی یقین سے نہیں کہہ سکتا کہ کہ آیا صوفیوں کا زمانہ گزر گیا یا نہیں۔ لیکن صوفیہ ہمارے نقطہ نظر سے اس لئے اہم ہیں کہ وہ سماجی تبدیلی لانے والے رہے ہیں"۔

غرض ہماری داستانیں ہوں یا دیگر ادبی کارنامے ہر جگہ کسی نہ کسی حد تک مذہبی اثرات، صوفیانہ تصورات اور ان کے ساتھ ساتھ توہمات اور مختلف اعتقادات ملتے ہیں ایسی فضا میں مختلف فوق الفطرت عناصر یا فوق الفطرت باتوں کا پرورش پانا ضروری ہے اور یہی وہ فضا ہوتی ہے جہاں لوگ لازمی طور پر فوق الفطرت باتوں پر یقین رکھتے ہیں اور ان کو دل سے مانتے ہیں آج بھی ہندوستان کا ایک بہت بڑا طبقہ ایسا ہے جو جادو ٹونا بھان متی اور تعویذ گنڈوں پر یقین کامل رکھتے ہے۔ اور ان کے ذریعہ اپنے مختلف کام نکالنے کی کوشش کیا کرتا ہے ان چیزوں پر اعتقاد قدیم زمانے سے ہندوستان میں رہا ہے۔ گوری شنکر اوجھاؔ لکھتے ہیں:۔

"ادبیات اور نظریات میں انسانی ترقی ہونے کے باوجود عوام میں توہمات کی کمی نہ تھی۔لوگ جادو ٹونے بھوت پریت وغیرہ کے معتقد تھے جادو ٹونے کا رواج ہندوستان میں زمانہ قدیم سے چلا آتا تھا۔ اتھروید میں تسخیر، تالیف، تخویف وغیرہ کا ذکر موجود ہے راجہ کے پروہت اتھروید کے عالم ہوتے تھے جو دشمنوں کا خاتمہ کرنے کے لئے جادو ٹونے اور عملیات بھی کام میں لاتے تھے"۔

دوسری جگہ وہ لکھتے ہیں:۔

"ہندوستان میں توہمات کا خاصا زور تھا۔ لوگ بھوت پریت، ڈائنی شاکی وغیرہ کے معتقد تھے۔ سومیشوری کوی سور تھونسو نامی کاویہ سے ظاہر ہوتا ہے کہ راجا لوگ جادو ٹونوں سے دشمنوں کو قتل کرانے یا منتروں کے ذریعہ زخمیوں کو اچھا کرنے کا عمل کرتے تھے"۔

مسلمانوں کی آمد کا بھی ہندوستان کی عام فضا پر کوئی اثر نہیں پڑا۔ اگرچہ اسلام کے معتقدات میں ایسی باتیں شامل نہیں ہیں۔ لیکن ہندوستان کے مسلمانوں میں یہ تمام باتیں موجود رہیں اور مسلمان بھی ان چیزوں پر عقیدہ رکھنے لگے تھے جس کی گواہی خود ہماری داستانیں اور ان کی مقبولیت دیتی ہے حالانکہ ان کے مصنف مترجم زیادہ تر مسلمان تھے۔ مسلمانوں نے مختصر عرصے میں جو ہندوستانی عقائد قبول کر لئے اس کی وجہ یہ ہے کہ وہ ایران سے ہوتے ہوئے اور وہاں کی تہذیبی اور دیومالائی روایات کو اپنے اندر جذب کرتے ہوئے یہاں آئے۔ احتشام حسین لکھتے ہیں:۔

"مسلمانوں کئی صدیوں تک زردشت اور اوستاد کے ایران میں رہ کر وہاں کی تہذیبی زندگی میں ڈوب کر ہندوستان آئے۔ اس میں زردشتی ثنویت، بودھ اخلاق اور مسیحی رہبانیت کے واضح اثرات دیکھے جاسکتے ہیں"۔

داستانوں اور قدیم قصوں میں جو تہذیب ملتی ہے وہ اس وقت کے ہندوستان کی مشترک تہذیب ہے۔ اس میں ہندوستان کی قدیم تہذیب اور خاص طور پر ایران سے آئی ہوئی نئی تہذیب کے خدوخال ایک مرکب شکل میں نظر آتے ہیں۔ لیکن اس مرکب تہذیب پر بھی مذہبیت کی چھاپ ہے جیسا کہ دیسائی کہتے ہیں:۔

"ہندوستانی تمدن دونوں یعنی ہندو اور مسلم تمدن بنیادی طور پر مذہبی رنگ عام طور پر ہندوؤں اور مسلمانوں کے ذہنی تعلیمی اور فنی کارناموں میں واضح طور پر جھلکتا ہے"۔

دراصل مذہب ہی ہندوستان کی سماجی زندگی کا پس منظر رہا ہے۔ لیکن پرانے مذہبوں میں رسوم اجزائے ایمان بنتی جاتی ہیں۔ ہندوستان کی سماجی زندگی ہندو رسم و رواج اور اعتقادات پر مبنی ہے اور یہ چیزیں ہندوستان کی فضا میں ایسی رچ بس گئی ہیں کہ وہ ہر ہندوستانی کو مسحور کر لیتی ہیں۔ خواہ وہ کسی بھی مذہب و ملت کا کیوں نہ ہو۔ مسلمان بھی اس "سحر" سے کیوں کر محفوظ رہتے، ان پر بھی یہ "جادو" چلتا رہا کیونکہ انہیں ہندوستانی بننا تھا۔ محمد اشرف لکھتے ہیں۔

"دراصل بہت جلد ہندومت کو پسند کرنے لگے اور رفتہ رفتہ ہندومت اور ہندوستانی رسم و رواج کو اس حد تک اپنا چکے تھے کہ مسلم حملہ آور تیمور اسی بناء پر اپنے حملے کو جائز قرار دیتا ہے"۔

غرض کہ ہندوستانی سماج جس کی جھلک اردو ادب میں ملتی ہے۔ دو تہذیبوں کی ہم آہنگی کا نتیجہ ہے۔ "ہماری داستانیں اور قدیم قصے مختلف روایات کے شر شکر ہونے یا بغلگیر ہونے کی جلوہ گاہ ہیں۔ ان میں درباؤں کے ٹھاٹ باٹ ایرانی ہیں تو شادی بیاہ کی رسمیں ہندوستانی اعتقادات ہندوی ہیں تو اعمال اسلامی نو طرز مرصع، حاتم طائی، باغ و بہار، نثر بے نظیر، رانی کیتکی کی کہانی فسانۂ عجائب، گل صنوبر، شگوفہ محبت، سروش سخن،

طلسم حیرت، بوستانِ خیال اور داستان امیر حمزہ ایسے قصے ہیں جن کو مسلمانوں نے لکھایا ترجمہ کیا ہے لیکن ان کا غالب حصہ ایسا ہے جس میں دیوؤں اور پریوں کے قصے اور جادو سے پیدا ہونے والے حیرت انگیز واقعات پر مشتمل ہے۔ بوستانِ خیال اور داستانِ امیر حمزہ فوق الفطرت عناصر کے لحاظ سے دیگر داستانوں سے بہت آگے ہیں لیکن ان میں ساتھ ساتھ مذہبی رنگ بھی بہت نمایاں ہے۔ چنانچہ معتبر محقق ڈاکٹر گیان چند جین داستانِ امیر حمزہ کے متعلق لکھتے ہیں۔

"بنیادی طور پر مذہبی داستان ہے اس میں دو فریق ہیں۔ مسلمان اور کافر، لشکرِ اسلام اور لشکرِ نوشیر ان، خداوند تعالیٰ و افراسیاب۔ تمام لڑائیوں کا مقصد تبلیغ اسلام اور استحصال کفر ہے"۔

نیز بوستان خیال کے بارے میں لکھتے ہیں۔

"بوستان خیال میں تبلیغ اسلام کا دوسرا درجہ ہے"۔

مذہبیت خواہ ہندوؤں کی ہو یا مسلمانوں کی بہر کیف ہندوستانی سماج کی گھٹی میں پڑی ہے اسی مذہبیت کی آغوش میں فوق الفطرت عناصر پروان چڑھتے ہیں۔ کیونکہ مذہب میں عقیدہ ناگزیر ہے اور اعتقادات میں عقل سے نہیں دل سے معاملہ ہوتا ہے لیکن اس مذہبیت کی نوعیت کیا ہوتی ہے۔ اس کا اندازہ اس بات سے ہو گا کہ باغ و بہار میں خواجہ سگ پرست روزانہ شراب پیتا ہے شراب اسلام میں حرام ہے۔ لیکن ساتھ ہی "کونے میں نماز چھپ کر پڑھ لیتا ہے اور شہزادی سراندیب کے سامنے اسلام کی تبلیغ کچھ اس انداز سے کرتا ہے کہ وہ "بصدق دل" کلمہ پڑھ کر اور استغفار کر کے مسلمان ہو جاتی ہے۔ اس تضاد کی اصل وجہ کی طرف ایشوری پرشاد اشارہ کرتے ہوئے لکھتے ہیں۔

"مسلم سوسائٹی میں جیسے دولت بڑھنے لگی مذہب کی گرفت کمزور پڑنے لگی اور توہم

اور جہالت جگہ پانے لگے"۔

جس کے نتیجے میں شراب اور جوا بارہویں اور تیرہویں صدی ہی سے عام برائی بن چکے تھے لیکن جو ذہن میں مذہب سے آشنا ہوتا ہے خواہ وہ مذہب کے اصولوں سے کشا ہی دور کیوں نہ ہو کسی نہ کسی سہارے کی تلاش کرتا ہے اور ایسی صورت میں فوق الفطرت اور فوق العادت عناصر ہی اسے سہارا دیتے ہیں۔ ان کے ذریعے وہ ذہن توہم کے کارخانے پر اختیار پیدا کرتا ہے اور اخفی کے وسیلے سے اس کو قابو میں لانے کی کوشش کرتا ہے۔ اس لیے لوگ جب کسی مذہب سے دور ہوتے ہیں تو توہم پرستی کا شکار ہو جاتے ہیں۔ ایشوری پرشاد زمانۂ وسطیٰ کے ہندوستان کی حالت کے بارے میں لکھتے ہیں۔

"مسلم سوسائٹی میں جیسے جیسے دولت بڑھنے لگی مذہب کی گرفت کمزور پڑنے لگی تو ہم اور جہالت جگہ پانے لگے"۔

جس کے نیچے میں شراب اور چوا بارہویں اور تیرہویں صدی ہی سے عام برائی بن چکے تھے لیکن جو ذہن مذہب سے آشنا ہوتا ہے خواہ وہ مذہب کے اصولوں سے کتنا ہی دور کیوں نہ ہو کسی نہ کسی سہارے کی تلاش کرتا ہے اور ایسی صورت میں فوق الفطرت اور فوق العباد عناصر ہی اسے سہارا دیتے ہیں۔ ان کے ذریعے وہ ذہن توہم کارخانے پر اختیار پیدا کرتا ہے اور انھی کے وسیلے سے اس کو قابو میں لانے کی کوشش کرتا ہے۔ اس لیے لوگ جب کسی مذہب سے دور ہوتے ہیں تو توہم پرستی کا شکار ہو جاتے ہیں۔ ایشوری پرشاد زمانۂ وسطیٰ کے ہندوستان کی حالت کے بارے میں لکھتے ہیں:

"لوگ سحر ساحری، جادو اور منتروں پر یقین کرتے تھے جیسا کہ عہد وسطیٰ میں یورپ میں ہوتا تھا ہندو سادھو جوگی کہلاتے تھے اور ابن بطوطہ لکھتا ہے کہ ان کے کمالات کو سلطان خود دیکھا کرتا تھا۔"

یہ توہم پرستی اور مافوق الفطرت عناصر اور طاقتوں پر اعتقاد انیسویں صدی تک زور وشور کے ساتھ نظر آتا ہے۔ حالانکہ اس وقت تک حالات بہت کچھ بدل چکے تھے۔ نئ تعلیم اور روشنی کے ساتھ مغربی اندازِ فکر ترقی پذیر تھا۔ نئ عقلیت پسندی کو فروغ مل رہا تھا۔ ہندوستان پر انگریز قابض ہو چکے تھے اور جدید علوم وفنون کی شمعیں روشن ہو چلی تھیں لیکن اس کے باوجود انیسویں صدی کے لکھنؤ میں صاف طور پر انہی متعقدات کی کار فرمائی نظر آتی ہے۔ جن کا ذکر گوری شنکر اوجھا نے کئ سو سال پہلے کے ہندوستان کے ذیل میں کیا ہے۔ مذہبیت کے ساتھ توہم پرستی کی شدت کا اظہار مشیر احمد علوی کے بیان ذیل سے بخوبی ہوتا ہے بادشاہ بیگم غازی الدین حیدر کی بیوی تھیں اور ان کی شادی سن ۱۷۶۵ء میں ہوئی تھی۔ انکے متعلق وہ لکھتے ہیں۔

"بادشاہ بیگم شب وروز نماز وظائف میں مصروف رہتی تھیں۔ فاتحہ درود حاضری اور خیر خیرات میں لاکھوں روپیہ خرچ کیا جاتا تھا۔ بادشاہ بیگم ان باتوں کو دنیوی اور اخروی فلاح ونجات کا ذریعہ سمجھتی تھیں۔۔۔ بادشاہ بیگم کو یہ یقین ہو گیا تھا کہ شاہ جنات ان کے پاس آتا ہے چنانچہ شاہِ جنات کی آمد پر انتہائی قیمتی لباس اور زیورات سے مرصع ہوتی تھیں اور ایک پاک صاف تخت پر خاموش بیٹھ جاتی تھیں۔ ڈومنیاں موسیقی چھیڑتی تھیں اور خود بیگم آسیر زدہ کی طرح اپنا سر ہلاتی تھیں"۔

صرف عورتیں ہی اس قسم کی باتوں میں مبتلا نہیں تھیں بلکہ مرد بھی بالکل ایسے ہی عقائد رکھتے تھے چنانچہ مشیر احمد علوی اس سلسلے میں لکھتے ہیں۔

"یہ تھی وہ فضا جس میں نصیر الدین حیدر شاہ نے نشو ونما پائی تھی۔ چنانچہ وہ بھی فرائض خمسہ کے مقابلے میں ان مراسم کے پابند تھے بلکہ انہوں نے بارہ اماموں کے علاوہ حضرت قاسم اور حضرت عباس کی بیویاں بھی نامزد کیں۔ ہر امام کی پیدائش کے دن

بادشاہ خود عورتوں کی طرح زچگی کی تکالیف برداشت کرنے کی نقل ادا کرتے تھے۔ یہ نقل پورے مذہبی جوش سے ادا کی جاتی تھی۔ ایک گڑیا جواہرات سے مرصع بادشاہ کے بغل میں لٹادی جاتی تھی اور مصاحبین بادشاہ کو مخصوص غذائیں کھلاتے تھے جو عام طور پر عورتوں کو اس زمانے میں دی جاتی تھیں۔ چھٹے دن بادشاہ عورتوں کی طرح غسل کرتے تھے اسطرح رسمِ غسل ادا ہوتی تھی۔ شب کو بادشاہ بیش قیمت زنانی پوشاک پہن کر باجے کے ساتھ صحن میں نہاتے تھے اور ستارہ دیکھنے کی رسم ادا کی جاتی۔۔۔ جب زچگی کا وقت ختم ہو جاتا تھا تو بادشاہ سلامت پردہ سے باہر تشریف لاتے تھے اور بیش بہا زنانہ لباس پہن کر ایک مرصع پالکی میں ہوا خوری کو نکلتے تھے یہ رسم اس قدر مقبول ہوئی تھی کہ شہر کی بہت سی عورتیں اپنے آپ کو "اچھوتیاں" (بارہ اماموں کی نامزد شدہ بیویاں) کہلانا پسند کرتی تھیں اور ان کے مردوں نے مردانہ عادات ترک کر کے زنانہ لباس اور اندازِ گفتگو اختیار کر لیا تھا"۔

اس سماجی پس منظر میں ہماری داستانوں کی تصویریں ابھرتی ہیں اس پس منظر کو سامنے رکھ کر ہم داستانوں کی اہمیت اور ان کی سچائی کا اندازہ کرسکتے ہیں داستانوں اور قدیم قصوں پر سب سے بڑا اعتراض یہی کیا جاتا ہے کہ وہ زندگی سے دور ہیں اور ہمیں ان سے اس زمانے کی سماجی زندگی کے متعلق کچھ بھی نہیں معلوم ہوتا۔ حالانکہ یہ صرف ہماری تنگ نظری کا نتیجہ ہے۔ کیونکہ ہم آج کے ماحول اور آج کے نظریات کی روشنی میں داستانوں کو دیکھنا چاہتے ہیں ظاہر ہے کہ برقی روشنی کی تاب سحر زدہ اور نیم تاریک فضا نہیں لاسکتی اس ماحول اور اس فضا کو پانے کے لئے ویسی ہی روشنی درکار ہے جو اسے پراسرار بنادے۔ داستانوں کو سمجھنے کے اور ان کی صحیح قدر و قیمت متعین کرنے کے لئے ہمیں تھوڑی دیر کے لئے ہندوستان کے اس ماضی بعید میں جانا ہو گا جس میں کہ یہ

داستانیں معرض تخلیق میں آئیں۔ اسی صورت میں معلوم ہو گا کہ داستانوں میں حقیقت سے اتنی دوری نہیں ہے جتنی کہ بیان کی جاتی ہے اس میں کوئی شک نہیں کہ داستان گو اور قصہ گو زیب داستان کے لئے کچھ بڑھا بھی دیتے ہیں۔ لیکن اگر ہم اس کو ہندوستان کے اس وقت کے حقیقی پس منظر میں رکھ کر دیکھتے ہیں تو ان قصوں میں بہت کچھ "صحیح" نظر آتا ہے۔ اور ہم کو محسوس ہو جاتا ہے کہ داستانوں میں جو سماجی زندگی پیش کی جاتی ہے وہ ہندوستانی زندگی کے سماجی پس منظر سے کس قدر ہم آہنگ ہے۔

***

تیسرا باب
اردو میں جدید ناول

اردو ناول پر مغربی اثرات کا جائزہ لینے سے قبل مناسب معلوم ہوتا ہے کہ ہم ۱۸۵۷ء کے تاریخی سانحے کے گوناگوں اثرات و نتائج کا مطالعہ کریں۔ ۱۸۵۷ء کا سانحہ ہندوستان کی سیاسی، سماجی اور ادبی تاریخ میں خاص اہمیت رکھتا ہے۔ اس ناکام جنگ آزادی کے خاتمے کے بعد انگریز ہندوستان کی قسمت کے مالک بن بیٹھے تھے۔ وہ اپنی سماجی، تہذیبی اور علمی قدروں کے اعتبار سے ہندوستانی عوام سے قطعی مختلف تھے لیکن اُنکی تعلیم و تہذیب نے ہندوستانی زندگی کے ہر شعبے پر اپنا اثر ڈالا۔ ہمارے علوم و فنون میں توسیع ہوئی اور ہماری ادبیات میں مغربی اصناف کا اضافہ ہوا اس ضمن میں انگریزی تعلیم کے اثرات بنیادی اہمیت رکھتے ہیں۔

انگریزی تعلیم کے اثرات:

لارڈ میکالے ۱۸۳۴ء میں پبلک انٹرکشن کمیٹی کا صدر مقرر ہوا تو اس نے زوردار طریقے سے مشرقی علوم کی مخالفت کی اور انگریزی تعلیم پر زور دیا۔ جسکے نتیجے میں ۱۸۳۵ء میں طے کیا گیا کہ اب ہندوستانیوں کی تعلیم انگریزی میں ہو۔ ہندوستانی قوم نے اس فیصلے کو آسانی کے ساتھ قبول نہیں کر لیا اور اس انگریزی تعلیم کی مخالفت ۱۸۵۷ء تک ہوتی رہی۔ ۱۸۵۷ء میں ہندوستانیوں کی ناکامی کے بعد انگریزی تعلیم کا رجحان نشو و نما پانے لگا

اور اسکے اثرات و نتائج ابھر کر سامنے آنے لگے۔ اسی کے ساتھ انگریزی ادب نے بھی ہندوستانی ادب کو متاثر کیا اور بالخصوص اردو ادب میں کئی اصناف نظم و نثر کا اضافہ ہوا جس میں ناول کو خاص اہمیت حاصل ہے۔ اس اجمال کی تفصیل اویس احمد ادیبؔ نے اس طرح کی ہے:

"۱۸۵۷ء کے غدر کے بعد اردو زبان نے فروغ حاصل کرنا شروع کیا۔ یہ اس کا عبوری اور چوتھا دور ہے۔ اس زمانے کے قبل اور اس کے دس برس بعد تک بھی اردو میں کوئی اور ناول موجود نہ تھا۔ یہ ضرور ہے کہ اس وقت تک انگریزی ناولوں کے ترجمے کئے جا چکے تھے اور ترجمہ کئے ہوئے افسانے بھی کافی تعداد میں موجود تھے۔ اب تک اردو زبان انگریزی کے اثر سے محفوظ تھی مگر جوں جوں انگریز ہندوستان میں مستحکم ہونے لگے انگریزی زبان کا چرچا دن بدن بڑھتا گیا جس کا نتیجہ یہ ہوا کہ اس زمانے کے انشا پردازان اردو کے اس جدید اثر سے محفوظ نہ رہ سکے۔ ان کی تصانیف پر وہی اثر غالب نظر آتا ہے۔ اس زمانے کی پیداوار جس پر اردو ادب کو ناز ہے اور ہمیشہ رہے گا وہ مولانا الطاف حسین حالی، محمد حسین آزاد، مولانا شبلی نعمانی، سر سید احمد خاں، نواب محسن الملک، خان بہادر منشی، ذکاء اللہ خان، مولانا نذیر احمد اور پنڈت رتن ناتھ سرشار ہیں۔ ان میں سے ہر ایک ہستی ایک خاص کام کے لئے مخصوص ہے مگر وہ ہستیاں ایسی ہیں جو ناول نگاری کے لئے مشہور ہیں وہ مولوی نذیر احمد اور پنڈت رتن ناتھ سرشار ہیں۔"

مغربی اثرات کا نتیجہ

اس بیان سے ظاہر ہے کہ اردو میں ناول نگاری کا آغاز بھی مغربی اثرات کا نتیجہ ہے۔ انیسویں صدی کے نصف آخر سے مغربی ادب آہستہ آہستہ اردو ادب پر اثر انداز

ہونے لگا نئے حالات کی وجہ سے زندگی کی رفتار اور لوگوں کے سوچنے کے انداز بدل چکے تھے اس لئے اردو ادب میں ناول کو ایک نئی صنف کی حیثیت سے بہت جلد مقبولیت حاصل ہونے لگی۔ ۱۸۵۷ء کے بعد ہندوستان کی سیاسی، سماجی اور فکری زندگی میں زبردست تبدیلیاں آئیں جس سے ادبی اصناف بھی متاثر ہوئیں ناول کی صنف بھی اپنے پورے لوازمات کے ساتھ مغربی ادب سے اردو میں آئی۔ اس اعتبار سے ہم یہ نہیں کہہ سکتے کہ اردو ناول قدیم داستانوں کے ارتقا کا نتیجہ ہے۔ تاہم ابتدائی دور میں ناول کی طرف جن لوگوں نے توجہ کی ان میں بیشتر کو ناول نگاری کے فن پر دسترس نہیں تھی۔ اس پر وہ قابو نہ پاسکے تھے چنانچہ ہم کو داستان اور ناول کے درمیان کوئی کڑی ملتی ہے تو وہ اردو کے ابتدائی ناولوں کی صورت میں ملتی ہے۔ ان میں جہاں تک ناول کے فن کا تعلق ہے وہ نذیر احمد اور سرشار کے ابتدائی قصوں میں نظر آتا ہے۔ اس کے برخلاف عبدالحلیم شرر کے ناولوں میں فن ملتا ہے۔ مگر روح بالکل مفقود ہے۔ یہ ایک عجیب بات ہے کہ سرشار نے آخری زمانے میں جب ناولوں کی صوری خصوصیات پر قابو پالیا تو ان کے قصوں سے بھی ناول کی روح جاتی رہی۔ نذیر احمد اور سرشار کے ابتدائی ناولوں میں لطف قصہ گوئی بدرجہ اتم موجود ہے لیکن ناول کی عام خصوصیات اور اس کے فن پر ان کی گرفت پوری طرح نمایاں نہیں ہوتی۔

تحریک حقیقت نگاری

غدر کے بعد کے حالات اور مغربی ادب کے اثر سے اردو ادب میں ایک ہنگامہ خیز اور زبردست تبدیلی رونما ہوئی جو حقیقت نگاری کی صورت میں سامنے آئی جسکے علمبردار سرسید اور ان کے رفقاء تھے۔ حقیقت نگاری کی تحریک کے اثر سے اردو ادب میں اس بات کی شعوری کوشش ہونے لگی کہ خیالی اور تصوراتی ادب سے اپنا دامن بچالیا جائے اور

اسی کوشش نے قصہ گو کو حقائق کی دنیا سے دوچار کر دیا۔ حقیقی دنیا کے پیش کش کے خیال نے ناول نگاری کے لیے راستہ ہموار کر دیا اور نذیر احمد سب سے پہلے اس راستے پر گامزن ہوئے اور اس کے پہلے قصے مراۃ العروس میں ناول کے طلوع کے آثار پوری طرح نمایاں ہوئے۔

٭٭٭

جدید اردو ناول کی ابتداء

اردو کا پہلا ناول نگار کون؟

اردو کے اولین ناول نگار ہونے کا شرف کس کو حاصل ہے؟ اس مسئلے پر ہمارے علما میں بہت اخلاق ہے۔ اکثر علماء نذیر احمد کو اردو کا پہلا ناول نگار تسلیم کرتے ہیں۔ بعض سرشار کو پہلا ناول نگار قرار دیتے ہیں۔ ڈاکٹر لطیف نے سرشار کے فسانۂ کو ناول نگاری کی پہلی کوشش کہا ہے:

"اردو میں پہلی کوشش جو ہمارے جدید ناول نگار کے تصور سے قریب ہے جس میں مکالموں کا بڑا حصہ ہے وہ فسانۂ آزاد تھا جسے رتن ناتھ سرشار نے لکھا ہے۔"

وقار عظیم بھی سرشار کی بعض خصوصیات کے پیشِ نظر انھیں اردو کا پہلا ناول نگار تسلیم کرتے ہیں:

"سرشار اردو کے پہلے ناول نگار ہیں جنہوں نے زندگی کے پھیلاؤ اور گہرائی پر احاطہ کرنے کی طرح ڈالی اور اردو ناول کو ایک اس روایت سے آشنا کیا جسے فنی عظمت کا پیش خیمہ کہنا چاہیئے۔"

شائستہ اختر نوسہروردی بھی سرشار کو اردو کا پہلا ناول نگار مانتی ہیں:

"فسانۂ آزاد کے ساتھ ہم ناول کی حقیقی قدروں میں داخل ہوتے ہیں۔"

ویسے سرشار کے مقابلے میں نذیر احمد کو اردو کا پہلا ناول نگار ماننے والوں کی تعداد

خاصی ہے۔ چنانچہ اویس احمد ادیب نے اس موضوع پر ایک مختصر سی کتاب بھی لکھی ہے۔ انھوں نے دلائل اور شواہد سے نذیر کو پہلا ناول نگار ثابت کرنے کی کوشش کی ہے اور اس فیصلے پر پہنچے ہیں :

"اردو ادب میں ناول نگاری کے موجد اور سب سے پہلے ناول نگار مولوی نذیر احمد ہی ہیں :

اسی طرح عباس حسینی انیسویں صدی میں ہونے والی سیاسی تبدیلیوں کا جائزہ لیتے ہوئے لکھتے ہیں کہ نذیر احمد اردو کے پہلے ناول نگار ہیں :

"مسلمانوں نے انگریزی بھی پڑھی اور سرکاری ملازمت بھی کی چنانچہ یہی وجہ ہے کہ اردو کا سب سے پہلا ناول نویس ملازم سرکار بھی ہے اور مولوی بھی۔"

اس سے ظاہر ہے کہ نذیر احمد کو اردو کا پہلا ناول نگار ماننے والوں کی اکثریت ہے۔ مجنوں گورکھپوری اپنی کتاب "افسانہ" میں لکھتے ہیں :

"اردو افسانہ نگاری میں سب سے پہلے جس نے پرانی روش کو ترک کیا وہ ڈاکٹر نذیر احمد تھے"۔

اور پروفیسر حامد حسن قادری لکھتے ہیں :

"اردو کے پہلے ناول نگار ڈپٹی صاحب ہیں۔

احتشام حسین نے بھی نذیر احمد کو ہی اردو کا پہلا ناول نگار کہا ہے۔ وہ اپنے مضمون اردو ناول اور سماجی شعور میں لکھتے ہیں :

"اردو کے پہلے ناول نگار ڈاکٹر نذیر احمد اور پنڈت رتن ناتھ سرشار ہیں بہت سے نقاد نذیر احمد کو ناول نگار نہیں مانتے لیکن یہ مخصوص اصطلاح کا چکر ہے۔ میں ان کی سماجی بصیرت اور تاریخ شعور پر نظر رکھ کر انھیں اردو کا پہلا اور بہت اہم ناول نگار تسلیم کرتا

ہوں"۔

ڈاکٹر لطیف نے سرشار کو پہلا ناول نگار مانا ہے۔ لیکن وہ خود ہی لکھتے ہیں کہ سرشار ناول کی بنیادی خصوصیت کے شعور سے محروم تھے۔ ڈاکٹر شائستہ اختر سہروردی بھی جو سرشار کے فسانہ آزاد سے اردو ناول کی ابتدا کا رشتہ جوڑتی ہیں لیکن فسانہ آزاد کے فنی نقائص کا اعتراف کرتی ہیں:

"واقعات وسط و اتحاد اور اسباب و علل کے بغیر ظہور میں آتے ہیں وہ پلاٹ کی تعمیر میں معاون نہیں ہوتے کیونکہ ان کی حیثیت زنجیر کی سی نہیں ہوتی بلکہ زنجیر کی علیٰحدہ علیٰحدہ کڑیوں کی ہوتی ہے اور یہ چیز "فسانہ آزاد" کو ناول کی ایک اہم خوبی سے محروم کر دیتی ہے۔"

بعض ناقدین نے اسی وجہ سے فسانہ آزاد کو ناول ماننے سے انکار کیا ہے اور یقیناً یہ قصہ پلاٹ سے عاری ہے۔

اسی طرح جس لوگوں نے نذیر احمد کو پہلا ناول نگار مانا ہے وہ بھی ان کے نالوں کے فنی نقائص کی طرف اشارہ کرتے ہیں۔ ڈاکٹر رام بابو سکسینہ مولوی نذیر احمد کے ناولوں کو مکمل ناول نہیں سمجھتے گو وہ ان کا ذکر اردو ناول کی ابتداء کے باب میں کرتے ہیں:

"مولوی نذیر احمد صاحب کے بعض قصے موجودہ ناول کی حدود تک پہنچ جاتے ہیں گو کہ ان میں بھی موجودہ اصول ناول نویسی کی پیروی نہیں پائی جاتی"۔

علی عباس حسینی نذیر احمد کو پہلا ناول نگار تسلیم کرتے ہوئے ان کی ان کمزوریوں کی طرف اشارہ کرتے ہیں:

"ان کے پلاٹ سادے اور مختصر ہیں۔ ان میں نہ تو تحریک ہے اور نہ ہی تصدیق پھر مصنف ہر موقع پر واعظ بھی ہے اور ناصح بھی"۔

ڈاکٹر قمر رئیس نذیر احمد کو پہلا ناول نگار مانتے ہوئے لکھتے ہیں:

"اردو میں۔۔۔ نذیر احمد کے ہاتھوں ناول کا آغاز ہوا۔ ناول کے یہ اولین نمونے نذیر احمد کے قصوں کی شکل میں موجود ہیں فن کے اس اعلیٰ معیار پر پورے نہیں اترتے جو اس عہد کے انگریزی ناولوں میں نظر آتا ہے"۔

نذیر احمد کے قصے بعض پہلوؤں کے لحاظ سے ناول کے معیار پر پورے نہ اترنے کے باوجود ناول ہی کہلاتے ہیں اور خود ان کو ناول نگار کہا جاتا ہے۔ اسی طرح سرشار بھی ناول نگار تسلیم کیے جاتے ہیں۔ لہٰذا اس مسئلہ کو حل کرنے کے لئے یہ دیکھنا ہوگا کہ تقدیم زمانی کسے حاصل ہے اور جب ہم اس نقطۂ نظر سے دونوں کا مقابلہ کرتے ہیں تو معلوم ہوتا ہے کہ نذیر احمد کے ناول سرشار کے ناولوں سے پہلے لکھے گئے چنانچہ نذیر احمد کا پہلا ناول مراۃ العرس ۱۸۶۹ء میں لکھا گیا اور سرشار نے اپنا ناول فسانہ آزاد ۱۸۷۸ء میں لکھنا شروع کیا تھا جو ۱۸۸۰ء میں کتابی صورت میں شائع ہوا لیکن ڈاکٹر زورؔ ان دونوں کے سن تالیف کا مقابلہ کئے بغیر اس سلسلے میں لکھتے ہیں۔

"اسمیں کوئی شک نہیں کہ اردو زبان میں ناول کی طرز کی صنف ادب کو روشناس کرانے کا سہرا پنڈت رتن ناتھ سرشار کے سر ہے اور بعد میں نذیر احمد نے بھی اس قسم کی کوشش کی ہیں۔"

ڈاکٹر زور یہ سمجھتے ہیں کہ سرشار نے ناول نگاری کی ابتداء کی جو حقیقت کے بالکل خلاف ہے۔ حقیقت یہ ہے کہ فسانہ آزاد کے شروع ہونے سے پہلے نذیر احمد کی تین کتابیں چھپ چکی تھیں۔ چنانچہ ڈاکٹر اعجاز حسین نے مختصر تاریخ ادب میں اردو صراحت کے ساتھ لکھا ہے:

"عام طور پر اردو کی ناول نویسی کا بانی سرشار کو خیال کیا جاتا ہے۔ لیکن نذیر احمد حقیقت میں اردو کے سب سے پہلے ناول نویس ہیں اس لئے ان کی تصانیف مراۃ العروس

۱۸۶۹ء بنات النعش ۱۸۷۳ء اور توبۃ النصوح ۱۸۷۷۔ سرشار کے پہلے ناول سے بہت قبل شائع ہو چکی تھیں"۔

پروفیسر حامد حسین قادری بھی نذیر احمد کی ناول نگاری کو ان کی اولیات میں شامل کرتے ہوئے بتاتے ہیں کہ نذیر احمد رتن ناتھ سرشار سے بہت عرصہ پہلے اپنا ناول لکھ چکے تھے:

"اردو کے پہلے ناول نگار ڈپٹی صاحب ہیں۔۔۔ اردو کے دوسرے ناول نگار پنڈت رتن ناتھ سرشار ہیں ان کا فسانۂ آزاد دسمبر ۱۸۷۸ء میں بصورت کتاب چھپا ہے لیکن نذیر احمد صاحب کا پہلا ناول مراۃ العروس فسانہ آزاد سے دس برس پہلے ۱۸۶۹ء میں شائع ہو چکا اور دوسرا ناول نبات النعش بھی سرشار کے فسانہ سے پہلے ۱۸۷۳ء میں شائع ہوا تھا"

اور خود مراۃ العروس (اڈیشن۔۱۸۶۹۔ مطبع لکھنؤ) کے سرورق عبارت یہ ہے جس سے صاف ظاہر ہے کہ فسانۂ آزاد سے نو سال پہلے مراۃ العروس شائع ہوئی "ایک ہزار روپیہ بطور انعام بموجب اشتہار گورنمنٹ ممالک مغربی و شمالی مورخہ ۲/ اگست ۱۸۶۹ء نمبر ۳۶ مولانا موصوف کو مرحمت ہوا۔"

اسکے علاوہ مراۃ العروس میں ڈائریکٹر آف پبلک انسٹرکشن برولیم لفٹنٹ گورنر کی مہریں ہیں ان میں بھی سن یہی ہے۔ اسکے برخلاف فسانہ آزاد ۱۸۷۸ء میں شائع ہونا شروع ہوا محمد یحیٰ اس سلسلے میں لکھتے ہیں:

"سرشار نے ۱۸۷۸ء میں اردو اخبار کی اڈیٹری اختیار کر کے اپنا دلچسپ اور مشہور فسانہ آزاد اخبار مذکورہ میں شائع کرنا شروع کیا"۔

یہ فسانہ آزاد اخبار کے ضمیمے کے طور پر دسمبر ۱۸۷۸ء سے دسمبر ۱۸۷۹ء تک برابر شائع ہوتا رہا۔ بعد ازاں ۱۸۸۰ء میں کتابی صورت میں شائع کیا گیا۔

***

مولوی نذیر احمد
نذیر احمد کی ناول نگاری کا پس منظر

درج بالا تفصیلات و شواہد کے مطالعے کے بعد ہم اس نتیجے پر پہنچنے میں حق بجانب ہیں کہ نذیر احمد ہی اردو کے پہلے ناول نگار ہیں۔ ساتھ ہی یہ بات بھی قابل تسلیم ہے کہ ان کے قصے (ناول) اپنے زمانے کی تہذیبی سماجی زندگی سے گہرا ربط اور تعلق رکھتے ہیں۔ حقیقت میں نذیر احمد کی پوری ناول ان کے اپنے زمانے کی سماجی تقاضوں اور سماجی مسائل کا نتیجہ تھی۔ اس لیے نذیر احمد کے ناولوں میں ہم کو اس زمانے کی سماجی زندگی کا عکس نظر آتا ہے۔ انیسویں صدی عیسوی کے وسط میں ہندوستان کی سیاسی، سماجی، علمی اور ذہنی زندگی میں ایک بڑا انقلاب آیا۔ اس انقلاب کے آثار اس صدی کے آغاز سے ہی نظر آنے لگے تھے۔ لیکن ۱۸۵۷ء کی ناکام جدوجہد نے گویا ہندوستان کے عہد وسطیٰ کی زندگی کا خاتمہ ہی کر دیا اور نئے اثرات کے لئے راہ کھول دی۔ اس صدی کے نصف آخر کے ابتدائی چند سال دراصل عبوری زمانے کی حیثیت رکھتے ہیں اس عبوری دور میں مختلف سماجی مسائل ابھر کر سامنے آنے لگے تھے اور پیچیدہ مسائل کا حل ڈھونڈا جا رہا تھا۔ قومی مصلحین نے اس زمانے میں پرانی طرز زندگی کو بدلنے کی کوشش کی جس میں نذیر احمد نے بھی اپنے ناولوں کے ذریعے بہت کچھ حصہ لیا۔ اس سلسلے میں قوم کے مصلحین نے اس بات کی کوشش کی کہ سیاسی، تبدیلی سے سماج کو ہم آہنگ بنا دیا جائے ۱۸۵۷ء کے

سانحے کے پہلے بھی کچھ دانشور قوم کی قدامت پرست روش کو بدلنے کی کوشش کر رہے تھے۔ جسکی وجہ سے ہندوستانی سماج کی اصلاح اس وقت تک ممکن نہیں جب تک کہ تعلیم کو عام نہ کیا جائے اور خاص طور سے ہندوستانیوں کے ذہن کو انگریزی تعلیم سے مانوس نہ بنایا جائے راجہ رام موہن رائے اور سر سید احمد خان کی یہ متفقہ کوشش تھی کہ ہندوستانی تعلیم کے ذریعے اپنی اصلاح کریں۔ غدر کے بعد ہندوستانی زندگی میں آنے والی تبدیلیوں کا ذکر کرتے ہوئے علی عباس حسینی لکھتے ہیں:

"۔۔۔ اردو قصہ گوئی ابھی غیر فطری ہی تھی کہ سیاسیات نے ادب میں رخنے ڈالنا شروع کر دیا۔ فورٹ ولیم کالج کا دارالترجمہ بند ہوا۔ ملکی زبان میکالے کی مشرق ناشناسی کی بدولت ذریعہ تعلیم بننے سے محروم کی گئی۔ اسکولوں اور کالجوں میں انگریزی بولی اور اپنی زبان چھوڑی جانے لگی۔ مولوی اور پنڈت دونوں بھڑک اٹھے اور انھوں نے مغربی تعلیم کو ناجائز اور انگریزی زبان کو ناپاک قرار دیا۔ غیر مسلموں کو راجہ رام موہن رائے کی سی شخصیت نے درمیان میں آکر منالیا مگر مسلمان تھوتھائے ہی رہے"۔

آگے وہ ہندوستان میں ہونے والی تبدیلیوں کا ذکر کرتے ہوئے لکھتے ہیں:

"پھر بھی فورٹ ولیم کالج کی دیکھا دیکھی کچھ شدید شروع ہو گئی تھی کہ دفعتہً اردو قصہ گوئی کے نئے مرکز لکھنؤ کا الحاق پیش آیا۔ نواب واجد علی شاہ مٹیا برج تشریف لے گئے۔ معزول بادشاہ نے ملکہ وکٹوریہ کے حضور میں اپیل بھیجی۔ اسکے جواب نے ابھی کوئی صورت اختیار نہیں کی تھی کہ ۱۸۵۷ء کا غدر ہو گیا۔۔۔ بہت سے لوگ مارے گئے۔ ہزاروں خاندان تباہ ہوئے۔ مغل بادشاہ رنگون بھیجا گیا۔ دلی اجڑ گئی، لکھنؤ برباد ہوا اور کلکتہ آباد کمپنی کی حکومت ختم اور ملکہ کی فرماں روائی شروع ہوئی ایک جانب تو حاکموں نے سارے فساد کا ذمہ دار مسلمانوں کو سمجھا۔ دوسری طرف شریعت اسلامی کے خود

ساختہ حاملوں کا یہ فتویٰ باقی رہا کہ انگریزی تعلیم ناجائز ہے اور ملازمت سرکاری حرام، خدا بھلا کرے سرسید اور ان کے ساتھیوں کا کہ انھوں نے قومی خطرے کی صحیح نباضی کی۔۔۔ مسلمانوں نے انگریزی بھی پڑھی اور سرکاری ملازمت بھی کی۔"

سرسید کی اصلاحی تحریک اور نذیر احمد

سرسید کے دیگر رفقائے کار کی طرح نذیر احمد بھی ان کی اصلاحی تحریک کے حامی اور پیرو تھے۔ یہ وہ زمانہ تھا جب مذہب کا رسمی اور رواجی پہلو سماجی زندگی کا آئین بن گیا تھا۔ راجہ رام موہن رائے اور سرسید نے سب سے پہلے ہندوستانیوں کی مذہبی اصطلاح کی کوشش کی سرسید نے اپنے اصلاحی مشن کو چلانے کے لئے ادب کا سہارا بھی لیا۔ اس کے بغیر وہ اپنے اصلاحی خیالات کی تشہیر نہیں کر سکتے تھے لیکن اس وقت خود اردو زبان میں نئے خیالات کے اظہار کے مناسب سانچے نہیں تھے اس لئے سرسید اور انکے رفقائے کار نے اظہار کے نثری اسلوب کی اصلاح کی اور نئے سانچے بھی تیار کئے اس طرح زبان اور ادب کی بھی اصلاح ہوئی زبان اور ادب کی یہ اصلاح علم کی روشنی کو زیادہ سے زیادہ پھیلانے کے لئے ضروری تھی اور علم کے حصول کے لئے تعلیم ناگزیر تھی لہٰذا سرسید نے اپنی اصلاحی جد و جہد میں اصل ضرب خرابی کی جڑ پر لگائی۔ انھوں نے دیکھا کہ سماجی خرابیوں کا یہ تناور درخت جہالت اور مفلسی کی جڑوں سے غذا پا کر ملک و قوم کی قسمت پر تاریکی کا سایہ پھیلا رہا ہے۔ اس تاریکی کو دور کرنے کے لئے سرسید اور ان کے تمام رفقا تعلیم کی روشنی پھیلانے میں جٹ گئے اور تحریک کو بڑھانے میں بیش بہا خدمات انجام دیں۔ نذیر احمد نے بھی اس سلسلے میں ناقابلِ فراموش کارنامے انجام دیئے۔ ان کی ناول نگاری ہندوستان کی سماجی اصلاحی تحریک کی ایک بے حد موثر اور نتیجہ خیز صورت ہے۔

***

مراۃ العروس

نذیر احمد کی ناول نگاری کی ابتداء ہی سماجی مسائل کے حل کے لیے ہوئی ہندوستان میں جب تعلیم کو عام کرنے کی تحریک چلی تو تعلیم نسواں کا سوال بھی درپیش ہوا کیونکہ اس کے بغیر سماج کی قرار واقعی اصلاح نہیں ہو سکتی تھی۔ عورت صرف بیٹی بہن یا بیوی نہیں ہوتی بلکہ ماں بھی ہوتی ہے۔ ماں سے ہی بچے کو دنیا کی پہلی تعلیم ملتی ہے اگر وہی جاہل اور ان پڑھ رہے جائے تو بچے کی شخصیت کی تعمیر میں خرابی کی کئی صورتیں مضمر رہ سکتی ہیں۔ اسکے علاوہ نسوانی تعلیم کی ضرورت گھر اور ازدواجی زندگی کے لئے بھی ضروری ہے کیونکہ بیوی کی وجہ سے گھر جنت بھی بن سکتا ہے اور جہنم بھی۔ نذیر احمد مراۃ العروس میں اسی مسئلے کو پیش کرتے ہیں کہ ایک پردے میں بیٹھنے والی عورت بھی کسطرح سماجی زندگی میں خاموش مگر بے حد اہم خدمات انجام دیتی ہے ان کے سامنے عورتوں کی تعلیم کا مسئلہ اہم بن کر آیا۔ وہ خود اپنی لڑکیوں کو تعلیم دینا چاہتے تھے۔ لیکن مشکل یہ تھی کہ لڑکیوں کی تعلیم کے لیے کوئی موزوں کتاب نہ تھی جس سے مسلمان گھرانوں کی لڑکیاں دلچسپی سے پڑھ کر اپنی علمی استعداد کو بڑھا سکیں۔ اس وقت تک اردو میں جتنے قصے اور کہانیاں تھیں وہ سب کی سب حسن و عشق سے پر تھیں۔ ہر داستان کا ہیرو ایک بادشاہ شہزادہ یا امیر زادہ ہوا کرتا تھا جس کو عیش کوشی اور لذت پرستی کی ساری سہولتیں حاصل تھیں۔ یہ داتا مسلم گھرانوں کی لڑکیوں کے لئے مخرب اخلاق ثابت ہو سکتی تھیں۔ لڑکیوں کے معصوم اور سادہ ذہن پر ان کے غلط طور سے اثر انداز ہونے کا امکان تھا اور اسکے ساتھ ساتھ لڑکیوں کو تعلیم دینے کا جو امکانی فائدہ تھا وہ اس طرح کی کتابوں کو پڑھنے سے نہ صرف فوت ہو سکتا تھا بلکہ نقصان دہ بھی ثابت ہو سکتا تھا اس لئے نذیر احمد نے خود ایک قصہ ناول کے روپ میں لکھا جو ان کو نہ صرف تعلیم دے بلکہ ان کی تربیت بھی کرے چنانچہ وہ مراۃ

العروس کے دیباچے میں لکھتے ہیں:

"اس ملک میں مستورات کے پڑھنے کا رواج نہیں مگر پھر بھی بڑے شہروں میں خاص خاص شریف خاندان کی عورتیں قرآن شریف کا ترجمہ مذہبی مسائل کے اردو رسالے پڑھ لیا کرتی تھیں۔ میں خدا کا شکر کرتا ہوں کہ میں دلی کے ایک ایسے ہی خاندان کا آدمی ہوں۔ خاندان کے دستور کے مطابق میری لڑکیوں نے بھی قرآن شریف اور اردو کے رسالے گھر کی بوڑھی عورتوں سے پڑھے۔ گھر میں رات دن پڑھنے لکھنے کا چرچا رہتا تھا۔ میں دیکھتا تھا کہ ہم مردوں کی دیکھا دیکھی لڑکیوں کو بھی علم کی طرف ایک طرح کی خاص رغبت ہے۔ لیکن اسکے ساتھ مجھ کو یہ بھی معلوم تھا کہ جو مضامین بچوں کے پیش نظر رہتے ہیں ان میں ان کے دل افسردہ، ان کی طبیعتیں منغض اور ذہن کند ہو جاتے ہیں۔ تب مجھ کو ایسی کتاب کی حاجت ہوئی جو اخلاق و نصائح سے بھری ہوئی ہو اور ان معاملات میں جو عورتوں کی زندگی میں پیش آئے ہیں اور عورتیں اپنی جہالت اور توہمات کی وجہ سے ہمیشہ ان میں مبتلا رنج و مصیبت رہا کرتی ہیں۔ ان کے خیالات کی اصلاح اور ان کی عادات کی تہذیب کرے اور کسی دلچسپ پیرائے میں ہو جس سے ان کا دل نہ اکتائے، طبیعت نہ گھبرائے مگر تمام کتاب خانہ چھان مارا ایسی کتاب کا پتہ نہ ملا تب میں نے اس قصے کا منصوبہ باندھا"۔

نذیر احمد صرف عورتوں کے لئے اخلاق و نصائح سے بھری ہوئی کتاب لکھنا چاہتے تھے جو ان کے خیالات کی اصلاح اور انکے عادات کی تہذیب کرے ایسی کتاب لکھنے کا منصوبہ باندھنے کے لئے ان معاملات کو پیش کرنا ہی ضروری تھا جو عورتوں کی زندگی میں پیش آتے ہی۔ اصل میں یہی وہ چیز ہے جس کی پیش کش نے نذیر احمد کو اردو کا پہلا ہی نہیں بلکہ احتشام حسین کے الفاظ میں بہت اہم ناول نگار بنا دیا ورنہ نذیر احمد ایک واعظ

ناصح بن کر رہ جاتے وہ لڑکیوں کو تعلیم دینا چاہتے تھے اسکے ساتھ ہی ساتھ اسلامی اور دینی سماجی تربیت بھی ان کے پیش نظر تھی اور وہ یہ بھی چاہتے تھے کہ انکی باتیں دلچسپ اور موثر ہوں۔ وہ جانتے تھے کہ ہر انسان میں تنقید کا مادہ ہوتا ہے ایک انسان دوسرے ہی کو دیکھ کر سب کچھ سیکھتا ہے۔ اس لئے انہوں نے اپنی کتابوں میں انسانی زندگی کے نمونے پیش کئے ہیں چونکہ ابتداء میں لڑکیاں اور عورتیں انکی مخاطب تھیں اس لئے انھوں نے زیادہ تر عورتوں کی زندگی کے نمونے پیش کئے ہیں۔ اس طرح نذیر احمد کو ہمارے شریف گھرانوں کی سماجی زندگی کی عکاسی کو موقعہ ہاتھ آگیا۔

مراۃ العروس میں عورتوں کے ہی کردار نمایاں ہیں۔ اصغری پورے ناول پر چھائی ہوئی ہے کہانی اسی کے گرد گھومتی ہے۔ اصغری کے کردار کو مثالی اور اہم بنانے کے لئے نذیر احمد نے ایسے متوسط مسلم گھرانے کو پیش کیا ہے۔ جس میں کئی خرابیاں تھیں۔ مسلم گھرانے کی تصویر پیش کرنے پر نذیر احمد پر اعتراض بھی کیا گیا۔ عجیب بات یہ ہے کہ علاوہ دوسرے کے سرسید جیسے آدمی بھی مراۃ العروس پر معترض ہوتے ہیں۔ اسکا حال ہم کو حیات جاوید میں حالی کے ایک بیان سے معلوم ہوتا ہے:

"جب مراۃ العروس پہلی بار چھپ کر شائع ہوئی تو جو نقشہ اس میں عورتوں کی اخلاقی حالت کا کھینچا گیا تھا اس کو دیکھ کر سرسید کو نہایت رنج ہوا تھا وہ اسکو سلمان شرفا کی زنانہ سوسائٹی پر ایک قسم کا اتہام خیال کرتے تھے"۔

لیکن حالی ہی کے بیان سے ہم کو معلوم ہوتا ہے کہ خود سرسید پہ یہ اعتراض تھا کہ انھوں نے عورتوں کی اصلاح پر اور تعلیم پر کوئی خیال نہیں کیا حالانکہ انکی زندگی کا اہم ترین مقصد علم اور تعلیم کی اشاعت تھا۔ عورتوں کی تعلیم کی طرف سے لاپروائی کی وجہ یہ تھی کہ وہ عورتوں کی صحیح حالت سے واقف نہ تھے حالی سرسید کی اصلاحی تحریک کی اس

کمزوری کا ذکر کرتے ہوئے ان کی حمایت کرتے ہیں اور بتاتے ہیں کہ جب اس بات کا یقین ہو کہ کوئی کمزوری ہے ہی نہیں تو کمزوری کو دور کرنے کا کیا سوال پیدا ہو سکتا ہے وہ سر سید پر کئے گئے اعتراض کو بیان کرتے ہوئے اس کا جواب دیتے ہیں:

"سر سید نے جس قدر کوشش کی لڑکیوں کی تعلیم کے لئے اور لڑکیوں کی تعلیم پہ کبھی ہاتھ نہیں ڈالا یہاں تک کہ لوگوں نے ان کو تعلیم نسواں کا مخالف تصور کیا اگر چہ ہمارے نزدیک اصل سبب تعلیم نسواں کی طرف توجہ نہ کرنے کا یہ تھا کہ اول تو جب سے ان کو مسلمانوں کی شوسل ریفارم کا خیال پیدا ہوا تو اس وقت سے وہ آخر دم تک وہ فیملی سوسائٹی سے بالکل علیٰحدہ رہے۔ غدر کے چند روز بعد ان کی والدہ اور بی بی کا انتقال ہو گیا اور دہلی کی آمد و رفت بالکل موقوف ہو گئی۔ اگر چہ زنانہ سوسائٹی کی حالت سے وہ بے خبر نہ تھے مگر جو فیلنگ اس سوسائٹی میں رہ کر اور ہر وقت آنکھ سے انکی حالت دیکھ کر ایک ذکی الحس آدمی کے دل میں پیدا ہو سکتی ہے وہ صرف سنی سنائی یا کبھی کبھی دیکھی ہوئی باتوں سے ہر گز پیدا نہیں ہو سکتی"۔

حالی آگے چل کر بتاتے ہیں کہ سر سید کا زنانہ سوسائٹی کے متعلق کیا خیال تھا اسکے اسباب کیا تھے وہ لکھتے ہیں:

"دوسرے ان کے حالت انکی فیملی سوسائٹی کی حالت بہ نسبت اکثر خاندانوں کے بہت عمدہ تھی انکے خاندان کی عورتوں سے میری اکثر رشتہ داری عورتوں کو ملنے کا اتفاق ہوا ہے جو ان کے اخلاق و عادات، لیاقت و سنجیدگی کی حد سے زیادہ تعریف کرتی ہیں۔ خود سر سید نے ایجوکیشن کمیشن میں اور اپنی متعدد اسپیچوں میں اپنے خاندان کی عورتوں کو لکھے پڑھے ہونے کا حال بیان کر کے اس خیال کی تردید کی ہے کہ مسلمان عورتیں عموماً جاہل ہوتی ہیں"۔

یہاں حالی نے بڑی عمدگی سے یہ بات ظاہر کر دی ہے کہ مراۃ العروس پر سید کا اعتراض حالات سے ان کی ناواقفیت کی بنا پر تھا حالی اپنے ذاتی تجربے کی بناء پر بتاتے ہیں کہ مسلم زنانہ سوسائٹی کی حالت حقیقت میں وہی تھی جس کو نذیر احمد نے پیش کیا تھا اور یہ واقعہ ہے کہ نذیر نے مسلم متوسط گھرانے کا نقشہ اس خوبی اور عمدگی سے کھینچا ہے کہ آج بھی بعض قدیم وضع کے پابند گھرانوں میں ان کے ناولوں کی پیش کی ہوئی مثالوں کا مل جانا کوئی انوکھی بات نہیں۔

نذیر احمد بڑی فنکارانہ چابکدستی سے ہندوستان کے مسلم معاشرے کے مختلف پہلوؤں کی عکاسی کرتے ہیں۔ مراۃ العروس ایک متوسط طبقے کی اندرونی زندگی کا آئینہ خانہ ہے۔ اس ناول کے دو کردار اکبری اور اصغری دو مختلف تصویریں پیش کرتے ہیں۔ اکبری کے کردار سے ساس بہو کے جھگڑے اور جاہل اور انپڑھ عورتوں کی وجہ سے پیدا ہونے والی گھریلو بدمزگیاں بڑی خوبی سے دکھائی گئی ہیں اسکے کردار کے ذریعے عورتوں کے مختلف شوق اور مشغلے ان کی توہم پرستی ان کے لڑنے جھگڑنے کے طریقے، جھگڑوں کے چھوٹے موٹے واقعات جو، بعض وقت گھریلو زندگی کو تباہ کرسکتے ہیں بڑی عمدگی سے بیان کئے گئے ہیں۔ غرض اکبری کے کردار میں عورتوں کے مزاج کا وہ پہلو جو غصہ، برہمی اور جھگڑالو پن سے عبارت ہے نمایاں اور عورتوں کی کمزوریوں اور جذبات کی پیش کیا گیا ہے۔ اس کردار کے متعلق علی عباس حسینی لکھتے ہیں:

"اکبری میں مصنف کی خواہش کے علی الرغم اصغری سے زیادہ جذب ہے وہ الھڑ بے پرواہ ہے، بدسلیقہ، فضول خرچ ہے، صحبت ارذال میں بیٹھنے والی ہے لیکن وہ صاحب دل ہے اس کو غصہ بھی آتا ہے وہ کوستی کاٹتی بھی ہے، طعنے بھی دیتی ہے ہنستی بھی ہے، روتی بھی ہے۔ اسی لئے ہمیں اس سے زیادہ ہمدردی ہوتی ہے اور ہمارا جی چاہنے لگتا ہے اگر

ہم کاتب تقدیر ہوتے تو ہم اتنی تکلیفوں کے بعد اس کے دن ضرور پھیر دیتے"۔

حسینی نے جس بات کو مصنف کی خواہش کے علی الرغم قرار دیا ہے تجزیہ کرنے پر وہی بات نذیر احمد کے دل کی معلوم ہوتی ہے۔ یعنی ان کی خواہش کے عین مطابق قاری کو اکبری سے ہمدردی ہوتی ہے اور وہ اکبری کے کردار سے متاثر ہوتا ہے جو اکبری کی چھوٹی بہن ہے۔

محمد احسن فاروقی نے اپنے مضمون "مولوی نذیر احمد کی تمثیلی افسانے" میں اصغری کے کردار کا نقشہ بڑی خوبی کے ساتھ کھینچا ہے۔ اس سے نذیر احمد کے اصلاحی جذبے کی جہت اور نیت بھی متعین ہو جاتی ہے۔

"اصغری کی شادی ہونے والی ہے تو اس کا باپ دور اندیش خاں ایک طویل خط اس کو بھیجتا ہے جو پند و نصائح سے بھرا ہوا ہے۔ سسرال میں آ کر اصغری پہلے تمام حالات سے آگاہی حاصل کرتی ہے اور اپنی نند محمودہ کو جسے اکبری مارا کرتی تھی۔ اپنا جاسوس بنا لیتی ہے۔ یہ نوکرانی ماما عظمت کے پورے طور پر قابو میں پاتی ہے۔ یہ نوکرانی ہر طرح خرچہ بڑھائے ہوئے ہے اور بازار والوں کا قرضہ چڑھائے چلی جاتی ہے۔ نہایت ہوشیاری کے ساتھ اصغری اس پر قابو پا کر اسے نکال دیتی ہے۔ سب قرضہ ادا کر دیتی ہے اور پھر ماما دیانت کو ملازم رکھ کر نہایت سلیقے سے گھر چلاتی ہے۔ پھر اصغری نے گھر میں ایک مکتب بنا رکھی ہے جہاں طرح طرح کی لڑکیوں کو تعلیم دینے میں اس کا وقت صرف ہوتا ہے۔ اس سلسلے میں اس نے رئیس گھرانوں سے بھی تعلق بڑھائے ہیں اور اپنی نند محمودہ کی شادی ایک اونچے گھرانے میں کرا دینے میں کامیاب ہوئی ہے۔ اس شادی کے لئے کافی روپیہ فراہم کرنے میں بھی وہ اعلیٰ سلیقہ دکھاتی ہے۔ پھر وہ مسجدیں بنواتی ہے بازار لگواتی ہے اور اپنے عزیزوں کو ٹھیک روزگار سے لگواتی ہے۔ ہاں بچوں کے سلسلے میں وہ نامراد

ہے جس پر اس کے والد کا ایک طویل خط اس کو راضی برضائے خدا کر دیتا ہے وہ تمیز داری کی مکمل عین تصویر ہے اور خانہ داری کے ہر مہرام کو سلیقے سے برتنے کے لیے اس کی ہر حرکت مشعل راہ ہو سکتی ہے"۔

اردو ناول میں مراۃ العروس کی اہمیت ایک اور وجہ سے بھی ہے وہ یہ کہ اس میں نذیر احمد نے بڑی چابکدستی سے بدلتے ہوئے حالات کی عکاسی کی ہے اور ساتھ ہی ساتھ بدلتے ہوئے سماج کے مطابق اپنے آپ کو ڈھالنے کی تلقین کی ہے۔ تعلیم کی ضرورت تو ہر صفحہ سے ظاہر ہے۔ مثال کے طور پر محمد کامل کو عربی آتی ہے لیکن وہ حساب نہیں جانتے اس لئے انہیں نوکری نہیں مل سکتی اس پر اصغری اسکول کی تعلیم اور حساب کی ضرورت کے متعلق محمد کامل سے کہتی ہے:

"پڑھنا لکھنا اس واسطے ہوتا ہے کہ دنیا کا کوئی کام اس کا نہ رہے۔ بڑے بھائی بھی عربی فارسی پڑھے ہیں لیکن نوکری نہیں ہے ابا کہتے ہیں کہ حساب کتاب اور کچہری کا کام جب تک نہ سیکھو گے نوکری کا خیال مت کرو"۔

دوسری جگہ درباروں کی تباہی اور انگریزی حکومت کے تسلط کا ذکر محمد کامل اور اصغری کے مکالمے کی صورت میں یوں آیا ہے:

"محمد کامل نے کہا: پھر کیا کروں، لاہور چلا جاؤں۔

اصغری: لاہور میں کیا دھرا ہے؟ وہیں کی سرکار خود تباہ ہے۔ ابا جان کو بھی نہیں معلوم، پہلے کا لحاظ مان کر وہ کسی طرح پچاس روپیہ دیتا ہے نئے آدمی کی گنجائش اس کی سرکار میں کہاں؟

محمد کامل: اور بہت سرکاریں ہیں۔

اصغری: جب سے انگریزی علمداری ہوئی سب رئیس ایسے ہی تباہ ہیں پچھلے نام و

نمود کو نبھاتے ہیں۔

محمد کامل: پھر کیا علاج؟

اصغری: انگریزی نوکری تلاش کرو"۔

***

بنات النعش

نذیر احمد کے دوسرے ناول نبات النعش کو مراۃ العروس کا تکملہ کہنا غلط نہ ہو گا۔ اسکے اہم اور مرکزی کردار مراۃ العروس ہی ہے کردار ہیں۔ نبات النعش کا موضوع اور مشمولات کی وضاحت افتخار عالم نے اس طرح بیان کی ہے:

"اس کتاب کو مراۃ العروس کا حصہ دوم کہنا چاہیئے۔ اس کتاب کی بھی وہی بولی ہے، وہی طرز تحریر ہے۔ مراۃ العروس سے تعلیم اخلاقی اور تربیتِ خانہ داری مقصود تھی اس میں بھی موضوعات کا کافی طور پر اعادہ کیا گیا ہے"۔

آگے چل کر افتخار عالم لکھتے ہیں:

"اصغری خانم جس کی سلیقہ شعاری اور سگھڑ پنے کا ذکر مراۃ العروس میں ہے۔ شوقیہ لڑکیوں کو پڑھایا کرتی تھیں اس مکتب میں حسن آزاد بیگم نے جو اس کتاب کی ہیروئن ہیں تعلیم پاتی ہیں۔ حسن آرا کے مزاج کی افتاد ایسی تھی کہ اپنے ہی گھر میں سب سے بگاڑ تھا نہ ماں کا ادب نہ آپا کا وقار نہ باپ کا ذکر نہ بھائیوں کا لحاظ نوکر ہیں کہ آپکے نالاں ہیں لونڈیاں ہیں کہ الگ پناہ مانگتی ہیں غرض حسن آرا سارے گھر کو سر پر اٹھائے رہتی ہے۔ اس بد سلیقہ لڑکی کی تعلیم و تربیت جس عمدہ طور پر ہوتی ہے وہ قابل دید ہے۔ حسن آرا کے بگڑے ہوئے عادات امیرانہ خیالات، لارڈ پیار کی وجہ سے ہٹ اور ضد دوسری لڑکیوں کی حقارت سے دیکھنے اور ان پر نام دھرنے اس قسم کی صدہا معائب کی

اصلاح نہایت خوش اسلوبی سے اصغری خانم نے کی۔ پڑھنے لکھنے کا شوق اسکے دل میں پیدا کیا۔ باتوں باتوں میں اخلاقی مضامین کی باتیں میل جول کے طریقے، نیکی اور سچی خیرات ہم جولیوں کا پاس ادب حساب کی دلچسپ باتیں، زمین کی کشش، وزن، مقناطیس، زمین کی ہیئت اور حرکت زمین کے گول ہونے کی دلیل ریاضت زمین کی جسامت اور تقسیم، تمدن کی وجہ، شہر و دیہات کی آب و ہوا سب کچھ سمجھا دیا ہے۔ یہ کتاب فی نفسہ ایک عود سور العمل ہے۔

توبۃ النصوح

مراۃالعروس اور نبات النعش کے بعد نذیر احمد نے توبۃ النصوح لکھی یہ کتاب دونوں کتابوں سے مختلف ہے۔ مراۃ العروس اور نبات النعش میں ناول نگاری کی مخاطب لڑکیاں تھی ان دونوں ناولوں میں نذیر احمد نے خانگی زندگی میں عورتوں کی قدر و قیمت، خود مرد کی زندگی کو بنانے اور سنوارنے میں ان کے کردار کی اہمیت بیان کی ہے۔ توبۃ النصوح کا موضوع بھی گھریلو زندگی ہے۔ اس ناول کا مرکزی کردار جیسا کہ ناول کے نام سے ظاہر ہے نصوح ہے۔ نصوح ایک خواب دیکھتا ہے جو اسکی زندگی کی کایا پلٹ دیتا ہے اور نصوح کی زندگی کا ایک نیا دور شروع ہوتا ہے۔ اس خواب سے پہلے لیکن نصوح کی زندگی مذہب اور اخلاقی سے بڑی بے گانہ تھی جس کی وجہ سے گھر کا گھر غلط راہوں پر چل پڑا تھا۔ خصوصاً نصوح کا بڑا لڑکا کلیم اور بڑی لڑکی نعیمہ گھر کی مرکزیت کی وجہ سے اتنے خودسر ہو گئے تھے کہ انجام کار تباہ ہو گئے۔

نصوح خواب سے بیدار ہوتے ہی گھر کے دوسرے افراد کو خوابِ غفلت سے جگانے کی کوشش کرتا ہے، لیکن بہت جلد اسے محسوس ہوتا ہے کہ بچے بڑے ہو جائیں تو پھر انکی اصلاح و تربیت شکل ہی نہیں ناممکن بھی ہو جاتی ہے۔ نذیر احمد توبۃ النصوح کے

دیباچے میں اپنے مقصدِ اصلی کو یوں ظاہر کرتے ہیں کہ:

"اس کتاب میں انسان کے اس فرض کا مذکور ہے جو تربیت اولاد کے نام سے مشہور ہے اس کتاب کی تصنیف کرنے سے مقصدِ اصلی یہ ہے کہ اس فرض کے بارے میں جو غلط فہمی عموماً عام لوگوں سے واقع ہو رہی ہے اسکی اصلاح ہو"۔

پھر اس فرض کے بارے میں عام طور سے جو غلط فہمی پائی جاتی ہے اسکی وضاحت کرتے ہوئے لکھتے ہیں:

"تربیت اولاد صرف اس کا نام نہیں کہ پال پوس کر اولاد کو بڑا کیا روٹی کما کر کھانے کا کوئی ہنر ان کو سکھا دیا ان کا بیاہ برات کر دیا بلکہ انکے اخلاق کی تہذیب کی تصحیح بھی ماں باپ پر فرض ہے۔ افسوس ہے کتنے لوگ اس فرض سے غافل ہیں۔"

نذیر احمد کا ناول فنی اعتبار سے اہمیت نہیں رکھتا بلکہ اس سے ہٹ کر نذیر احمد نے جو باتیں لکھی ہیں وہ بجائے خود اتنی اہمیت رکھتی ہیں کہ ان سے مولانا کے خیالات، تصورات، مذہبی واخلاقی وسیع النظری، ان کی انسان پرستی اور خلوص کا پتہ چلتا ہے اور ان تمام کے پس منظر میں ناولوں کو سمجھے میں مدد ملتی ہے۔

توبۃ النصوح لکھنے کا ایک مقصد تو تربیت اولاد تھا لیکن ان کا اور مقصد اخلاق اور مذہب کو اہمیت کو واضح کرنا بھی تھا۔ احتشام حسین کے الفاظ میں:

"توبۃ النصوح میں مذہبی اور اخلاقی مسائل کو خانگی کے پس منظر میں پیش کیا گیا ہے۔"

نذیر احمد نے مذہبی اور اخلاقی مسائل کو نہ صرف خانگی زندگی کے پس منظر میں پیش کیا ہے بلکہ زیادہ وسعت دے کر اپنے زمانے کی سماجی، سیاسی اور معاشرتی زندگی کے پس منظر میں بھی رکھا ہے۔ اس ناول میں نذیر احمد نے بڑی عمدگی سے ظاہر کیا ہے کہ کس

طرح مذہب اور اخلاق کے خانگی مسائل سماجی حیثیت اختیار کر لیتے ہیں۔ توبہ کے بعد نصوح کی سماجی زندگی کسطرح بلند ہوتی ہے اور کلیم جب مذہب اور اخلاق سے بیگانگی اختیار کرتا ہے تو کسطرح سماج میں اپنی حیثیت کھو دیتا ہے۔

نذیر احمد نے صرف یہی نہیں بتایا کہ کلیم کی اخلاقی کمزوری کس طرح اسکی سماجی حیثیت کو ختم کرتی ہے۔ بلکہ انہوں نے یہ بھی ظاہر کیا ہے کہ اخلاق اور مذہب فرد تک محدود نہیں۔ نصوح کی غفلت اور لاپرواہی نے خاندان کو غلط راستہ اختیار کرنے پر مائل ہوئے۔ مذہب اور اخلاق سے بے گانگی کا ایک نتیجہ ظاہر دار بیگ اس وقت پیدا ہوتے ہیں جب سماجی زندگی کھوکھلی ہو جاتی ہے اور اس میں ظاہر داری، خوشامد، جھوٹ، دھوکے بازی، محبت و خلوص کا فقدان اور انسانیت اور انسانی ہمدردی کی کمی جیسی خرابیاں آ جاتی ہیں۔ سماجی زندگی کا یہ کھوکھلا پن مذہب اور اخلاق کی ٹھوس اقدار سے بے تعلقی کی وجہ سے نمو پاتا ہے۔ ظاہر دار بیگ کا کردار ان تمام باتوں کی عکاسی کرتا ہے۔

نذیر احمد کے نزدیک سماجی زندگی میں توازن برقرار رکھنے کے لیے انسانیت کا جذبہ ضروری ہے وہ انسانیت کے باوجود اور بقا کے لیے مذہب کو لازمی قرار دیتے ہیں مذہب جس کے بغیر اخلاق قائم نہیں رہ سکتا۔ وہ مذہب اور اخلاق کے رشتے کو اٹوٹ سمجھتے تھے کیونکہ اخلاقی قدریں مذہب سے ہٹ کر قائم نہیں رہ سکتیں جب کوئی فرد مذہب کو مانتا ہے تو پھر مذہب کی پیش کردہ اخلاقی اقدار کی بجا آوری اس سے واجب ہو جاتی ہے۔ اس لئے نذیر احمد اخلاق اور مذہب کو ضروری سمجھتے ہیں اور اس بنا پر ان کو صرف اسلامی معاشرت تک آتے آتے آپ کو محدود کر لینے کی ضرورت پیش آئی حالانکہ مجموعی طور سے وہ ہندوستانی معاشرے اور سماج کی اصلاح چاہتے تھے۔ وہ ہندو مذہب سے واقف نہ تھے اس لئے ہندو مذہب کی اخلاقی قدروں کے حوالے سے اپنا مقصد پیش نہیں کر سکتے تھے۔

چنانچہ ان کے یہاں بہ ظاہر ہندو سوسائٹی کی اصلاح کا کوئی خیال نہیں ملتا حالانکہ خود توبۃ النصوح میں ان کا ارادہ یہ تھا کہ بلا تخصیص مذہب، حسن معاشرت اور تعلیم نیک کرداری و اخلاق کی ضرورت واضح کریں لیکن چونکہ نیکی کو مذہب سے علیحدہ کرنا بھی ممکن نہ تھا اس لئے انھوں نے مجبوراً مذہبی پیرایہ اختیار کیا۔ وہ اس بارے میں یوں رقم طراز ہیں:

"نیکی کو مذہب سے جدا کرنا ایسا ہے جیسا کہ کوئی شخص روح کو جسم سے پاگل کو بو سے یا نور کو آفتاب سے، ناخن کو گوشت سے علیحدہ کرنے کا قصد کرے تو پھر الہام مذہب ناگزیر ہے ادھر اختلاف مذہب ہے جو اس ملک میں کثرت سے پھیلا ہوا ہے لوگوں میں اس بلا کا مذہب آگیا ہے کہ کیسی بھی اچھی بات کی جائے کوئی دوسرے مذہب والے اس کی طرف متوجہ نہیں ہوتے"۔

لیکن وہ معاشرے کی اصلاح کے لئے قلم اٹھانا چاہتے تھے اس لیے انھوں نے مذہب کو خیالی اور مرکزی اہمیت دی اور ساتھ ہی اس بات کی کوشش کی کہ مذہبی اصولوں یا اخلاقی قدروں کو پیش کریں جو پورے سماج کے لیے مفید ہیں اور اس بات کا خاص اہتمام کیا کہ کوئی ایسی بات نہ لکھی جائے جو دوسروں کی ناپسندیدگی اور تکلیف کا باعث ہو۔ یہ قصہ انھوں نے اپنے زمانے کی حقیقی زندگی کے تانے بانے سے بنا ہے۔ قصے کو زندگی کے قریب رکھنے کے لئے انہوں نے ان واقعات کو بیان کیا ہے۔ جو حقیقی زندگی میں پیش آتے رہتے ہیں یا پیش آسکتے ہیں اس ناول میں نذیر احمد نے حقیقی زندگی کی عکاسی کا بطور خاص اہتمام کیا ہے۔

نذیر احمد کی انسانی دوستی بھی توبۃ النصوح کو اہم بنا دیتی ہے۔ دراصل انسان دوستی کا جذبہ ہی اس ناول کا محرک ہے۔ اگرچہ انہوں نے مقدمے میں ناول کا مقصد تربیت اولاد بتایا ہے۔ لیکن حقیقت میں تربیت اولاد مقصد بالذات نہیں ہے بلکہ عام انسانی ہمدردی

ان کے پیش نظر تھی۔ کیونکہ انسانیت کا بار آنے والی نسل کو بھی اٹھانا پڑتا ہے۔ اس لئے نذیر احمد نے عام انسانی ہمدردی کے اس پہلو پر خاص طور سے زور دیا ہے اس ضمن میں ان کی ایہ بات خاص اہمیت رکھتی ہے۔

"تربیت اولاد" یہ کتاب جس پر لکھی گئی ہے ایک شعبہ بھی ہے اس عام انسانی ہمدردی اور نفع رسانی کا جوہر فردِ بشر پر اس کی استطاعت کے بقدر واجب ہے"۔

***

ابن الوقت

یہ ناول نذیر احمد نے آخری زمانے میں لکھا۔ اس وقت تک ان کے سماجی اور سیاسی تصورات پختہ ہو چکے تھے نذیر احمد کبھی بھی مغربی تمدن کے مخالف نہیں رہے انھوں نے کبھی مذمت نہیں کی لیکن یہ بھی نہیں چاہتے تھے کہ ہندوستان پورے طور پر مغربی تمدن اختیار کرے اس کے لئے ان کے پاس وجوہات تھیں۔ انھوں نے اس ناول میں ابن الوقت کی مغربی زندگی کو تنقید کا نشانہ بنایا ہے۔ نذیر احمد کو اس کا شعور تھا کہ سماج کے ایک فرد کے بدلنے سے پورا سماج بدل نہیں جاتا اندھی تقلید پسندی کو وہ سماج کے لیے مضر سمجھتے تھے۔ ابن الوقت انگریزوں کی اندھی تقلید میں اپنے سماج سے الگ ہو گیا۔ اس لیے وہ سماج کی ہمدردیوں سے محروم ہو گیا ہے۔ انھوں نے یہ ناول ۱۸۸۸ء میں ملازمت سے سبکدوش ہونے کے بعد لکھا۔ ملازمت سے سبکدوش اور وظیفہ یابی کے بعد نذیر احمد کا بڑھتے ہوئے مغربی تمدن کے خلاف آواز اٹھانا سماجی زندگی اور اس کی تبدیلیوں پر ان کی نگاہ کی گہرائی کا پتا دیتی ہے۔ انہیں اپنے دو ملازمت میں بے شمار انگریزی داں ہندوستانی عہدے داروں سے سابقہ پڑ چکا تھا اور ان کی باریک بین نگاہوں نے دیکھ لیا تھا کہ طبقہ مغربی زندگی کا شکار ہے۔ اپنی زندہ پائندہ اور جاندار روایات کو چھوڑ کر مغربی تمدن کے

سیلاب میں اپنے آپ کو بہا دینے میں اپنی نجات سمجھ رہا ہے اس لئے انھوں نے مغربی تمدن کی اندھی تقلید کے خلاف آواز اٹھائی وہ مغرب کی اچھی چیزوں کی جن کے بغیر اس زمانے میں زندگی گزارنا مشکل تھا مخالفت نہیں کرتے، مثال کے طور پر انگریزی حکومت نے تعلیم کی اشاعت کی کوشش کی۔ نذیر احمد نے اسکی مخالفت نہیں کی بلکہ ایک قدم مزید آگے بڑھایا اور قوم کو عورتوں کی تعلیم کی اہمیت اور ضرورت کو اس کا احساس دلا کر انفرادی طور پر خود اس ذمہ داری کو پورا کیا۔ مراۃ العروس اس ذمہ داری کو پورا کرنے کے مستحسن کوشش ہے جس میں انہوں نے بڑے موثر انداز میں یہ بھی دکھایا ہے کہ انگریزی تعلیم کو ناگزیر قرار دیا ہے۔

انہوں نے مغربی تہذیب کے ساتھ آئی ہوئی سائنس کی برکت کا نہ صرف خیر مقدم کیا بلکہ سائنس کی ابتدائی معلومات کو نبات النعش لکھ کر عورتوں کے ذہن نشین کرانے کی بھی کوشش کی تھی اس کوشش کے بارے میں ڈاکٹر اعجاز حسن لکھتے ہیں:

"مختلف وجوہ سے نذیر احمد نے عورتوں کو کمزور پایا اور مناسب سمجھا کہ ان کو پہلے مضبوط بنایا جائے اس لئے ان کی ناولیں مراۃ العروس اور نبات النعش وجود میں آئیں جن میں علاوہ اور باتوں کے ذہن کی بالیدگی کے لیے سائنس کے مختلف مسائل پر روشنی ڈالی گئی مثلاً نبات النعش میں زمین، ہوا کا ادب، کشش اتصال مقناطیس، زمین گول ہے اور آفتاب کے گرد گھومتی ہے اور اس قسم کے اور بہت سے مسائل کو اس لئے بیان کیا گیا ہے کہ زندگی کے رشتے منطقی طور پر سمجھ میں آجائیں۔ موضوعات سے ہٹ کر عورتیں حقیقت کی روشنی میں چلنے پھرنے لگیں اور عقل کی توانائی کے ساتھ آگے بڑھیں۔"

اس بیان سے بھی صاف ظاہر ہے کہ نذیر احمد مغرب کی ان چیزوں کو جو عقل کی توانائی اور زندگی کے رشتے کو منطقی طور پر سمجھنے کی صلاحیت پیدا کرتی ہیں۔ بڑی قدر کی

نگاہ سے دیکھتے ہیں اور ان کو اختیار کر لینے میں ملک اور قوم کی ترقی دیکھتے ہیں اسی لئے وہ تو صرف اندھی تقلید اور مغربی زندگی کی مخالفت کرتے ہوئے نذیر احمد دیکھ رہے تھے کہ مغربی زندگی کا یہ سیلاب اپنی رو میں مشرقی تہذیب، مشرقی تمدن اور سب سے بڑھ کر یہ کہ مذہبی اقدار کو بہالے جا رہا ہے۔ وہ محسوس کر رہے تھے کہ انگریزی وضع کے ساتھ مذہبی احکام کی بجا آوری ممکن نہیں اس لئے وہ ابن الوقت میں اسکے انگریزی وضع اختیار کرنے کے بعد جو تبدیلیاں ہوئی ہیں بیان کرتے ہوئے لکھتے ہیں:

"الغرض انگریزی سوسائٹی میں داخل ہونے کے خبط نے اسکو ایسا بے چین کر رکھا تھا کہ دن رات دو چار منٹ کے لیے بھی شاید اس کو خوشی ہوئی ہو ورنہ جب دیکھو منقبض جب سنو آزردہ ذرا سوچنے اور خیال کرنے کی بات ہے کہ جو شخص دنیا میں اس قدر منہمک ہو اس کو رمنِ داری سے کیا سروکار سچی دینداری کی شناخت ہے زہد جتنا جس سے ہو سکے۔"

ابن الوقت میں نذیر احمد نے یہ بات ثابت کی ہے کہ مغربی تمدن کی پیروی کے نتیجے میں انسان مذہب سے بیگانہ ہونے لگا ہے۔ انہوں نے یہ بھی بتانے کی کوشش کی ہے کہ مغربی تمدن کی تقلید سے صرف دین ہی ہاتھ سے نہیں جاتا بلکہ دنیا بھی خراب ہوتی ہے کیونکہ مغربی طرز کی زندگی بڑی مہنگی ہوتی ہے۔ ہندوستانیوں کے لیے اس مہنگی زندگی کی اخراجات برداشت کرنا مشکل ہی نہیں نا ممکن ہو جاتا ہے۔ اپنی چادر سے باہر پاؤں پھیلانے والوں کا نذیر احمد نے یہی حشر دکھایا ہے اور ثابت کرنے کی کوشش کی ہے کہ غیر معروض ہو جاتے ہیں۔ ابن الوقت میں نذیر احمد نے اس ناول میں یہ بتایا کہ انسان جب غیر فطری زندگی گزارنے لگتا ہے تو زندگی اس پر بوجھ بن جاتی ہے اور مصیبت لگنے لگتی ہے۔ نذیر احمد نے اس بات کو موثر طریقے سے پیش کیا ہے۔ وہ ابن الوقت کی اس کیفیت

کی حالت یوں بیان کرتے ہیں۔

"وہ بھائی بہنوں اور دوسرے رشتہ داروں کی مفارقت کی خیال سے متاذی ہوتا تھا رشتہ دار تو رشتہ دار اُسے ہندوستانی سوسائٹی کے چھوٹ جانے کا بھی افسوس تھا ہم نے سنا ہے کہ اسنے بارہا اپنے راز داروں سے کہا کہ میرا یہ حال ہے کہ انگریزی کھانے کھاتے ہوئے اتنی مدت ہوئی کہ ایک دن میری سیری نہیں ہوئی اور میں ہر خواب میں اپنے تیئں ہندوستانی کھانے کھاتے دیکھتا ہوں۔"

نذیر احمد نے ایسے ہی چھوٹے چھوٹے واقعات سے ابن الوقت کی شخصیت کے انتشار کو واضح کیا ہے جس سے بالآخر اس کی سماجی زندگی کو گھن لگا دیا اور باوجود ذہانت، بردباری، گورنمنٹ میں اثر ورسوخ، ذہانت داری، قابلیت ولیاقت کے وہ زندگی میں زک اٹھاتا ہے اور ناکام ہوتا ہے۔

نذیر احمد ابن الوقت کے تضاد کے طور پر حجۃ الاسلام کا کردار پیش کرتے ہیں جو اپنی پرانی اور قدیم وضع کو قائم رکھتا ہے اور کسی قیمت پر بھی اپنی مذہبی اور مشرقی وضع کو چھوڑنے پر تیار نہیں ہے وہ بھی ڈپٹی تھے اور انیسویں صدی کے نمائندہ مسلمانوں کی سماجی اور نفسیاتی زندگی کے تضاد کی کیفیت کو پیش کرتے ہیں۔ اس لحاظ سے ابن الوقت ان کی بہترین کہانی ہے جو ان کے اپنے زمانے کی سماجی زندگی کے اہم اور بنیادی پہلوؤں کے مکمل احاطہ کرتی ہے۔

یہ ناول ان شکوک اور بدگمانیوں کا اظہار ہے جو ذہنی انتشار اور اخلاقی بد نظمی کا باعث تھے اس آئینے میں اس زمانے کے سیاسی اور سماجی عوامل و محرکات کا عکس روشن ہے۔ یہ اس زمانے کے انگریز حاکموں اور ہندوستانی محکوموں کے تعلقات کی ترجمانی کرتا ہے۔

نذیر احمد نے صرف اس زمانے کی عکاسی نہیں کی بلکہ اس زمانے کے بہت اہم مسئلے کو پیش کر کے ہندوستانیوں میں خود آگاہی اور ذہنی بیداری کرنے کی کوشش کی اگر مغربی اثرات سے پیدا ہونے والے خطروں کو محسوس کر کے ان کے سد باب کی کوشش نہ کی جاتی تو ہندوستان مغربیت کے تنکے میں سیلاب کی طرح بہہ جاتا ہے لیکن اس عہد کے بعض ارباب بصیرت نذیر احمد، شبلی اور اکبر الہٰ آبادی نے اسکی مخالفت کر کے ہندوستانیوں کے دلوں میں مغربی تمدن کے نقص سے غور و فکر کا خیال پیدا کیا ان میں وہ خود آگاہی پیدا ہوئی جس نے انہیں شدید ذہنی غلامی سے دور اور محفوظ رکھا۔ اور ایک ایسی چنگاری ان کے دلوں میں روشن کر دی جو بہت بعد کو ہوا دینے پر "ترک موالات" کے شعلے کی صورت میں ظاہر ہوئی اور آزادی کی راہ کو روشن کر دیا۔

***

محصنات

جو فسانۂ مبتلا کے نام سے مشہور ہے۔ ۱۸۸۵ء میں لکھا گیا یہ ناول اس لحاظ سے خاص اہمیت رکھتا ہے کہ اس پس منظر خالص سماجی مسائل ہیں نذیر احمد کے دوسرے ناولوں میں سماجی مسائل سیاسی اور سماجی مسائل سے مخلوط ہو گئے ہیں اور یہ ناول خالص سماجی مسائل پر مبنی ہے۔

نذیر احمد نے مسلم خانگی زندگی کے متعدد مسئلوں کو اپنے ناولوں میں ابھارا ہے مگر دو مسائل ایسے ہیں جو اس سے پہلے ان کے ناولوں میں نہیں آئے ہیں۔ پہلا مسئلہ تعداد ازدواج کا ہے جس کو انھوں نے محصنات میں ابھارا ہے اسکے دیباچے میں وہ لکھتے ہیں:

"ان دنوں مجھے یہ خیال ہوتا تھا کہ مسلمانوں کی معاشرت میں عورتوں کی جہالت اور نکاح کے بارے میں مردوں کی آزادی کے دو بہت بڑے نقص ہیں۔ میں نے ایک کو

نقص کے دفع کرنے میں کوشش کی ہے تو دوسرے نقص کے دفع میں بھی کچھ ضرور کرنا ہے۔"

چنانچہ مبتلا کے قصے میں انھوں نے دو شادیوں کی خرابیاں واضح کی ہیں مبتلا جسم پرستی کے علاوہ شاعری، ناچ رنگ اور بازاری عورتوں کے شوق میں بھی گرفتار ہے۔ اپنے چچا میر تقی کی نصیحتوں کا اثر اس کی طبیعت پر صرف اس قدر ہوتا ہے کہ وہ کسی عورت سے تعلق رکھنے پر اس سے نکاح کر لینے کو ترجیح دیتا ہے اور ایک خوبصورت نہیں بلکہ وضع دار عورت ہریالی سے نکاح کر لیتا ہے۔ غیرت بیگم مبتلا کی پہلی بیوی ہے، چنانچہ دونوں بیویوں کے جھگڑوں سے پوری کہانی بھری پڑی ہے۔ ان میں سب سے اہم واقعہ غیرت بیگم کا ہریالی کو زیر دینا ہے۔ اس معاملے میں مبتلا غیرت بیگم کو قانون کے ہاتھوں سے بچانے کی جدوجہد میں دیوالیہ ہو جاتا ہے اور بالآخر عاجز ہو کر مر جاتا ہے۔

نذیر احمد نے دو شادیاں کرنے والوں کے حالات، ان کے جذبات و کیفیات کا اچھا نقشہ پیش کیا ہے اور اس سے یہ نتیجہ نکالا ہے کہ ہر شخص کو بس ایک ہی شادی کرنی چاہیئے یہاں انکی رائے غور طلب ہے۔ اسلام میں متعدد شادیوں کی واضح اجازت ہے مگر اس ہدایت کے ساتھ کہ شوہر بیوی کے ساتھ عدل سے پیش آئے۔ حقیقت یہ ہے کہ اس زمانے میں دو شادیوں کے جو نتیجے سامنے آرہے تھے ان کے برے ہونے میں کوئی شبہ نہیں ان کی برائی کی وجہ سے آج کل ہر شخص اس خیال کا حامی ہے۔ نذیر احمد نے اس مسئلے کو فلسفۂ تاریخ کی روشنی میں نہیں دیکھا اور نہ ان کو معلوم ہوتا کہ شادی دراصل ایک اقتصادی پہلو بھی رکھتی ہے اٹھارہویں صدی میں چند مسلمان اپنی خوش حالی اور ثروت کی بنا پر چار چار گھروں کو برابری کے ساتھ چلاتے تھے اور کوئی دقت نہ ہوتی تھی لیکن جب وہ اقتصادی لحاظ سے کمزور ہو گئے تو ان مسائل سے دوچار ہوئے جو مبتلا کے سلسلے میں بیان

ہوئے ہیں۔ لیکن اس کے باوجود نذیر احمد کے نقطۂ نظر کی عملی اہمیت سے انکار ممکن نہیں۔

شادی کے سلسلے میں مردوں کی آزادی کے غلط استعمال کی نشان دہی کرنے کے ساتھ نذیر احمد نے عورتوں کو اس سلسلے میں صحیح آزادی دلوانے کی کوشش کی اسلام میں بیوہ عورتوں کی شادی پر بہت زور ہے لیکن ہندوؤں کے اثر سے ہندوستانی مسلمان بھی اس کو برا سمجھنے لگے تھے اور جوان بیواؤں کی زندگی ہر طرح تباہ ہو جاتی ہے۔ اس مسئلے کو انھوں نے اپنے ایک دوسرے ناول ایامیٰ میں وضاحت کے ساتھ پیش کیا ہے۔

نذیر احمد کا مقصد اگرچہ اس ناول میں صرف تعدد ازدواج کی خرابیوں کو پیش کرنا تھا لیکن انہوں نے اس ناول کے ہیرو مبتلا کے کردار میں ان سماجی عوامل کی نشان دہی کی ہے جو کسی انسان کی شخصیت کو ایک خاص رنگ اور ایک خاص صورت دیتے ہیں۔ مبتلا تو لڑکیوں کے بعد بڑی آرزوؤں اور تمناؤں سے پیدا ہوا۔ اس لیے اسکی پرورش بڑی ناز و نعم میں ہوئی۔ لیکن جن ہاتھوں میں اسکی پرورش ہوئی انہوں نے اس کو ضدی، خود سر، خود پسند، شریر، شوخ اور بے ادب بنا دیا۔ اسکے باوجود اس پر کوئی روک ٹوک نہیں بلکہ کوئی معترض ہوتا ہے تو لڑائی ہو جاتی ہے۔ مبتلا کے باپ کو اسکی ان غلط عادتوں سے بے خبر رکھا گیا وہ مدرسے کے بڑے لڑکوں کی صحبت میں بانکا اور طرح دار بن گیا، جوانی آئی تو ان باتوں سے دوسرا رخ اختیار کیا۔ مبتلا نے حسن پرستی کو اپنا شعار بنالیا اور یہ حسن پرستی اسے ہریالی کے پھندے میں پھانسنے ہوتی ہے۔ یہاں نذیر احمد نے ایک اور ٹھیٹ سماجی مسئلے کو ابھارا ہے کہ مرد کیوں عشق پیشہ عورتوں کے حسن کے جال میں گرفتار ہوتا ہے۔ انہوں نے ظاہر کیا کہ اسکی پہلی بیوی غیرت بیگم اگرچہ قبول صورت ہے لیکن نہ وہ شوہر کی دلداری کرتی ہے نہ ہی اپنے آپ کو نظر قریب بنانے کی کوشش کرتی ہے اس کے

برخلاف وہ شوہر سے بے پرواہ بھی ہے اور گھر سے بے تعلق۔ ادھر غیرت بیگم کی یہ کمزوریاں ادھر مبتلا کی حسن پرستیاں تھیں نتیجہ یہ ہوا کہ مبتلا نے دوسری شادی کرلی لیکن مبتلا جب ہریالی سے نکاح کرلیتا ہے تو بے شمار پریشانیوں میں مبتلا ہو جاتا ہے۔

نذیر احمد کا یہ ناول کردار اور پلاٹ کے لحاظ سے توبۃ النصوح یا ابن الوقت کے درجے کو نہیں ہے۔ دراصل نذیر احمد نے اس پلاٹ کا تانا بانا خالص سائنسی مسائل سے تیار کرنے پر پوری توجہ مرکوز کی ہے جس کی وجہ سے نہ پلاٹ کی ترتیب میں کوئی فنی حسن پیدا ہو سکا نہ کردار زیادہ ابھر سکے بلکہ مسائل کے مقابلے میں کردار اور واقعات ثانوی بن کر رہ گئے ہیں۔ نذیر احمد کا قلم گھریلو زندگی کی جزئیات اور تفصیلات کو فنکارانہ انداز میں پیش کرنے میں مہارت رکھتا ہے۔ اس مہارت کی وجہ سے ان کی حقیقت نگاری پر حرف نہیں آتا۔ فسانہ مبتلا میں نذیر احمد کی یہی نگاری اسے اہمیت بخشتی ہے۔ حالانکہ اس میں ان کا واعظانہ اور خطیبانہ انداز اور لب ولہجہ ابھر آتا ہے۔ جس کی وجہ سے ناول کی دلچسپی میں بھی فرق آجاتا ہے اور فن بھی مجروح ہو جاتا ہے ناول میں اگرچہ مبتلا کے چچا میر تقی وعظ کرتے دکھائی دیتے ہیں وہ عارف کے الفاظ میں "پورے مولوی" ہیں۔ مبتلا سے واعظانہ مباحثہ کرتے نظر آتے ہیں۔ لیکن ان کمزوریوں کے باوجود نذیر احمد گھر اور خاندان کے سماجی رشتوں اور بندھنوں کو نظر انداز نہیں کرتے بلکہ ہمیشہ ان کو پیش نظر رکھتے ہیں اور اس طرح مثالیت کے باوجود حقیقت سے ان کا رشتہ استوار محسوس ہوتا ہے۔

***

ایامیٰ

سماجی زندگی میں عورت کے صحیح مقام سے نذیر احمد غافل نہیں تھے یہ بھی ایک حقیقت ہے کہ سماج ہی کے رسم ورواج نے عورت کو کبھی اسکا جائز مقام نہیں دیا۔ عورت

کو ہمیشہ مجبور اور بے بس سمجھا اور بعض وقت اس سے وہ حقوق بھی چھین لئے جو انسان ہونے کی حیثیت سے اسے حاصل تھے۔ یہ عجیب بات ہے کہ قدیم زمانے میں خواہ وہ عرب رہا ہو یا ہندوستان ہر جگہ کی تحقیر و تذلیل کی گئی۔ کہیں اسے زندہ در گور کیا گیا کہیں شوہر کے ساتھ جل مرنے کو شوہر پرستی کا معیار سمجھا گیا۔ ہندوستان میں اصلاحی تحریکیں چلیں تو عورت کی حیثیت کی طرف بھی توجہ کی گئی لیکن مسلمانوں نے نذیر احمد اور ان کے ہم عصروں سے پہلے اس پر کم توجہ دی۔

نذیر احمد نے خاص طور پر طبقہ نسواں کے حالِ زار کی اصلاح پر توجہ کی۔ ان کی ناول نگاری کا اہم مقصد یہ بھی تھا۔

ایامیٰ میں بیوہ عورت کے نکاح ثانی کے مسئلہ کو پیش کیا گیا ہے کیونکہ عقد بیوگاں صحت مند سماج کی تشکیل کے لئے ضروری ہے۔ بیواؤں کی موجودگی کی وجہ سے سماج میں ایک ایسا طبقہ پیدا ہو جاتا ہے جو نہ صرف دوسروں کے لئے بلکہ خود اپنے آپ پر بھی بوجھ سا بنا رہتا ہے۔ بیوہ عورت کی یہ حالت اس لئے ہوتی ہے کہ ذاتی اور جسمانی طور پر غیر فطری زندگی گزارنے پر مجبور کر دیا جاتا ہے۔ نذیر احمد نے ایامیٰ میں یہی بتایا ہے کہ ایک بیوہ کے لئے غیر فطری زندگی گزارنا کتنا کرب انگیز ہے انہوں نے اس بات کی بھی وضاحت کی ہے کہ مذہب اسلام میں عقد بیوگاں نہ صرف جائز ہے بلکہ اسکی تاکید کی گئی ہے۔ لہذا اس سماجی برائی کو روکنے کے لئے انہوں نے مذہب سے بھی مدد لی ہے۔ نذیر احمد کے خیال میں مسلمانوں نے کچھ ایسے غلط رسم و رواج کے بندھن پیدا کر دیتے ہیں کہ بیوہ عورتیں نکاح ثانی کی شدید ضرورت اور خواہش رکھنے کے باوجود بیوگی کی زندگی بسر کرنے پر مجبور کر دی گئی ہیں۔ اس سلسلے میں افتخار عالم لکھتے ہیں۔

"ہندوستان میں مسلمانوں نے اہلِ ہند کی دیکھا دیکھی یہ بری رسم اختیار کر لی ہے

اور بیوہ کا نکاح کرنا اپنی ذات اور خاندان کی بدنامی کا باعث سمجھتے ہیں۔ ہندو تو اپنی پرانی رسموں کو چھوڑ چلے جاتے ہیں مگر مسلمان لکیر کے فقیر کچھ ایسے پالیں ہیں کہ ذرا نہیں بدلتے۔"

لیکن یہاں افتخار عالم کا یہ کہنا کہ مسلمانوں نے یہ بری رسم صرف ہندو کی دیکھا دیکھی اختیار کی ہے۔ بالکل صحیح نہیں سمجھی جاسکتی کیونکہ قدیم ایران میں بھی اس بات کو اچھا نہیں سمجھا جاتا تھا کم ازکم وہاں کے بعض دانشور بیوہ عورت سے شادی کرنے کو منع کرتے تھے۔

اس میں کوئی شک نہیں کہ ہندو مذہب میں عقد بیوگاں کو قطعی ناپسند کیا جاتا تھا لیکن انیسویں صدی میں ہندو اور مسلمان سماجی مصلحین نے اس بری رسم کو ختم کرنے کے سلسلے میں بہت اہم خدمات انجام دیں۔

"نذیر احمد کا ناول بھی اسی سلسلے کی ایک اہم کڑی ہے ایامیٰ صرف ایک سوامتی صفحات پر محیط ہے جسکی بحیثیت ناول کوئی اہمیت نہیں کیونکہ نہ تو اسکے پلاٹ میں کوئی ایسی بات ہے جسکی وجہ سے قاری کی پوری توجہ ناول کی طرف مبذول ہو سکے نہ ہی آزادی بیگم کے سوا کوئی کردار ایسا ہے جو ہمیشہ یاد رکھا جاسکے ان تمام باتوں کے باوجود اس ناول میں نذیر احمد کی انسانیت، انسان دوستی اور گہری انسانی ہمدردی ہر صفحہ پر دیکھی جاسکتی ہے۔

نذیر احمد سے آزادی بیگم کے کردار میں جو باغیانہ روح پھونکی ہے وہ اسے ایک خاص انفرادیت بخشتی ہے۔ نذیر احمد کے کرداروں میں اس لحاظ سے آزادی بیگم کا کردار ممتاز مقام رکھتا ہے۔ آزادی بیگم صرف نام کے لحاظ سے نہیں بلکہ کام کے لحاظ سے بھی اپنے نام کو خصوصیت کو قائم رکھتی ہے۔ نذیر احمد نے اسے کردار کا غازی نہیں تو گفتار کا غازی ضرور بنا دیا ہے۔ خصوصاً آزادی بیگم بستر مرگ پر جو بیان دیتی ہے وہ اسکی بے باکی اور

جرأت کی دلیل ہے۔ نذیر احمد نے یہاں ایک بیوہ کے جذبات اور احساسات کو پیش کرنے میں کمال کا فن ثبوت دیااور اس بیان کو دیکھتے ہوئے نذیر احمد پر کئے گئے علی عباس حسینی کے اس اعتراض کی کوئی اہمیت نہیں رہتی۔

ان کی شرح طبیعت رنگین محبت ہی سے نہیں بلکہ زن وشو کی محبت کے نام سے لجاتی ہے"۔

حسینی صاحب کا دوسرا اعتراض یہ ہے کہ مولانا لطیف ترین جنسی جذبے کے ذکر سے اغماض کرتے ہیں جس کی وجہ سے ان کے خیال میں یہ ہے کہ یاتو مولانا اس کا ذکر ہی بے حیائی سمجھتے ہیں یا انھیں اس دنیا سے "کلیتاً ناواقفیت" ہے۔

حالانکہ ایامیٰ کی تصنیف کا مقصد خود ان اعتراضات کا جواب ہے لیکن آزادی بیگم کے آخری وقت کا بیان اسکی کھلی اور روشن دلیل ہے جسکے بعد کچھ اور کہنے کی گنجائش نہیں دی جاتی۔ آزادی بیگم ایک جگہ کہتی ہے:

"مرد کمائے اور عورت پیئے اور کھائے تو اس تعلقات میں کچھ بھی مزہ داری نہیں ورنہ یہ تعلق بڑی قدر کی چیز ہے اور ایسا ہوتا تو امیر بیٹیوں کو بیاہنے کا نام ہی نہ لیتے۔ بلکہ غرض اس تعلق سے مرد اور عورت کا ایک دوسرے سے محبت کرنا ہے باقی تمام برکتیں جو خانہ داری سے پیدا ہوتی ہیں اس راحت رساں اور مسرت بخشی اور تسکین دہ محبت کی"۔

ایک دوسری جگہ آزادی بیگم کہتی ہے۔

"اکثر بیوائیں جو نکاح ثانی سے انکار کرتی ہیں وہ صرف منہ سے کرتی ہیں دل سے نہیں کیونکہ ان بیچاروں کے شوہر فوت ہوئے ہیں نہ کہ وہ ضرورت فوت ہوئی ہے جسکی وجہ سے دنیا جہان میں نکاح ہوتے ہیں اور جسکی وجہ سے خود ان کے پہلے نکاح ہوئے۔"

علاوہ بریں نذیر احمد سماجی مصلح تھے۔ سماجی اصلاح کا مقصد ان کے پیش نظر تھا۔ اور ان کی ناول نگاری اس مقصد کے حصول کا ذریعہ تھی نیز اس بات کو بھی نظر انداز نہیں کیا جاسکتا کہ نذیر احمد کا تعلق انیسویں صدی کے ایک شریف اور مذہبی گھرانے سے تھا۔ انیسویں صدی کے حالات اور ماحول بیسویں صدی کے خیالات سے بہت کچھ مختلف تھے۔ ناول نگار اپنے آپ کو سماجی پس منظر سے آزاد نہیں کرسکتا۔ اس لئے نذیر احمد سے یہ مطالبہ نہیں کیا جاسکتا کہ وہ اس طرح کے ناول لکھیں جس طرح کے آج کا مصنف لکھتا ہے۔ اس سلسلے میں ناول نگاری کی افتاد طبع اور شخصی حالات اہمیت رکھتے ہیں۔ ان تمام چیزوں کی روشنی میں نذیر احمد کی ناول نگاری کو دیکھا جائے تو تسلیم کرنا پڑتا ہے کہ وہ حقیقت پسند تھے اور انھوں نے متوسط طبقے کے مسلم گھرانے کی معاشرت کی صحیح عکاسی کی ہے۔

***

رویائے صادقہ

بعض وقت ناول نگاری کا فن مقصدیت کے تلے دب کر رہ جاتا ہے اسکی سب سے کھلی مثال ان کا ناول رویائے صادقہ ہے۔ اسکے بارے میں افتخار عالم نے بالکل سچ کہا ہے۔

"یہ ناول نہیں بلکہ حقیقت میں ہمارے ناول نگار کے مذہبی عقائد کا ایک جامع مجموعہ ہے اس میں یہ بات ثابت کی گئی ہے کہ سچا اسلام بالکل عقل ہے۔ اس میں شکوک اور اشتباہات کو دخل نہیں ہوسکتا۔"

اس ناول میں نذیر احمد نے یہ نکتہ بھی پیش کیا ہے کہ مغربی تعلیم کے نتیجے میں اکثر لوگوں کے خیالات مذہب کے تعلق سے متزلزل ہو جاتے ہیں اور وہ تشکیل میں مبتلا ہو جاتے ہیں اس ناول کا ہیرو سید صادق بھی اسی طرح کا نوجوان ہے وہ تعلیم یافتہ ہے اس لئے

اس کے دل میں بھی مذہب کے متعلق شکوک و شبہات جاگزیں ہو گئے ہیں لیکن صادق کی بیوی صادقہ مذہب کے بارے میں بہت راسخ الاعتقاد ہے۔ خود سید صادق کے الفاظ میں اس کا تعلق ایک طرح سے عالم ارواح سے بھی ہے کیونکہ وہ ہمیشہ اپنے خوابوں کے ذریعے مستقبل کی باتیں معلوم کر لیتی ہیں۔ چونکہ اس کے خواب ہمیشہ سچے ثابت ہوتے ہیں اس لیے اس کو صادقہ کہا جاتا ہے۔ صادقہ اپنی اس روحانی قوت کے ذریعے سید صادق کے دل میں پیدا ہونے والی باتوں کو جان لیتی ہے ان شکوک کو دل سے دور کرنے کے لئے خواب کے ذریعے انتظام بھی ہو جاتا ہے۔ گویا رویائے صادقہ نئی نسل کو صحیح مذہبی زندگی گزارنے اور مغربی تعلیم سے پیدا ہونے والی شک اور بے یقینی کے طوفان کو روکنے کی ایک کوشش ہے۔

نذیر احمد نے اپنے مذہبی خیالات ایک قصے کے چوکھٹے میں پیش کر دیئے ہیں۔ مذہبی سوال و جواب شروع کرنے سے پہلے انھوں نے ایک مختصر سا پلاٹ پیش کیا ہے۔ لیکن اس مختصر پلاٹ میں بھی نذیر احمد کے حقیقت نگار قلم نے ایک متوسط مسلم گھرانے کی حالت کا نقشہ کھینچ دیا ہے اس میں ایک خاندان جو ماں باپ اور تین لڑکیوں پر مشتمل ہے۔ صادقہ سب سے بڑی لڑکی ہے لیکن اپنے خوابوں کی وجہ سے وہ بدنام ہو گئی ہے اس لیے بیاہ کرنے کے لیے کوئی تیار نہیں ہے سب ڈرتے ہیں کہ اس پر کوئی جن، بھوت یا خبیث سوار ہے۔ دوسری بہنوں کے لئے پیغامات مسلسل آتے ہیں لیکن ماں باپ چاہتے ہیں کہ بڑی لڑکی کی شادی پہلے ہو۔ مگر حالات کے آگے انھیں جھکنا پڑتا ہے۔ چھوٹی لڑکی کا عقد پہلے ہو جاتا ہے تھوڑے دن کے بعد صادقہ خواب دیکھتی ہے کہ اسکی نسبت طے ہو گئی ہے۔ پھر چند ہی دنوں میں خواب کی تعبیر پوری ہو جاتی ہے۔ علی گڑھ سے صدق علی نوجوان کا خط آتا ہے۔ جس میں صادقہ کے والد سے درخواست کی جاتی ہے کہ وہ صادقہ کو

صادق سے بیاہ دیں۔ صادقہ کی ماں پہلے تو صادق کے انگریزی لباس اور انگریزی تعلیم پر اعتراض کرتی ہے لیکن بیٹی کی خاطر بالآخر اسے راضی ہونا پڑتا ہے اور صادقہ بیاہ دی جاتی ہے۔ بیاہ ہونے کے بعد صادقہ خواب میں یہ بھی دیکھتی ہے کہ بزرگ اور صادق کے درمیان مذہب پر بحث ہو رہی ہے جوں جوں بحث ہوتی جاتی ہے دھبے دھلتے جاتے ہیں اصل میں اس بحث کو پیش نظر رکھ یہ ناول لکھا گیا ہے صادق سوال لکھواتا ہے اور صادقہ لکھتی ہے۔

افتخار عالم نے اس ناول کے مطالعے کا تجزیہ اس طرح کیا ہے:

"نذیر احمد نے سب سے اول خدا اور اس کی وحدانیت اور صفات کا عقلی ثبوت دیا ہے بعد ازاں عقل انسانی کی نارسائی، انسان کے تجربہ حقیقی و ذہنی خیالات کا سلسلہ، مذہب کی ضرورت، عاقبت کا یقین انسان کی فطرت میں ہے، مذہب کا خلاصہ، شریعت نصف دین ہے، دین کا دستورالعمل، مذہبی شکوک اور انکا دفع مقلدین اور غیر مقلدین کے جھگڑے، سنی شیعہ کا اختلاف جیسے متزلزل العقیدہ کے خیالات کو باطل ثابت کیا ہے۔"

اس کے علاوہ اس زمانے میں سرسید کی تعلیمی تحریک کی کامیابی، سرسید کا شہر شہر پھر کر مسلمانوں کی تعلیم کے لئے کوشش کرنا، ان کی کوششوں کا مسلمانوں پر اثر، علی گڑھ کالج میں طلبا کا رہن سہن ان کا علمی اور غیر علمی مصروفیات، ان کے مذہبی خیالات وغیرہ سارے مباحث اس ناول میں آگئے ہیں۔

***

مجموعی تبصرہ

درج بالا تفصیلات سے نذیر احمد کی ناول نگاری کے متعلق یہ نتائج نکالے جاسکتے ہیں

کہ وہ قصہ نویس سے زیادہ واعظ، مصلح اور مبلغ تھے انھوں نے اپنے ناولوں میں دین داری، خدا پرستی اور اصلاح معاشرت کا کام لیا ہے اور ان کے سب ناول اسی مقصد (اصلاحِ معاشرت) کے تحت لکھے گئے ہیں۔

وہ اردو کے پہلے ناول نگار ہیں اس لئے ان کے ناولوں میں فنی اصول و شرائط کی تلاش مناسب نہیں۔ فن کے بعض تقاضے ان کی مقصدیت سے پورے نہیں ہوتے اور ان ناولوں میں کمزوریاں تلاش کرنے والوں کو موقع دیتے ہیں کہ وہ انھیں ناول نگار ہی ماننے سے انکار کر دیں لیکن انصاف یہ ہے کہ ہم انھیں، ان کی ساری فنی کوتاہیوں کے باوجود، اردو کا پہلا اور اہم ناول نگار تسلیم کریں۔

ان کے ناول ایک خاص سماجی پس منظر رکھتے ہیں۔ وہ اپنے سماج کے تماشائی نہیں بلکہ اسکے ایک جز و تھے۔ سماج کا گہرا مطالعہ اور اسکے سارے پہلوؤں کا تجزیہ اور پیش کش ہی ان کو ایک کامیاب ناول نگار بناتی ہے۔

ڈاکٹر سید عبداللہ نے اپنی وقیع تصنیف "سرسید اور ان کے رفقائے کار" میں ان کے ناولوں پر جو رائے ظاہر کی ہے اس سے مکمل اتفاق کرتے ہوئے ہم اس ذکر کو یہیں ختم کرتے ہیں:

"نذیر احمد کے ناولوں کی اس اہمیت سے انکار نہیں کیا جا سکتا کہ ان کے ذریعے ہندوستانی مسلمانوں کی معاشرت کے ایک اہم دور کی تصویر ہمارے سامنے آ جاتی ہے۔ ان ناولوں میں اس عہد کی ذہنیت، سماجی تصورات اور معاشرت کے ایک اہم دور کے مرقعے دستیاب ہوتے ہیں اور ان کی وہی قدر و قیمت ہے جو ۱۸ ویں، ۱۹ ویں صدی کے بعض انگریزی قصوں کی جن میں ڈکنز، تھیکرے اور ہارڈی کے احتجاجی قصے اور مذہبی افسانے شامل ہیں۔ پس جس طرح انگریزی ناولوں کا یہ حصہ اپنے نقائص کے باوجود زندہ

رہنے کے قابل ہے اسی طرح نذیر احمد کے قصے بھی زندہ رہیں گے "۔

نذیر احمد کی مقبولیت نے سب کو نئی صنف کی طرف اتنا متوجہ کر دیا کہ جس میں نثر لکھنے کی صلاحیت تھی ناول نگاری کی طرف راغب ہو گیا۔ یہی وجہ ہے کہ اس صنف میں حالی جیسا شاعر اور نقاد نظر آتا ہے تو محمد حسن آزاد جیسا انشا پرواز بھی ملتا ہے اور شاد جیسا غزل گو بھی کھڑا دکھائی دیتا ہے۔ حالی کی ناول نگاری نذیر احمد سے بہت متاثر ہے جیسا کہ مجالس النسا کے باب سے ظاہر ہے۔

" مولانا نذیر احمد کی مراۃ العروس نے لڑکیوں کی تعلیم سے متعلق ناولوں کا ایک سلسلہ شروع کرادیا۔ شاد عظیم آبادی نے صورت الخیال، ہیئۃ المقال اور حلیۃ الکمال پیش کیا۔ نواب افضل الدین احمد نے فسانۂ خورشیدی تصنیف کیا"۔

***

مجالس النساء ۔۔۔ حالی

حالی نے نذیر احمد سے متاثر ہو کر مجالس النساء لکھی جو نبات النعش کی طرح خالص تعلیمی کتاب ہے اور اس کا قصہ محض زیب داستاں کے لیے ہے۔ اس کے پہلے حصے میں زبیدہ کی تعلیم و تربیت کا حال ہے۔ حالی نے اس طریقے سے کام لے کر گویا اس کتاب کو لڑکوں اور لڑکیوں دونوں کے لیے سود مند بنانے کی کوشش کی ہے۔

حالی کی ناول نگاری تمام اصلاحی جذبے کا نتیجہ ہے۔ حالی بھی نذیر احمد کی طرح طبقہ نسواں کی حالت بخوبی واقف تھے۔ یہی وجہ ہے جب سرسید نے مراۃ العروس پر اعتراض کیا تھا کہ نذیر احمد نے زنانہ سوسائٹی کا نقشہ غلط کھینچا ہے تو حالی نے حیات جاوید میں اس کا جواب دیتے ہوئے یہ بات کہی تھی کہ سرسید زنانہ سوسائٹی سے بے خبر تھے۔ اس لیے ان کے دل میں خواتین کے لیے وہ درد پیدا نہیں ہو سکتا تھا جو ایک ذکی الحس آدمی کے دل میں اس سوسائٹی میں رہ کر اور اپنی آنکھوں سے ان کی حالت دیکھ کر پیدا ہو سکتا تھا اس کا تفصیلی ذکر مراۃ العروس کے سلسلے میں کیا گیا ہے۔ حالی کے دوسرے کارناموں کو پڑھ کر یہ اندازہ نہیں ہوتا کہ خالص مذہبی موضوعات پر لکھنے والا مصنف طبقہ نسواں سے اتنی گہری واقفیت اور ہمدردی رکھتا ہو گا۔ حالی زنانہ سوسائٹی کی زبوں حالی، مجبوری اور بے بسی سے حد درجہ متاثر تھے جس کا ایک نتیجہ ان کی نظم مناجات بیوہ بھی ہے۔

حالی نے نذیر احمد کی طرح سماجی زندگی کی اصلاح کے لئے تعلیم و تربیت کے بنیادی مسئلے کی اہمیت اور ضرورت واضح کی ہے۔ حالی نے اس کتاب کا نام مجالس النسا رکھنے میں یہ

جدت برتی ہے کہ ہر ایک باب کو انھوں نے "مجلس" لکھا ہے۔ اس کتاب میں نو مجلسیں ہیں اور ہر مجلس میں ایسے موضوعات سے بحث کی گئی ہے جن سے عورتوں کے طریقۂ تعلیم کی وضاحت ہے نیز یہ کہ باتوں باتوں اور کھیل میں ایسے ایسے اخلاقی سبق انھیں سکھائے جاسکتے ہیں۔ تیسری مجلس میں اس وقت کے اہم سماجی مسئلے پر روشنی ڈالی گئی ہے کہ توہم پرستی سے بچنا کتنا ضروری ہے اور توہم پرستی کے بے بنیاد ہونے کو واضح کیا گیا ہے۔ چوتھی مجلس خانگی زندگی کے چھوٹے چھوٹے مسائل سے بحث کرتی ہے وقار عظیم میں بالکل ٹھیک ہے:

"مجالس النساء میں اس طرح کے ان تمام مسائل کو چھیڑا گیا ہے جن میں سے بعض نے غدر کے بعد مسلمانوں کی زندگی میں پہلے سے زیادہ اہمیت حاصل کرلی تھی اور بعض ایک نئے قسم کے سیاسی اور معاشرتی حالات میں پہلی مرتبہ ابھر کر سامنے آئے تھے۔ اس طرح مجالس النساء سرسید کے جشن اور ان کی قومی اور تعلیمی تحریک سے تعلق رکھنے والی ادب کی ایک کڑی بھی ہے اور اس ماحول کی پیدا کی ہوئی اس فنی روایت کا عکس بھی جو نذیر احمد نے قصہ گوئی کے لئے اختیار کی تھی"۔

اس میں شک نہیں کہ حالی نے مجالس النساء میں زمانۂ غدر کے بہت سے مسائل کو پیش کیا ہے۔ متوسط طبقہ کی زندگی اور اس زمانے کے تقاضوں کا جائزہ لیتے ہوئے اس طبقہ میں ایسا حوصلہ پیدا کرنے کی کوشش کی تاکہ وہ ان کا جواب دینے کے قابل بن سکے اسطرح انھوں نے اس زمانے کی سیاسی مسائل اور سماجی زندگی کو اجاگر کرنے کی کامیاب کوشش کی۔ لیکن ان تمام باتوں کے باوجود حالی کو نذیر احمد نے بڑا ناول نگار کی طرح بھی نہیں کہا جاسکتا۔ وقار عظیم نے حالی کو ایک طرح سے نذیر احمد پر ترجیح دینے کی کوشش کی ہے وہ لکھتے ہیں:

"نذیر احمد کے متعلق سب جانتے ہیں کہ مقصدیت ان کی کہانیوں کا غالب جذبہ ہے اور اس جذبۂ غالب نے کبھی کبھی اتنی شدت اختیار کی ہے کہ نذیر احمد کی ان فنی صلاحیتوں کے باوجود جو ان میں فطرتاً موجود ہیں۔۔۔ ان کا فن ان کی مقصد پسندی کے ہاتھوں مجروح اور مفلوج ہوا ہے۔"

پھر وہ لکھتے ہیں:

"حالی کا دھیما اور نرم اور بامروت مزاج جس طرح زندگی میں ہر ایک کو اس کا حق دینے کا اہل ہے اسی طرح فن کے اصول کو بھی ان کے بنیادی حقوق دینے کا اہتمام کرتا ہے۔"

وقار عظیم نے یہاں فن کی بات تو چھیڑی ہے لیکن ناول کے فن کے بنیادی عناصر پلاٹ اور کردار نگاری سے بحث کی ہے حالانکہ انھیں دو عناصر پر ناول کی اچھائی اور برائی کا انحصار ہے۔ مجالس النساء کے متعلق علی عباس نے بالکل ٹھیک لکھا ہے:

"رہا ناول کی ترقی میں اس کتاب کا حصہ تو سوا مکالمہ نگار کے اور کوئی چیز اس کتاب کے ذریعے نہ بڑھی"۔

غرض کہ مجالس النساء کے مطالعے کا حاصل یہ ہے کہ حالی کوئی باقاعدہ ناول نگار نہیں تھے اور یہ ناول نگاری ان کے لیے باعثِ عزوشرف تھی۔ سرسید کی اصلاحی تحریک سے متاثر ہو کر وہ بھی ان کے دوسرے رفیقوں کی طرح علم وادب کے میدان میں قلم کی تلوار پکڑ کر اصلاح معاشرت کی جدوجہد میں شریک ہو گئے تھے۔ نذیر احمد کی تقلید میں ایک مقصدی اور سماجی نوعیت کا ناول لکھا اور پھر ناول نگاری کو اپنی طبیعت کے رجحان کے مواقف نہ پا کر دوسری کوشش نہیں کی۔ ان کے ناول کی کوئی فنی حیثیت مسلم نہ سہی لیکن جدید اردو ناول کے ابتدائی کارناموں کے سلسلے میں اس کا ذکر اہم اور ناگزیر ہے۔

***

نصیحت کا کرن پھول۔۔۔ آزاد

نذیر احمد کی پیروی کرنے والوں میں ایک بڑی شخصیت محمد حسین آزاد بھی ہے۔ ان کی تعلیم نسواں کی تحریک نے اس زمانے کے بہت سے لکھنے والوں کو متاثر کیا جس کا اثر ان کے تقریباً سبھی مقلدین پر نظر آتا ہے۔ آزاد کا ''نصیحت کا کرن پھول'' عورتوں کی تعلیم و تربیت کے موضوع پر ہے۔ اس کتاب کو بہ مشکل ناول کہا جا سکتا ہے کیونکہ نہ تو اس میں کوئی خاص قصہ ہے نہ کوئی پلاٹ ہے نہ ہی کسی قسم کی کردار نگاری ہے۔ حد یہ کہ اس میں مکالمے بھی برائے نام نہیں۔ اصل میں یہ کتاب بچوں کے لیے لکھی گئی ہے۔ گو نذیر احمد نے بھی بچوں کے لیے کتابیں لکھی ہیں۔ لیکن ان میں بچکانہ پن نہیں ہے۔ ایسا معلوم ہوتا ہے کہ آزاد نے یہ کتاب چھوٹے بچوں کے لیے لکھی ہے ایسے بچوں کے لیے جو کتاب نہیں پڑھ سکتے لیکن بڑے انہیں پڑھ کر سنا سکتے ہیں کیونکہ کتاب میں جگہ جگہ ایسی باتیں لکھی ہیں جسے سن کر پڑھنے کا شوق پیدا ہو۔ اس کتاب میں ایک بچی کا کردار پیش کیا گیا ہے جو اپنے والد کے خطوط سن سن کر پڑھنے لکھنے لگی ہے۔

قصہ صرف یہ ہے کہ مرزا شریف اپنی بیوی کو بچوں کی تعلیم کی اہمیت بتاتے ہیں چونکہ تاجر ہیں اس لیے ملک ملک پھرتے ہیں۔ چین جانے سے پہلے اپنی بیوی کو تعلیم کی ضرورت اور اہمیت بتاتے ہیں۔ اس سلسلے میں وہ بیوی کو نصیحت کرتے ہیں اور ایک اتالی کا انتظام کر کے چین روانہ ہو جاتے ہیں۔ دوران سفر میں وہ مسلسل اپنی بچی سعیدہ کو خطوط لکھتے ہیں۔ جس میں بچوں کی تعلیم کا سامان بھی مہیا کیا گیا ہے معلومات بھی جمع کی گئی ہیں

اور نصیحت بھی کی گئی ہے۔

آزاد کے نزدیک پڑھنا جتنا لڑکوں کے لیے ضروری ہے اتنا ہی لڑکیوں کے لیے بھی کیونکہ بے علمی سے اخلاقی کمزوری فروغ پاتی ہے۔

یہ کتاب بچوں کے لئے گوناگوں معلومات کا خزانہ ہے۔ ایک خط میں پانی کے جہاز کا بیان ہے دوسرے میں سڑک آہن کا ذکر ہے کہیں موتی کے بنانے اور سمندر سے نکالے جانے کی تفصیل ہے تو کسی جگہ زمین کی گولائی کا بیان ہے۔ پھر چین اور چین کے لوگوں کے بارے میں تفصیلی معلومات ہیں۔ اس قصے کی اس کے سوائے اور کوئی ایسی اہمیت نہیں ہے کہ یہ محمد حسین آزاد کا لکھا ہوا ہے اور اس میں بجائے پری اور جن کے نصیحت کے کرن پھول ملتے ہیں۔

***

شاد عظیم آبادی

نذیر احمد کی ناول نگاری کا اثر قبول کرنے والوں میں ایک شاد عظیم آبادی بھی ہیں۔ انہوں نے ناول "صورت الخیال"، ہئیۃ المقال، حلیۃ الکمال کے نام سے لکھے لیکن ان تین ناولوں میں صورت الخیال ہی سب سے اہم ہے۔ اس ناول کو جو مقبولیت اور شہرت حاصل ہوئی ان کے دوسرے ناولوں کو نصیب نہ ہو سکی۔

نذیر احمد کے ناول شاد کے لئے نمونے کی حیثیت رکھتے تھے۔ چنانچہ صورت الخیال میں ایک جگہ نذیر احمد کے ناولوں کی طرف بہت دلچسپ الفاظ میں اشارہ کرتے ہیں۔ ناول کی ہیروئن ولایتی کے ماں اور باپ کے درمیان گفتگو چل رہی ہے:

"اب تو اردو میں اکثر عمدہ عمدہ کتابیں لوگوں نے لکھی ہیں اس عبارت کو مکالمے کے طرز پر لکھیں دیکھو مراۃ العروس کیسی کتاب ہے۔

اماں جان: مراۃ العروس کا کیا کہنا تم جب اس کو پڑھتے ہو اللہ کی قسم مجھے تو سکتہ ہو جاتا ہے ڈھونڈ ڈھونڈ کر وہ باتیں لکھ دیتے ہیں کہ اچنبھا ہو جاتا ہے۔

ابا جان: خالی اچنبھا ہوتا ہے اثر اس کا نہیں ہوتا۔

اماں جان: اثر کیا پوچھتے ہو جب جب اصغری کا حال پڑھا میں شرمندہ ہو کر رہ گئی، عورت ہے یا خدا کی قدرت اللہ رے تیری قدرت اور تیری سمجھ اللہ تیری نیکی اللہ رے تیرا سلیقہ۔

ابا جان: وہ کتاب ایسی ہے اگر مرد بھی پڑھیں اور اس پر عمل کریں تو ان کی بھی

لیاقت درست ہو جائے۔ میں نے سنا ہے اس شہر میں ایک لڑکا نہایت خراب خستہ آوارہ روزگار تھا۔ جب مراۃ العروس اور بنات النعش کو پڑھا تو اس کی نصیحت کی باتوں کا ایسا اسکے دل پر اثر ہوا کہ اب وہ درست ہے۔"

شاد بھی اصلاح کے اسی جذبہ سے سرشار تھے جو اس عہد کے خاصہ تھا جو اس عہد کا ایک خاصہ تھا چنانچہ قدیم قصوں کی وہ سخت مذمت کرتے ہیں شاد کی یہ مخالفت بدلتے ہوئے حالات کا تقاضا تھی اس سے یہ ظاہر ہے کہ ہمارے قصہ نگاروں کو حقیقت نگاری کا شعور پیدا ہو گیا تھا۔

نذیر احمد نے توبۃ النصوح میں کلیم کے کتب خانے سے جن کتابوں کو مخرب اخلاق اور سوختنی قرار دے کر نکال باہر کیا تھا۔ شاد نے بھی اپنے ناول میں ان قصے کہانی کی کتابوں کی خدمت کی ہے۔ یہ مماثلت بھی نذیر احمد سے اثر پذیری کی نشان دہی کرتی ہے۔

شاد نے اپنے دیباچے میں اس بات کی بھی صراحت کی ہے انہوں نے اپنے ایک با مذاق انگریزی داں دوست سے سنا تھا کہ انگریزی کے عمدہ قصوں میں کوئی بات فطرت انسانی کے خلاف نہیں ہوتی۔ چنانچہ صورت اطیال کی تصنیف میں انہوں نے اسی فنی نکتے کو ملحوظ رکھا ہے اور اپنی توجہ کو حقیقت نگاری پر صرف کیا ہے۔

حقیقت بیانی کے علاوہ انہوں کے اس بات کی بھی کوشش کی ہے کہ نذیر احمد کے اصلاحی مشن کو آگے بڑھائیں۔ اصلاح معاشرت ان کا بھی مقصد ہے۔ لیکن نذیر احمد کی طرح انہوں نے کوئی نیا سماجی مسئلہ پیش نہیں کیا بلکہ نذیر احمد کے پیش کردہ مسائل سے اپنے ناولوں کے تانے بانے تیار کیے ہیں اور انہی کے رنگوں سے ان میں رنگ بھرنے کی کوشش کی ہے مثلاً نذیر احمد کی طرح وہ بھی عورتوں کی تعلیم کو سماجی اصلاح کے لئے

ضروری قرار دیتے ہیں اور اس مسئلے کے مختلف پہلوؤں کو پیش کرتے ہیں۔

تعلیم اور بالخصوص عورتوں کی تعلیم کے متعلق اصلاحی نقطۂ نظر پیش کرنے کے علاوہ یہ خیال بھی ظاہر کرتے ہیں کہ انسانی فطرت میں قصے کہانیوں سے اثر پذیری داخل ہے اس لئے حصولِ مقصد کی خاطر قصے کہانیوں کا وسیلہ اختیار کرنا بہتر ہے۔

نیکی اور بدی کا تصادم اور بالآخر نیکی کی فتح قدیم داستانوں کے علاوہ جدید ناولوں کا بھی بنیادی تصور ہے۔ شاد نے اسکی پیروی میں اپنے ناول کی ہیروئین ولایتی کو بھی گوناگوں امتحانوں اور آزمائش سے گزار کر بالآخر فتح سے ہم کنار دکھایا ہے۔ اس سے پلاٹ میں جو وسعت اور پیچیدگی پیدا ہوئیں ہے اس سے ناول کی دلچسپی میں اضافہ ہوا ہے۔ نیز اس زمانے کی سماجی اور معاشرتی زندگی کا نقشہ ابھر کر سامنے آیا ہے۔

ناول میں غیر معمولی واقعات کے پردے میں اس زمانے کے سماجی مسئلے چھپے ہوئے ہیں۔ انیسویں صدی کے آخری حصے میں ہندوستانی میں جو تبدیلیاں آرہی تھیں ان کی جھلک اس ناول میں جابجا نظر آتی ہے۔

اس ناول میں نذیر احمد کے ناولوں کی طرح اس بات کا بھی شعور ملتا ہے کہ زندگی کا ڈھرا بدل رہا ہے، نئے حالات پیدا ہو رہے ہیں۔ سماجی زندگی کو اونچا اٹھانے کیلئے حالات کے نئے تقاضوں کا جواب دینا یا ان کو پورا کرنا ضروری ہے۔ چنانچہ اس زمانے کے لوگ اپنی زندگی کو نئے سانچوں میں ڈھال رہے تھے اور جو اس تبدیلی کیلئے تیار نہیں تھے ان کی زندگی اجیرن ہو کر رہ گئی تھی۔

شاد نے اس ناول کے پلاٹ میں پیچیدگی پیدا کر کے اسے زیادہ وسیع پس منظر عطا کیا ہے۔ اس میں ایک مسلم گھرانے کے ساتھ ساتھ اس زمانے کی عام سماجی زندگی کی تصویریں جابجا متحرک نظر آتی ہے۔

شاد کے دوسرے دو ناول ہیئة المقال اور حلیة الکمال اتنے اہم نہیں ہیں۔ ان کو صورت الخیال کا عکس کیا جا سکتا ہے۔ فنی اصول و شرائط کے لحاظ سے بھی ان کا درجہ کم تر ہے۔

شاد نے یہ تین ناول لکھ کر جدید اردو ناول کی تاریخ میں اپنا مقام بنایا ہے۔ ان کی تاریخی حیثیت بطور ناول نگار بہر حال مسلم رہے گی۔

***

فسانۂ خورشیدی

نواب افضل الدین احمد بھی نذیر کے معاصر اور ایک اچھے ناول نگار ہیں۔ شاد کی طرح نواب افضل الدین نے بھی نئے انداز کے قصوں یا ناولوں سے متاثر ہو کر اپنا ناول لکھا ہے۔ اس ناول میں ایک منظوم مقدمہ ہے جس سے واضح ہوتا ہے کہ ایک ادبی محفل میں ادب کے مختلف مسائل زیر بحث تھے۔ کوئی شعر کی تعریف کر رہا تھا۔ کوئی نثر کی اہمیت ظاہر کر رہا تھ۔ ایسے میں ایک دوست نے مشورہ دیا کہ تم خواہ مخواہ دل گرفتہ کیوں ہوتے ہو کیوں نہ خود ایک ناول تصنیف کرو۔ یہ مفکر خود افضل الدین کو ناول لکھنے کا خیال آیا اور انہوں نے اپنا یہ ناول لکھا۔ مقدمے کے چند اشعار یہ ہیں۔

کوئی کرتا تھا شعر کی تعریف
کوئی کرتا تھا نثر کی توقیر
کوئی کہتا تھا ان دنوں ناول
کیا کیا عمدہ ہیں نقش پذیر
اس میں اِک مہرباں نے فرمایا
ایسے رہتے ہو یار کیوں دلگیر
پر ہے یہ شرط خوب یاد رہے
لہوزوایدسے دور وہ تحریر
ہو نہ کچھ سحر اور نسوں بیاں

دیو اور جن سے ہو نہ وہ تسخیر

ہو اس حسن و عشق کی توصیف

جس کو سمجھیں خیال کی تصویر

ہو نہ اس چیز کا بیاں ہرگز

جس کو کہتے ہیں مکر اور تزویر

یہ ناول بھی اصلاحی مقصد کا حامل ہے۔ نذیر احمد نے ہندوستان کے مسلم خاندانوں کی اصلاح کا جو بیڑا اٹھایا تھا۔ انھی کی پیش رفت اس کا مقصد ہے۔ افضل الدین نے بھی عورتوں کی تعلیم کی اہمیت اور اسکے فوائد پیش کیے ہیں اور عقد بیوگاں کی ضرورت کو بھی بیان کیا ہے۔ افضل الدین نواب امیر علی خاں سابق شاہ اودھ کے وزیر کے بیٹے تھے اور اودھ کی اونچی سوسائٹی کے حالات اور ان کی سماجی زندگی سے واقف تھے اس لئے انھوں نے اپنے ناول میں اودھ کے اعلیٰ طبقے کو پیش کیا ہے۔ لیکن اصلاحی مقصدی ناولوں کے برخلاف نواب افضل الدین نے اسے بہت زیادہ رومانی بنا دیا ہے۔ اس میں لکھنؤ کے شاہی خاندان کے شہزادوں اور شہزادیوں کے معاشقے کے حالات ہیں اودھ کے اعلیٰ طبقوں کی سماجی زندگی کی جھلکیاں جابجا ملتی ہیں اور انہیں کی پیش کش پر ناول کی دلچسپی کا انحصار ہے۔ ناول کے اکثر کردار مثالی ہیں اس لئے علی عباس حسینی کا یہ کہنا بالکل صحیح ہے کہ:

"ان میں ایسی کوئی خاص بات نہیں جس کی وجہ سے وہ ادب میں زندہ جاوید بن سکیں۔"

البتہ ایک کردار دلچسپ اور جاذب توجہ ہے۔ وہ خورشید کی ماں بڑی بیگم کا ہے۔ یہ بھولی بھالی خاتون اپنی محبت اور شفقت سے ناول میں انفرادیت پیدا کر لیتی ہے اور قاری کی توجہ اپنی طرف کھینچ لیتی ہے۔ بڑی بیگم اپنے شوہر سے بہت محبت کرتی ہے۔ دونوں کی

بات چیت کو افضل الدین نے بڑی خوبی سے پیش کیا ہے۔ یہ ایک دوسرے سے محبت کرنے والے میاں بیوی کی گفتگو ہے۔ جس میں ایک دوسرے پر چوٹیں بھی ہوتی ہیں۔ ان چوٹوں میں بھی خلوص اور محبت کا شائبہ ہے۔ بڑی بیگم اپنی اکلوتی لڑکی خورشیدی پر جان چھڑکتی ہے۔ مصنف نے ماں کی ممتا کے نقشے بڑے دلچسپ انداز میں پیش کئے ہیں۔ بقول حسینی:

"اگر انسانی سیرتوں اور ان کے جذبات کی ہو بہو مرقع کشی ہی کا ملّا فن کاری ہے تو اس سیرت کے پیش کرنے میں افضل الدین نے استاد کمال دکھایا ہے۔"

اس ناول کی ایک اور خصوصیت اس کا مزاحیہ پہلو ہے۔ ظرافت، خوش طبعی، زندہ دلی اور بذلہ سنجی کی تصویریں جابجا بکھری پڑی ہیں۔ ناول نگاری کبھی قاری کو بی مغلانی کی حماقت آمیز باتوں سے مخلوط کرتا ہے تو کبھی باغ کے دربان کی اکھڑ بات چیت اور لب و لہجے سے کہیں بڈھی مالن کے نخرے ہیں تو کہیں خورشیدی اور مشتری کی چھیڑ چھاڑ ہے اور کہیں بڑی بیگم اور محتشم الدولہ کی متانت سے پیدا ہونے والی مزاحیہ کیفیات ہیں۔ ظرافت اور مزاج کے اس پہلو نے ناول کو دلچسپ اور پر اثر بنایا ہے۔ مختصر یہ کہ نذیر احمد کے مقلدین میں افضل الدین احمد سب سے زیادہ کامیاب رہے ہیں۔

جن ناول نگاروں کا اوپر ذکر ہوا ہے ان کے مطالعے سے یہ بات واضح ہو جاتی ہے کہ نذیر احمد نے اپنے ناولوں سے اپنے زمانے کے قاریوں ہی کو نہیں لکھنے والوں کو بھی متاثر کیا اور یہ کوئی کم بڑی بات نہیں ہے۔

٭٭٭

چوتھا باب
ناول میں سماجی شعور کی کارفرمائی

ناول کا آغاز اس وقت ہوا جب انسانی سماج نے ترقی کی ایک خاص منزل طے کرنے کے بعد اصطلاحاً دور جدید میں قدم رکھا۔ افسانوی ادب کے نقوش اولین داستانیں اور قصے ہیں۔ ان کا زندگی کی حقیقت سے کوئی راست تعلق نہیں تھا۔ ان کے واقعات فوق الفطرت، کردار مثالی اور فضا خیالی ہوتی تھی۔ ناول زندگی کو اس کے اصل خدوخال کے ساتھ پیش کرنے کا مقصد لے کر سامنے آیا۔ اگرچہ ہمارے بعض ناول اس خصوصیت سے عاری ہیں لیکن اس حقیقت سے انکار ناممکن ہے کہ ناول کی نشو نما زندگی کا سچا شعور پانے اور اس کے حقائق و مسائل سے عہدہ برآ ہونے کے مقصد کے تحت ہوئی۔ گویا ناول زندگی کے حقیقی نقوش کو اس کے اصل مدعا کے ساتھ پیش کرتا ہے۔

ناول نگار کو زندگی کے جو حقیقی نقوش اور واقعات دستیاب ہوتے ہیں وہ اس کے اطراف کی زندگی سے ملتے ہیں۔ اس لئے ناول نگار کا مشاہدۂ حیات جتنا تیز اور گہرا ہوگا اس کے نقوش اتنے ہی حقیقت سے قریب ہوں گے۔ تاریخی ناولوں میں بعض اوقات کئی کئی سو سال پہلے کی زندگی کو پیش کیا جاتا ہے۔ اس وقت ناول نگار اپنے ہی اطراف کی زندگی سے استفادہ کرنے پر مجبور نظر آتا ہے اور بعض وقت کامیاب اور اکثر ناکام کوشش اس بات کی کرتا ہے کہ اپنے اطراف کی زندگی کو انکے قدیم زمانے کے لباس میں

پیش کرے۔ جہاں تک انسانی جذبات، احساسات اور تصورات کی ترجمانی کا تعلق ہے، وہ اپنے عہد کے انسان کے مطالعے سے ہی رہبری پاتا ہے۔ چنانچہ تاریخی ناولوں میں سرشار کا فن اس میر اجمال کی روشن تفصیل بھی ہے اور یہ ایک فطری بات بھی معلوم ہوتی ہے۔ میز انیس کے مرثیوں پر اکثر یہ اعتراضات کیے گئے کہ وہ اپنے عہد کی زندگی اور ہندوستانی معاشرے کے رنگ میں اپنے مرثیے کے کرداروں کو رنگ دیتے ہیں۔ لیکن انیس حقائق کے دباؤ سے مجبور تھے اور انھوں نے جو کچھ کیا وہ ان کے لیے ایک فطری بات تھی۔

یہ حقیقت ہے کہ ناول خواہ کسی نوعیت کا کیوں نہ ہو انسان کو پیش کرنے کی کوشش کرتا ہے۔ انسان جو ایک سماجی حیوان ہے جس کی پرورش اور نشو نما سماج میں ہوتی ہے اور سماج ہی کے عناصر سے اس کی ذہنی، انفرادی اور تہذیبی زندگی کا خمیر بنتا ہے۔ اگر ناول حقیقی معنوں میں ناول ہے تو وہ اپنے آپ کو اپنے عہد کی سماجی زندگی کے نقوش سے بیگانہ نہیں رکھ سکتا۔ اس لیے بعض نقادوں نے سماجی ناول کے دائرے میں سارے ہی زاویوں کو شامل کرنا مناسب سمجھا ہے۔ ان کی نظر میں تاریخی، سیاسی، غرض ہر موضوع کے ناول سماجی ناول کے دائرے سے خارج نہیں ہیں۔ سماج ایک حاوی قوت محرکہ ہے اسے تقسیم نہیں کیا جا سکتا، سماج کا زیرک انسان ہے۔ سماج کا وجود انسان ہے اور سائنس، تاریخ، سیاست، غرض ہر علم و فن انسانی زندگی کے لئے انسان کے ذریعے نشو و نما پاتا ہے۔ اس لحاظ سے تاریخی، سماجی، نفسیاتی، سیاسی کسی نوعیت کا ناول کیوں نہ ہو اس کے واقعات اس کے کردار اپنے مخصوص ماحول اور سماج کی عکاسی کرتے ہیں۔ حقیقت میں سماج کا ڈھانچہ انسان کی زندگی اور اس کی ضرورتوں اور تقاضوں سے تیار ہوتا ہے اور نشو نما پاتا ہے۔ کوئی انسانی علم، فکر کا کوئی پہلو اور خیال کا کوئی شائبہ سماج سے خارج نہیں ہو سکتا۔ ہر علم اور ہر فن انسان کے لئے اور ان کا موضوع انسان یعنی سماجی حیوان ہے۔

اس حقیقت کی روشنی میں جو لوگ ناول کو سماجی مانتے ہیں وہ صحت سے دور نہیں تاہم سماجی اور دوسری نوعیت کے ناولوں میں ایک حدِ فاصل ضرور ہوتی ہے۔ ہم سماجی ناول صرف اسی ناول کو کہہ سکتے ہیں جس میں براہ راست سماجی مسائل سے بحث اور جس سے ہماری روزمرہ زندگی کے طور طریقوں اور ہمارے طرز عمل پر روشنی پڑتی ہو۔ سماجی ناول کی اس طرح حد بندی کرتے ہوئے ہم یہ دیکھیں کہ سماجی ناول حقیقت میں کیا ہے اور اس کے فنی تقاضے اور ترکیبی عناصر کیا ہیں۔ سماجی ناول کے اصولوں کی تعئین اور حد بندی کی اب تک بہت کم کوشش کی گئی ہے۔ عام ناولوں کے فنی اصولوں پر جو کتابیں لکھی گئی ہیں ان سے کہیں کہیں سماجی ناول کے خدوخال پر بھی روشنی پڑتی ہے۔ اس کے علاوہ خود سماجی ناولوں کے مطالعے اور تجزیے سے بھی انکی فنی خصوصیات کو سمجھنے میں مدد ملتی ہے۔

اس بحث سے یہ بات واضح ہوتی ہے کہ ناول کا زندگی سے بڑا گہرا تعلق ہے اور ناول کے ذریعہ زندگی کی حقیقت کو بھرپور طریقے سے پیش کیا جاسکتا ہے اسی لیے ناول کو جدید دور کا رزمیہ کہا گیا ہے۔ گویا ناول نگار رزمیہ کی طرح اپنے عہد کی زندگی کو وسیع طریقہ پر اس کے جزئیات کے ساتھ پیش کرنے کی کوشش کرتا ہے اسی لیے ہم ناول کی جامع اور قطعی تعریف نہیں کرسکے۔ ناول زندگی کا عکس ہوتا ہے۔ زندگی کی ہر تبدیلی، ہر خوبی، ہر رنگ ناول میں جھلکتا ہے۔ گویا زندگی اور ناول کا رشتہ شخص اور عکس کے رشتے کے مانند ہے۔ جس طرح زندگی کے حدود مقرر نہیں کئے جاسکتے اسی طرح ناول اور اس کے فن کے اطراف بھی کوئی حصار باندھا نہیں جاسکتا۔

فارسٹر نے بھی ناول کی تعریف کی تو اس کی سخت حد بندی کی کوشش نہیں کی بلکہ وسیع اور غیر عمومی احاطہ اس کے اطراف کھینچ دیا۔ وہ لکھتا ہے کہ "ناول کسی طول کا

افسانہ ہے اور اس کی وضاحت اس طرح ناول تین طرف سے گھرا ہوا ہے۔ اس کے ایک طرف تاریخی سلسلۂ کوہ ہے۔ دوسری طرف شاعری کا کوہسار ہے اور تیسری جانب سمندر ہے"۔

فورسٹر نے نہ صرف ناول کی تعریف میں وسعت پیدا کی بلکہ وہ اس بات پر اصرار کرتا ہے کہ اس کی حد بندی نہیں کی جاسکتی۔ پرسی لیبک نے ناول کو "زندگی کی تصویر یا زندگی کی شبیہ کہا ہے"۔ اس طرح ہمیں ناول میں زندگی کا عکس نظر آتا ہے۔ جے۔ بی پریسٹلی نے اپنی تصنیف "دی انگلش ناول" میں اس کی تعریف یوں کی ہے۔

"ناول ایک بیانیہ نثر ہے جس میں کرداروں اور واقعات سے سروکار ہوتا ہے۔ بعد میں یہ تعریف اس کو ناقص نظر آئی کیوں کہ اس میں داستانوی یا رومانی فضا ہی غالب نظر آرہی تھی اور اسے یہ واضح کرنا تھا کہ ناول زندگی کا عکس ہوتا ہے۔ چنانچہ اس نے اپنی تعریف کی وضاحت اس طرح کی۔ "یہ زندگی کا بڑا آئینہ ہے جو کسی بھی صنف ادب سے زیادہ وسعت رکھتا ہے"۔ تو زندگی کی حقیقی تصویر بھی غیر حقیقی محسوس ہوگی۔ اگر ناول نگار ان چیزوں کو پیش کرے جو غیر معمولی ہیں یا جن سے ہمارا واسطہ شاذ و نادر سہی پڑتا ہے یا جو بہت کم دیکھی سنی جاتی ہیں۔ زندگی میں محیر العقول واقعات یا سمجھ میں نہ آنے والے واقعات باور تو کئے جاسکتے ہیں لیکن وہ مسلسل یا ایک ہی وقت میں یا کسی ایک ہی کردار کی زندگی میں پیش نہیں آتے اور نہ آسکتے ہیں۔ اس لیے ناول کو حقیقت کے دائرے میں رکھنے کے لیے کلارا ریو نے اپنی تصنیف "دی پروگرس آف رومانس" میں ناول کی تعریف یوں کی ہے۔

"ناول ہماری روزانہ زندگی میں آنکھوں کے سامنے گزرنے والی باتوں کے مانوس ربط کو پیش کرتا ہے۔

جس طرح انسانی زندگی میں تسلسل ہوتا ہے اور اس کا سلسلہ بے ربط واقعات کے مربوط ہونے سے آگے بڑھتا ہے اسی طرح ناول میں اس ربط کو پیش کرنا ضروری ہوتا ہے۔ کیونکہ ہم واقعات میں ربط و ترتیب کے عادی ہوتے ہیں۔ زندگی و عمل کے سہارے چلتی ہے اور ان کو اپنے حقیقی رنگ میں پیش کرنے سے ناول ناول بنتا ہے۔ لہٰذا ضروری ہے کہ ناول میں زندگی کے جن واقعات کو پیش کیا جاتا ہے وہ ہماری جانی پہچانی اور قریبی دنیا سے الگ نہ ہوں اور ہمارے لیے ناول کی دنیا غیر مانوس نہ ہو۔ ہارڈی کی ناول نگاری پر تنقید کرتے ہوئے ڈیوڈ سیل رقمطراز ہے:

"ناول اس حد تک فن کا کارنامہ ہے جہاں تک وہ ہم کو زندہ دنیا سے متعارف کراتا ہے۔ جو بعض اعتبار سے ہماری اپنی دنیا سے مشابہ ہوتی ہے اور جو اپنی ایک انفرادیت بھی رکھتی ہے۔

اس طرح ناول نگار اپنے ناول میں ایک دنیا آباد رکھتا ہے اس دنیا میں سبھی انسان بستے ہیں او اپنے اپنے سماجی ماحول میں بستے ہیں۔ زندگی کی ہل چل کے ساتھ ناول کی دنیا کی چہل پہل بھی انسانوں کے دم سے ہے۔ گو "یہ افسانوی انسان "یعنی کردار انسان تو نہیں ہوتے لیکن انھیں انسان جیسا ہونا چاہیئے۔ اس لیے ای۔ ایم فورسٹر نے یہ بھی ضروری سمجھا ہے کہ:

"قصوں کا مواد اور کرداروں کی سیرتیں ہماری سیرتوں سے اس قدر مشابہ ہوں کہ ہم ان میں اپنے روزانہ کے ملنے والوں کو شناخت کر سکیں"۔

فورسٹر ناول کے لیے حقیقت نگاری کو ضروری قرار دیا ہے۔ اور ناول کے ہر لحاظ سے حقیقت کے قریب ہونے کا مطلب یہی ہے کہ اس میں سماجی زندگی کا عکس ہو۔ قصے اور کرداروں کی پیش کش میں بھی اگر یا کردار میں کسی بات کی کمی رہ جاتی ہے تو وہ ناول

ک نقص بن جاتی ہے۔اس حقیقت کی روشنی میں ایچ۔جی۔ویلز نے ناول کی تعریف یوں کی ہے۔

"ہر اچھے ناول کی پہچان اس کی حقیقت نگاری ہے۔ اس کی غرض زندگی کی نمائش ہے۔ اس کی حقیقی زندگی اور سچے واقعات پیش کرنے چاہئیں نہ کہ ایسی زندگی اور ایسے واقعات جو کتابوں سے لیے گئے ہوں۔"

اس کے علاوہ وہ ناول کے لئے درست مشاہدے اور جدت خیال کی شرط بھی لازمی قرار دیتا ہے۔ ظاہر ہے کہ ناول نگار اپنے اطراف کی سماجی زندگی سے ہٹ کر مشاہدہ نہیں کر سکتا۔ چنانچہ تاریخی ناول نگار بھی اپنے زمانے سے ہزار پانچ سو سال پہلے کے واقعات بیان کرتے ہوئے اس زمانے کے انسانوں کو اپنے ہی زمانے کے انسانوں کو روپ میں دیکھتا۔

آرنلڈ بینٹ بھی ویلز کا ہم خیال ہے اور ناول میں زندگی کے غائر مطالعہ کو لازمی قرار دیتا ہے۔ اور محض غائر مطالعے ہی کو کافی نہیں سمجھتا بلکہ اپنے مشاہدے کے نتائج سے اثر قبول کرنے کو بھی ضروری قرار دیتا ہے وہ لکھتا ہے:

"ناول نگار وہ ہے جو زندگی کا غائر مطالعہ کرے اور اس سے اس قدر متاثر ہو کہ اپنے مشاہدے کا حال دوسروں سے بیان کیے بغیر نہ رہ سکے اور اپنے جذبات کے اظہار کے لیے قصہ گوئی کو سب سے زیادہ موزوں اور مناسب ذریعہ اور آلہ سمجھے"۔

آرنلڈ کی نظر میں سماجی زندگی کی حقیقی پیش کش ہی سماجی زندگی کا اصل آئینہ ہے۔ کیوں کہ ناول نگار اپنے وقت کی سماجی زندگی ہی کا غائر مطالعہ کر سکتا ہے اور اس سے متاثر بھی ہو سکتا ہے نیز اپنے مشاہدات کو اوروں تک پہنچا سکتا ہے۔ اس لیے کلاراویو نے ناول کی تعریف اس طرح کی ہے:

"ناول حقیقی زندگی اور اس کے طور طریقے کی اور اس زمانے کی تصویر ہو بہو ہے۔

سر والٹر ریلے بھی اپنے وقت کی سماجی زندگی کو پیش کرنا ناول کے لیے ضروری سمجھتے ہیں۔ کیوں کہ ان کا خیال ہے کہ ناول کا موضوع روزانہ زندگی پر مبنی ہوتا ہے اور اس کا ذریعہ حقیقت نگاری ہے۔"

ناول میں روزانہ زندگی اور حقیقت نگاری کی شرط ناول نگاری کو وہ اپنے زمانے کی سماجی زندگی کو پیش کرے۔ اس لیے انگریزی ادب کے مورخ و ناقد پروفیسر اے۔ بیکر ناول کی تعریف یوں کرتے ہیں:

"ناول نثری قصے کے ذریعے انسانی زندگی کی ترجمانی کرتا ہے۔ وہ بجائے ایک شاعرانہ و جذباتی نظریہ حیات کے ایک فلسفیانہ سائنٹفک یا یہ کہیئے کہ ایک ذہنی تنقیدِ حیات پیش کرتا ہے۔ نثر میں نہ ہون، حقیقی زندگی کو ہو بہو تصویر، اس کے مشابہ نہ ہو اور ایک خاص ذہنی رجحان کے زیر اثر اس میں ایک طرح کی یک رنگی اور ربط موجود نہ ہو"۔

پروفیسر اے بیکر نے ناول میں انسانی زندگی کی ترجمانی "ذہنی تنقید حیات" اور حقیقی زندگی کی ہو بہو تصویر" کو ضروری قرار دیا ہے۔ مگر اس کی تکمیل اسی وقت ہو سکتی ہے جب ناول نگار اپنی سماجی زندگی سے ناول کے لیے مواد جمع کرتا ہے۔ لیکن اس جمع شدہ مواد کو پیش کرنا بے حد اہمیت رکھتا ہے۔ ہر ادیب اپنے اطراف کے سماجی ماحول سے متاثر ہوتا ہے اور کسی نہ کسی حد تک سماجی زندگی کے کسی نہ کسی پہلو یا حقیقت کو پیش کرتا ہے۔ اس لیے ناول نگار کے لیے ضروری ہوتا ہے کہ وہ اپنے مواد کو ایک خاص صورت اور خاص ہئیت میں پیش کرے۔ اس لیے مشہور امریکی نقاد اور ناول نگار پروفیسر وھارٹن نے ناول کی تعریف کرتے ہوئے لکھا ہے کہ ناول ایک ایسے قصے کا بیان ہے جس میں ایک پلاٹ ہو۔

اٹھارویں صدی کا انگریزی ناول نگار اسمولٹ ناول میں پلاٹ کے ساتھ کردار کی اہمیت کو نظر انداز نہیں کرتا۔ اس کے خیال میں ناول ایک بڑی پھیلی ہوئی تصویر ہوتی ہے جس میں ایک مقررہ پلاٹ کو واضح کرنے کے لیے زندگی کے کردار مختلف جماعتوں کے ساتھ رکھ کر مختلف پہلوؤں سے دکھائے جاتے ہیں۔

اس تعریف کی رو سے ناول کے عناصر میں پلاٹ کے علاوہ مقصد و معنی اور دیگر عناصر کا ہونا بھی ضروری ہے۔ مثلاً یہ کہ ناول میں زندگی کی عمومی اور وسیع تصویر پیش کی جانی چاہیئے۔ ناول کو تصویر کہنے سے اس کے دوسرے جہات یعنی مناظر، زمان و مکاں، نظریۂ حیات اور اسلوب بیان بھی اس میں شامل ہو جاتے ہیں۔ کیوں کہ کوئی بھی تصویر اپنے پس منظر کے بغیر نہیں ابھرتی اور جب ناول کو زندگی کی تصویر کیا جائے تو اسی میں مناظر کے علاوہ زمان و مکاں بھی شامل ہو جاتے ہیں۔

جس طرح مصور اپنی تصویر کے ذریعہ اپنا مقصد یا نظریہ پیش کرتا ہے اسی طرح ناول نگار بھی زندگی کی تصویر کھینچتے ہوئے اپنا نظریہ پیش کرتا ہے۔ رہا اسلوب بیان تو جس طرح ہر مصور اپنا ایک طرز مصوری رکھتا ہے اسی طرح ہر ناول نگار کے پاس اپنا ایک اسلوب بیان بھی ہوتا ہے۔

مذکورہ بالا تعریفوں میں ناول کے ایک اور اہم عنصر یعنی مکالمہ کا تذکرہ نہیں آیا۔ ناول بیان کرنے کا آرٹ نہیں ہے بلکہ اس کے اشخاص اور ان سے سرزد ہونے والے افعال کے تعلق سے مکالمہ بھی ایک لازمی چیز ہے۔ علی عباس حسینی نے جہاں ناول کے عناصر پلاٹ، نظریہ حیات، کردار، منظر نگاری، زمان و مکان اور اسلوب بیان بتائے ہیں وہیں مکالمہ کی فنی قدر و قیمت بھی واضح کی ہے:

"ناول کا چوتھا عنصر مکالمہ ہے۔ یہ ناول نگار کے ہاتھ میں اظہار خیال کا بہترین آلہ

ہے اور اس سے باقاعدہ فائدہ اٹھانا بہت بڑا کام ہے۔ مصنف اپنے کرداروں کی زبان سے جو کچھ اس کا جی چاہے وہ ادا کرا دیتا ہے۔ اس کا صحیح اور بروقت استعمال بہت بڑی کامیابی ہے۔ اس لیے کہ تصویر کشی سے ڈرامہ ہمیشہ زیادہ دلچسپ ہوتا ہے اور مکالمہ دراصل ڈراما ہے۔ یہی وجہ ہے کہ جب سقراط نے اصلاحِ قوم کی کوشش کی تو اسی کے ذریعے، افلاطون نے اپنی جمہوریت لکھی تو اسی طرز میں اور برکلے نے اپنا فلسفہ سمجھایا تو اسی آلے سے حقیقت یہ ہے کہ چست فقرے اور برجستہ جملے یہیں کام آتے ہیں۔ اور اسی لیے جب تک وہ مصنف جدید الذہن نہ ہو اور اس میں جدت کا مادّہ نہ ہو، اس فن میں کامل نہ ہو گا"۔

علی عباس حسینی نے ان عناصر کے ذیل میں ناول کا ایک اور اہم عنصر یعنی کہانی یا قصہ کو چھوڑ دیا ہے۔ لیکن یہ بات اس لیے نظر انداز نہیں کی جاسکتی کہ چونکہ ناول بغیر کہانی کے پیدا ہی نہیں ہو سکتا۔ اس لیے غالباً اس کا ذکر ضروری نہیں سمجھا گیا۔ تاہم ایک وضاحت ضروری معلوم ہوتی ہے کہ پلاٹ اور کہانی دونوں ایک نہیں ہیں اس لیے ای۔ ایم۔ فورسٹر نے ناول کے تذکرے میں کہانی کو ضروری سمجھا ہے۔ فورسٹر کہانی کو ناول کا اہم اور بنیادی پہلو قرار دیتا ہے۔ اس کا کہنا ہے:

"وہ کہانی ناول میں ریڑھ کی ہڈی کی طرح ہوتی ہے"۔

اس نے اس بات کی بھی وضاحت کی ہے کہ کہانی انسان کے جذبہ تجسس سے کام لے کر ایک تانا بانا بناتی ہے۔ کسی بھی چیز کو جاننے اور اس کے انجام کو دریافت کرنے کی خواہش انسان میں فطری ہوتی ہے۔ فورسٹر کے مطابق ہم سب الف لیلہ کے متجسس بادشاہ کی طرح یہ جاننے کے لیے قرار رہتے ہیں کہ کہ "پھر کیا ہوا" پلاٹ کے ارتقا کے ساتھ ہمارے ذہین میں جو سوال ابھرتا ہے وہ یہ کہ "ایسا کیوں ہوا؟" فورسٹر نے اس

کیوں "اور کیا" کی تشریح کے لیے ایک کہانی اور ایک پلاٹ بطور مثال اپنے مخصوص ایجادی انداز میں پیش کیا ہے۔

کہانی: "راجہ کا انتقال ہوا اور پھر رانی کا"

پلاٹ: راجہ کا انتقال ہوا اور راجہ کے غم سے رانی کا انتقال ہو گیا۔"

پلاٹ اور کہانی کے درمیان جو نازک فرق ہے اس کو ایسے بلیغ انداز میں فورسٹر کے علاوہ شاید ہی اور کوئی سمجھ سکا ہو۔ اس نازک فرق کے پیش لفظ فورسٹر ناول میں پلاٹ کے ساتھ کہانی کو بھی بے حد اہمیت دیتا ہے اور کہانی کو پلاٹ سے الگ عنصر قرار دیتا ہے۔ مذکورہ بالا تفصیلات کے پیش نظر ہم ناول کے عناصر ترکیبی حسب ذیل قرار دے سکتے ہیں:

(۱) قصہ پن (۲) پلاٹ (۳) کردار (۴) ماحول (۵) مناظر (۶) زمان و مکاں (۷) نظریۂ حیات (۸) اسلوبِ بیان

"ناول کیا ہے؟" کے مرتبین بھی اس ناول کے یہی عناصر بتلاتے ہیں۔ انھوں نے ناول کے عناصر کی تفصیل اس طرح دی ہے:

(۱) قصہ پن (۲) پلاٹ (۳) کردار نگاری (۴) ماحول (۵) مکالمہ (۶) بیان (۷) جذبات نگاری (۸) فلسفۂ حیات (۹) ٹکنیک یا فن کاری (۱۰) زبان

قصہ پن سے ان کی مراد یقیناً فورسٹر کی کہانی سے ہے۔ مذکورہ بالا عناصر ہر ناول میں مل جاتے ہیں۔ یہ عناصر تاریخی ناول سے لے کر سماجی ناول تک کسی بھی قسم کے ناول میں ہو سکتے ہیں۔ لیکن ان عناصر کے ہونے سے نہ ہر تاریخی ناول، تاریخی ناول بن جاتا ہے نہ ہر سماجی ناول، سماجی کہلایا جا سکتا ہے۔

ناول کے عناصر کا ایک اور تجزیہ پروفیسر عبدالقادر سروری نے اپنی کتاب سب سے

زیادہ حاوی کتاب ہے۔ اس میں ناول کے اجزائے ترکیبی حسب ذیل ہیں:

(۱) اشخاص قصہ (۲) پلاٹ (۳) مکالمے (۴) مقصد یا فلسفۂ حیات (۵) اسلوب بیان (۶) زمان و مکاں۔

اس آخری جز کی تفصیل یہ ہے کہ ناول نگار خلا میں نہیں لکھ سکتا۔ اسے ایک طرف تو زمانے کی قید مجبور کرتی ہے کہ وہ انکے نقوش واضح اور کسی حد تک مفصل پیش کرے اور دوسری طرف یہ بھی ضروری ہے کہ ناول کسی مخصوص مقام کو پیش کرے۔ ناول میں "کسی ملک میں تھا کوئی بادشاہ" جیسے بے سروپا بیانات سے کام نہیں چل سکتا۔ یہیں سے ناول سماجی اثرات کے ماتحت آجاتا ہے۔

ہم ان مختلف تجزیوں میں سموئے ہوئے مشترک عناصر کو لے لیں تو اختلافات بہت کم رہ جاتے ہیں۔ مثلاً پلاٹ، کردار یا اشخاص، مکالمہ اور مقصد یا فلسفہ حیات سب تعریفوں کے مشترک اجزاء ہیں۔ ان سے ہٹ کر ایک اہم جزو کہانی ہے جس پر فورسٹر نے بہت زور دیا ہے۔

جہاں تک دیگر فنی عناصر کا تعلق ہے۔ ناول اور اس کی قسموں پر کوئی اثر نہیں پڑتا۔ لیکن زمان و مکاں کی قید وہ مرحلہ ہے جہاں سے ناول کی قسمیں بن جاتی ہیں اور انکے درمیان فرق محسوس ہونے لگتا ہے۔ یہیں سے سماجی اور دوسری نوعیت کے ناولوں کے درمیان امتیاز شروع ہو جاتا ہے۔

یہ حقیقت ہے کہ سماجی ناول کا رشتہ زندگی بالخصوص اجتماعی زندگی سے بہت گہرا ہوتا ہے اور یہ بھی ظاہر ہے کہ اگر کسی تاریخی، نفسیاتی یا فلسفیانہ ناول میں سماجی مسائل کو پیش کیا گیا ہو تو وہ ناول سماجی کہلائے گا۔ مثال کے طور پر اناطول فرانس کے مشہور ناول "تائیس" کو لیا جا سکتا ہے۔ اس ناول کا پس منظر تاریخی بلکہ آثارِ قدیمہ سے متعلق ہے۔

چنانچہ "تائیس" کے انگریزی ترجمے کے ایک مرتب مونکس ہڈنے لکھا ہے "یہ در حقیقت عہد قدیم کی بازگشت ہے۔"

انا طول فرانس نے تائیس میں دوسری صدی عیسوی کی زندگی کو پیش کیا ہے۔ مونکس کے کہنے کے مطابق اس میں شہروں، محلوں، فلسفیوں، ایکٹریسوں اور ناچنے والوں کی جیتی جاگتی تصویریں پیش کی گئی ہیں۔ اس طرح یہ ناول زندگی سے بھرپور نظر آتا ہے۔ اس کو پڑھتے ہوئے اس زمانے کی سماجی زندگی کی تصویر ہماری آنکھوں کے سامنے آجاتی ہے۔ ناول نگار کا کمال یہ بھی ہے کہ اس نے بعض سماجی مسائل کو اس انداز سے ابھارا ہے کہ پڑھنے والے کے لیے "تائیس" کے واقعات باوجود اپنے تاریخی پسِ منظر کے قصہ پارینہ بن کر نہیں رہ جاتے بلکہ ہر زمانے کا پڑھنے والا ناول میں پیش کردہ سماجی مسائل کے متعلق سوچنے لگتا ہے۔ ان مسائل میں سے بعض یقیناً سماجی، نفسیاتی ہیں اور بعض ایسے ہیں مکمل طور پر انسان کی سماجی زندگی سے تعلق رکھتے ہیں۔ سماجی ناول کی ایک اہم شرط یہ ہے کہ اس میں سماجی مسائل اور حقائق کو اس طرح اجاگر کیا جائے کہ پڑھنے والے کی توجہ ان کی طرف مبذول ہو جائے۔

تائیس کے مطالعے سے قاری کا ذہن لازمی طور پر سماج کے اس مسئلے کی طرف جاتا ہے۔ جس کا تعلق انسان کے چند بنیادی فطری تقاضوں سے ہے اور ترقی سے انسان اپنی تشفی چاہتا ہے۔ اگر ان تقاضوں سے کو کسی وجہ سے پورانہ کیا گیا اور انھیں دبانے کی کوشش کی گئی تو پھر وہ اتنی شدت سے ابھرتے ہیں کہ انسان ان کے ہاتھوں بالکل کھلونا بن جاتا ہے۔ اس ناول کا ہیرو بھی محبت اور جنسی جذبے کے فطری تقاضے کو دبانے کی کوشش میں اپنی زندگی کو دوزخ بنا لیتا ہے۔ اس کے ساتھ ہی جب ناول کی ہیروئن تائیس کی طرف اس کا ذہن منتقل ہوتا ہے تو قاری ایک دوسرے سماجی مسئلے کے متعلق سوچنے

لگتا ہے کہ عیسائی راہبوں کی نفس کشی اور روحانی ریاضت ایک ڈھکوسلا ہے۔ تائیس کے کردار کی نشو و نما میں ناول نگار اپنے نقطہ نظر کو پیش کرتے ہوئے اس بات کی بھی وضاحت کرتا ہے کہ انسانی مزاج میں نیکی اور بدی کا جذبہ قدرت کا عطیہ ہے۔ تائیس کی طبعیت قدرتی طور پر نیکی کی طرف مائل تھی اور طبعیت کا رجحان بھی ہمیشہ اسے نیکی کی طرف مائل کرتا رہا۔ اس کا بچپن ایک بھٹیار خانہ میں گزرا تھا جس میں صرف شرابی، جواری رہتے تھے۔ اس کا باپ خود شرابی تھا اور ماں بے حد بدمزاج، لیکن تائیس ایک عیسائی غلام احمس کی رفاقت میں سکون پاتی ہے۔ احمس تائیس کو عیسائیت کی تلقین کرتا ہے۔ یہاں ناول نگار ایک اور سماجی نکتے کی طرف اشارہ کرتا ہے وہ یہ کہ ابتدائی عمر میں انسان جو تعلیم پاتا ہے اس کے نتائج بڑے دور رس ہوتے ہیں۔ تائیس کی پرورش بعد میں ایک نائکہ کرتی ہے۔ جس کے نتیجے میں تائیس رقاصہ بن جاتی ہے۔ تائیس کو عزت، شہرت دولت، غرض سب کچھ حاصل ہو جاتا ہے لیکن وہ اس زندگی کے مطمئن نہیں ہوتی۔ اس کے دل میں ہمیشہ خلش سی رہتی ہے۔ وہ نیکی کے ذکر یا مذہبی باتوں میں یک گونہ سکون پاتی ہے۔ یہی وجہ ہے کہ نفیوترس جب اسکندریہ آکر اسے حیات عقبیٰ کی دعوت دیتا ہے اور راہبانہ زندگی گزارنے پر اکساتا ہے تو وہ فوراً رضا مند ہو جاتی ہے اور سالہا سال سے جس زندگی کو اختیار کئے ہوئے تھی اسے یکلخت ترک کر دیتی ہے۔ تائیس کا دنیا سے کنارہ کشی اختیار کرنا ہم کو قطعی غیر فطری نہیں معلوم ہوتا کیوں کہ ناول نگار نے سماج اور فطرت کے رد عمل اور سماج، زندگی اور شخصیت کے گہرے تعلق کو ہر جگہ پیش نظر رکھا ہے۔ نفیوترس کے کردار کا ارتقا فطری طور پر کسی نیک سیرت عورت کا اس طرح رقاصہ بن جانا ایک سماجی مسئلہ ہے۔ غیر محتاط سہی لیکن غیر فطری نہیں۔ نفیوترس کی تعلیم اس وقت کے مروجہ طریقے پر ہوئی تھی وہ سماج کے اونچے طبقے سے تعلق رکھتا تھا

آغاز شباب میں نفیوترس تائیس پر ایک طرح سے فریفتہ بھی تھا۔ ایک دن اس نے تائیس سے ملنے کی کوشش کی تھی۔ لیکن بازار حسن کی راہ در سم سے ناواقف ہونے کی وجہ سے لوٹنا پڑا تھا۔ بعد میں وہ راہبانہ زندگی بسر کرنے لگا لیکن تائیس کا خیال دل سے بھلا نہیں سکا۔ ناکام محبت اور رہبانیت میں جو نفسیاتی رشتہ ہے وہ ہم جانتے ہیں۔ بہر حال پفوترس زندگی بھر نفسیاتی دھوکوں کا شکار رہا۔ چنانچہ تائیس کو گناہ کی زندگی سے نکالنے کے لیے اسکندریہ آتا ہے اور اپنی کوشش میں کامیاب بھی ہو جاتا ہے۔ لیکن یہی دراصل اس کی سب سے بڑی شکست ثابت ہوتی ہے۔ آخر میں تائیس تارک دنیا بن جاتی ہے اور پفنوترس تائیس کی محبت میں عیسائیت اور خدا سے بیزار اور منکر ہو جاتا ہے اس طرح یہ کردار ایک سوالیہ علامت کی صورت قاری کے ذہن سے چپک کر رہ جاتا ہے۔ نفسیاتی شخصیتوں سے نا آشنا قاری یہ سوچنے پر مجبور ہو جاتا ہے کہ تائیس کیوں راہبہ ہوئی اور کس طرح نیکی اس کی رگ وپے میں سرایت کر گئی اور پفنوترس کیوں خدا اور مذہب سے برگشتہ ہو گیا اور اس طرح قاری کا ذہن فطرت انسانی اور سماجی قوت کے تانے بانے پر غور کرنے لگتا ہے اور ان قوتوں کا تجزیہ کرنے لگتا ہے جو انسانوں کو نیکی اور بدی کے راستوں پر دھکیل دیتی ہیں سماج میں نیکی اور بدی کی کشمکش نیکی اور بدی کی قوتوں کا ٹکراؤ اور تصادم ناول میں اس طرح اور اسی قوت سے نمایاں کیا گیا ہے کہ پڑھنے والے کی توجہ کسی دوسری طرف مرکوز نہیں ہوتی۔ تائیس اس نکتے کی عمدہ مثال ہے کہ ناول کا تاریخی پہلو کس طرح قطعی ثانوی اور غیر اہم ہو کر رہ جاتا ہے اور ناول کی سماجی حیثیت ہی سب کچھ بن جاتی ہے اور یہی سماجی ناول کی سب سے اہم اور نمایاں خصوصیت ہے کہ اس کا سماجی پہلو ہی مرکزِ توجہ بن جائے اور دوسرے تمام پہلو ثانوی حیثیت اختیار کر لیں۔

اس تجزیے کے ساتھ یہ نکتہ بھی نہیں بھولنا چاہیئے کہ وہ تاریخی ناول جن کا تاریخی

پہلو روشن اور نمایاں ہو۔ سماجی ناول نہیں کہلاتے۔ اس کی ایک روشن مثال عبدالحلیم شرر کا مشہور ناول۔ "فردوس بریں" ہے۔۔ یہ ناول ساتویں صدی ہجری کے زمانے کے بعض مخصوص حالات کو پیش کرتا ہے۔ اس زمانے میں ایک افراد کو مذہب کے نام پر من مانے جرائم کی ترغیب دیتا تھا۔ اس فرقے نے ایک مصنوعی جنت بنا رکھی تھی اور اس جنت کے سبز باغ دکھلا کر اپنے فرقے کی توسیع کرتا تھا۔ اس فرقے کا سب سے اہم اور بنیادی اصول یہ تھا کہ شیخ وجودی سب کچھ ہے اور اس کے کہنے پر دین و دنیا کی بازی لگا دی جانی چاہیئے۔ کیوں کہ وہی دین و دنیا کی حقیقت کو جاننے والا ہے۔ اس ناول کی پیداوار ہیروئن حسین اور زمرد کو قبضے میں لے کر زمرد کو اس فرقے کے ہاتھوں میں پھنسا دیتا ہے۔ زمرّد کو قبضے میں کر لینے کے بعد حسین کو پھانسنا اور اس سے کام لینا اس مجنوں گروہ کے لیے آسان تھا شیخ وجودی حسین کی سادہ لوحی سے خوب فائدہ اٹھاتا ہے اور اس سے اپنے فرقے کے مخالفین کو قتل کروانے کا کام لیتا ہے۔ بالآخر زمرّد کی ہوشیاری سے طلسم ٹوٹتا ہے اور اس فرقے کا قلع قمع ہو جاتا ہے۔

اس ناول کی حیثیت خالص تاریخی ہے۔ اس کا کوئی سماجی پس منظر نہیں اور نہ فکری گہرائی ہے۔ اس میں سماجی زندگی کی کوئی ایسی جھلک نہیں جس سے اندازہ ہو سکے کہ ناول کے واقعات اور کرداروں کا تعلق عرب سے ہے یا ہندوستان سے۔ ایران سے ہے یا ترکی سے۔ ناول کے واقعات گویا خلا میں پیش آتے ہیں۔ ناول نگار مورخ کی طرح واقعات کا زمانہ اور صرف سن بتاتا ہے لیکن کوئی بات اس زمانے پر دلالت کرنے کے لئے وہاں موجود نہیں ہے۔ سب سے عجیب بات اس ناول کی یہ ہے کہ ہیرو اور ہیروئن کی سماجی حیثیت سے قاری واقف ہی نہیں ہونے پاتا۔ ناول صرف تاریخی واقعات کو پیش کرتا ہے۔ سماجی حقائق سے اس کا کوئی تعلق نہیں۔ ناول میں نہ تو کوئی سماجی مسئلہ ابھرتا ہے نہ

ہی فرد اور سماج کے رشتوں پر کوئی روشنی پڑتی ہے۔ غرض فردوس بریں کو بار بار پڑھ کر بھی ہم نہ تو اس زمانے کی سماجی زندگی کو سمجھ سکتے ہیں اور نہ اپنے زمانے کی سماجی زندگی کو سمجھنے میں اس سے کچھ مدد پا سکتے ہیں۔ ناول کی سماجی زندگی اور اس کے مسائل سے بے تعلقی اسے داستان کی طرح ایک "مثالی قصہ" بنا کر رکھ دیتی ہے:

فردوس بریں کے مقابلے میں اناطول فرانس کے ناول "تائیس" کے سلسلے میں یہ بات کہی جا سکتی ہے کہ "تائیس" کا پس منظر تاریخی ہے۔ اس کے باوجود اپنی سماجی خصوصیات کے لحاظ سے وہ سماجی ناولوں میں شمار ہوتا ہے۔ ناولوں کی وہ نوع جو جاسوسی ناول کہلاتی ہے عموماً سماجی تفصیلات سے بیگانہ ہوتی ہے۔ ان کا پس منظر تو سماج ہوتا ہے لیکن ان سے سماج کے مسائل اور ان کے رجحانات کو سمجھنے میں مدد نہیں ملتی۔ اردو میں جاسوسی ناول کافی تعداد میں لکھے جا رہے ہیں۔ ان میں بعض ادبی ہیں اور بیشتر غیر ادبی اور بازاری، پہلی قسم کے ناولوں کی مثال میں ظفر عمر اور ابن صفی کے ناولوں کو پیش کیا جا سکتا ہے اور دوسری قسم کے ناولوں کا اردو میں آج کل ایک طومار ہے۔ جاسوسی پنجہ، جاسوسی کارنامے وغیرہ کتنے ہی ایسے سلسلے ہیں۔ ظفر عمر کے ناول "نیلی چھتری" سے لے کر ابن صفی کے رات کا بھکاری۔ تک سبھی ناولوں کا پس منظر کسی نہ کسی حد تک سماجی نیز بیسویں صدی کی زندگی ہے لیکن اس میں ایک بھی ناول ایسا نہیں ملے گا جسے سماجی کہا جا سکے۔ کیوں کہ ان ناولوں میں یا تو کسی "نیلی چھتری" کا راز معلوم کرنے کے لیے ساری دنیا سرگرداں نظر آتی ہے یا س کسی "قتل" کا سراغ پانے کے لیے سارا جہاں حیران و پریشان رہتا ہے۔ جاسوسی ناول کا پس منظر بن کر ہمارا اپنا زمانہ بھی اپنا نہیں رہتا۔ کیوں کہ یہاں تو زندگی کا محور قاتل ڈاکو جاسوس اور پولس بن جاتے ہیں۔ یہاں زندگی کا خون ہوتا ہے اور خونی کا سراغ لگانا زندگی کا فرض۔ یہاں زندگی کا تعلق سماج سے نہیں ہوتا بلکہ صرف

پولس کے ٹھکانوں اور ڈاکوؤں کے اڈّوں سے ہوتا ہے۔ جاسوسی ناولوں کا تعلق نہ سماجی زندگی سے ہوتا ہے نہ سماجی مسائل سے ان کا سروکار ہوتا ہے ان میں نہ تو سماج کی حقیقت کو صحیح رنگوں میں اجاگر کیا جاتا ہے اور نہ ہی سماج کی نیرنگی سامنے آتی ہے اس لیے ہمارے جاسوسی ناولوں کی ایک بڑی تعداد ایسی ہے جس کا محض غیر محتاط زندگی سے واسطہ تو ہوتا ہے لیکن معمولی اور فطری زندگی اور سماج سے نہیں۔

اسی طرح وہ ناول بھی عموماً جذباتی یا نفسیاتی کیفیات کے اظہار تک محدود ہوتے ہیں۔ سماجی ناول کے حدود میں نہیں آسکتے۔ اس کی وضاحت کے لیے انگریزی زبان کا ایک بہت اور مشہور ناول "وتھرنگ ہائٹس" لیا جاسکتا ہے۔ یہ ناول ایملی برونٹی کا لکھا ہوا ہے یہ انگلستان کے ایک دیہات میں رہنے والے خاندانوں کی داستان ہے گو کہ اس ناول میں دیہات کی زندگی کو پس منظر بنایا گیا ہے لیکن اس میں زندگی کی نہیں بلکہ دو کرداروں کی شدید قسم کی جذباتیت کی تصویر پیش کی گئی ہے۔ اس کا اساسی موضوع ہیر وہتھ کلن اور ہیر وئین کیتھرائین کی شدید جذباتی زندگی ہے۔ لیکن ایملی برونٹی نے اس کے ہیرو کے جذبات کو اس قدر شدید رنگ دے دیا ہے کہ وہ ایک غیر معمولی انسان بن جاتا ہے۔ ناول نگار کے پیش نظر سماجی زندگی کو ابھارنا نہیں تھا بلکہ ایسے کرداروں کو پیش کرنا تھا جو سماجی زندگی سے کٹ کر جذباتی زندگی میں گم ہو جاتے ہیں۔ سومرسٹ مام اس ناول کے متعلق لکھتا ہے کہ:

"یہ جذباتی کتھا ہے۔"

اس لیے سماجی ناولوں میں ایسے ناول شامل نہیں کئے جاسکتے جو کرداروں کی جذباتی یا نفسیاتی زندگی کے اظہار تک محدود ہوں۔ سماجی زندگی کی وسعت کو جب کبھی ناول نگار نظر انداز کر دیتا ہے تو وہ اپنے ناول کو سماجی زندگی سے بے تعلق بنا دیتا ہے۔

سائنسی ناول بھی عام طور پر سماجی ناولوں کے ذیل میں نہیں آسکتے کیوں کہ ان میں سماجی زندگی کے دائرے میں ایک غیر سماجی زندگی کی تخلیق کی جاتی ہے۔ سائنسی ناول کو غیر سماجی اس لیے کہا جاسکتا ہے کہ اس میں حقیقی سماجی زندگی کو پیش نہیں کیا جاتا۔ ایچ۔ جی۔ ویلز کے اکثر ناول سائنسی ہیں۔ "مستقبل کی دنیا" میں خوابوں کی مجسمہ سازی کی گئی ہے کبھی چاند میں دنیا آباد کی جاتی ہے تو کبھی دو کرّوں کی جنگ کا نقشہ دکھایا جاتا ہے کبھی شہروں کو میناروں میں آباد کر دیا جاتا ہے تو کبھی ہوائی جہازوں کو کھونٹوں سے لٹکا دیا جاتا ہے۔ یہ خوف ناک دنیا دلچسپ تو ہوتی ہے لیکن حقیقی نہیں ہوتی اور جو دنیا حقیقت سے علاقہ نہیں رکھتی وہ سماجی زندگی سے بھی تعلق نہیں رکھتی۔ جن باتوں کا سماجی زندگی سے گہرا ربط نہ ہو وہ سماجی ناول کا موضوع نہیں بن سکتے۔ انگریزی میں سماجی ناول کے فن پر کچھ زیادہ اس لیے نہیں لکھا گیا کہ سماجی خصوصیات ہر قسم کے ناولوں کے لیے قدر مشترک تسلیم کی گئی ہیں۔ حالانکہ ایسا نہیں ہے۔ سماجی ناول اپنا ایک متعین وجود رکھتا ہے۔ بعض نقادوں نے اس کے خدوخال کو واضح کرنے کی کوشش کی ہے۔ روجر ٹرائلز نے اپنی کتاب "دی پلین من اینڈ دی ناول" میں ایک باب سماجی ناولوں کے لیے بھی مخصوص کیا ہے۔ اس نے جس انداز سے سماجی ناولوں پر بحث کی ہے اس سے صاف ظاہر ہے کہ وہ سماجی ناولوں کو دوسرے ناولوں سے الگ سمجھتا ہے اور سماجی ناول کی خصوصیات اور مسائل اس کے پیش نظر ہیں۔ وہ جان گالزوردی کے اکثر ناولوں کو سماجی ناول کہتا ہے۔ اس کے ایک ناول "رجنل مومنٹ" کے متعلق اظہار خیال کا نقشہ قاری کو لازمی طور پر متاثر کرتا ہے اور حقیقت میں سماجی ناول کو پہلی اور اہم ترین شرط یہی ہے کہ ناول نگار اپنے سماج کا غائر مطالعہ کرے اور اگر وہ اس میں کوئی خصوصیت پاتا ہے تو اسے حد درجہ واضح انداز میں پیش کرے۔ آج اردو ادب میں فسانۂ آزاد کی جو اہمیت ہے وہ اسی

خصوصیت کی بنا پر ہے۔ اگر فسانۂ آزاد میں حقیقی زندگی کی عکاسی نہ کی گئی ہوتی تو اپنی داستانوی طوالت اور محیر العقول واقعات بلکہ حادثات کے ساتھ وہ ناول کے نام سے کبھی پکارا نہ جاسکتا۔

گالزوردی کے سماجی ناولوں سے بحث کرتے ہوئے روجر ٹرائلز نے اس کے بعض اہم خیالات کی طرف اشارہ کیا ہے جس سے یہ پتہ چلتا ہے کہ گالزوردی کے خیالات سماجی مسائل کے متعلق کیا تھے:

"وہ (گالزوردی) مسائل پر سے نقاب اٹھا کر ان کا کوئی قطعی اور یقینی حل پیش کرنے سے انکار کرتا ہے۔ اس کا استدلال ہے کہ یہ ناول نگار کا منصب نہیں ہے کہ مسائل کا حل بھی پیش کرے۔ اس کے لیے یہی کافی ہے کہ وہ حل طلب مسائل پر روشنی ڈالے۔ یہ دوسروں کا کام ہے کہ وہ ان کا حل ڈھونڈلیں۔ میں کون ہوں جو آپ کو شہری ذمہ داریوں سے آزاد کردوں۔"

وردی نے یہاں بڑی ہی عمدگی سے سماجی ناول نگار کے منصب کا تعین کر دیا ہے۔ سماجی ناول میں سماجی مسائل کی پیش کش ہی سب کچھ ہوتی ہے۔ سماجی ناول نگار مسائل کا حل بھی پیش کرتا ہے اور کر سکتا ہے لیکن اس بات کا انحصار اس پر ہوتا ہے کہ وہ چاہے تو حل پیش کرے یا صرف ان کی نشان دہی کر دے۔ اس موقع پر بھی مثال کے طور پر فسانۂ آزاد کو لیا جاسکتا ہے۔ سرشار سماجی مسائل کو پیش کرے یا صرف ان کی نشاندہی کر دے۔ اس موقع پر بھی مثال کے طور پر فسانۂ آزاد کو لیا جاسکتا ہے۔ لیکن انھیں حل کرنے کی کوشش نہیں کرتے۔ اس طرح اناطول فرانس اپنے ناول تائیس میں جیسا کہ اس سے پہلے واضح کیا جاچکا ہے۔ مسائل کا کوئی حل پیش نہیں کرتا بلکہ حل طلب مسائل پیش کر دیتا ہے لیکن سماجی ناول نگاری میں یہ بات لازمی طور پر ہونی چاہیئے کہ ناول نگار

سماجی زندگی کی عکاسی کچھ اس ڈھنگ سے کرے کہ مسائل خود بخود ابھر کر سامنے آجائیں اور قاری ان سماجی مسائل کے حل کے متعلق غور و فکر کرنے پر مجبور ہو جائے لیکن ناول نگار صرف مسئلہ ہی پیش نہیں کرتا بلکہ بعض اوقات اس کا حل بھی پیش کرنے کی کوشش کرتا ہے۔ روجر ٹرائلز نے ای۔ ایم فورسٹر کے مشہور ناول اے پیچ ٹو انڈیا میں ناول نگار کے پیش کردہ مسائل کی وضاحت یوں کی ہے:

"اب غیر متنازعہ اقتدار کا سوال نہیں رہا تھا بلکہ جن عہدے داروں کی خدمات ملک کے لیے مفید اور ان برطانوی تجارتی مفادات کے حق میں تھی جو وہاں مستحکم ہو چکے تھے، ان سے کام لینے کا سوال تھا۔ خوددار اور پڑھے لکھے ہندوستانی اب برطانوی اقتدار کو قبول کرنے کے لیے تیار نہیں تھے۔"

فورسٹر نے اپنے ناول میں صرف ہندوستانی زندگی کے ایک بے حد اہم سوال کو پیش نہیں کیا ہے بلکہ یہ بھی ظاہر کیا ہے کہ اس مسئلے کو حل کرنے کے لیے ہمدردانہ غور و فکر کی ضرورت ہے۔ ایک ایسے ذہن کی ضرورت ہے جو اس مسئلے کی نزاکت اور نوعیت کو دیکھ کر فیصلہ کرے جیسا کہ خود ناول نگار کا خیال ہے۔

مذکورہ بالا انگریزی سماجی ناول نگاروں کے سلسلے میں یہ بات قابلِ غور ہے کہ روجر نے جن ناولوں کو سماجی ناول کہا ہے انہی کو ورلڈ فکشن کے مرتبین مختلف نام دیتے ہیں جیسے گالزوردی کے ناولوں کو چنچل ناول کہا گیا ہے۔"

"فورسٹر کے ناولوں سے حقیقی ناولوں کے عنوان کے تحت بحث کی گئی ہے"۔

"اے پیچ ٹو انڈیا" میں وہ براہِ راست ان مسائل سے بحث کرتا ہے جو ہندوستان میں انگریزی اقتدار کی وجہ سے پیدا ہوئے۔۔۔ اس نے بتایا ہے کہ یہ مسئلہ عملی طور پر ناقابلِ حل ہے۔ دونوں طرف مفاہمت کا جذبہ اس قدر مفقود ہے کہ ہندوستان کی آزادی ہی اس

کا واحد حل ہو سکتی ہے۔"

"اسی طرح اس نے بینٹ کے ناولوں کو سماجی ناول کہا لیکن "دی ورلڈ فکشن" میں ان کو بھی حقیقی ناول سے موسوم کیا گیا ہے۔"

کبھی کوئی انگریزی ناول نگار کسی سماجی مسئلے کو اٹھاتا ہے یا پیش کرتا ہے تو اس سماجی مسئلے کی بنا پر ناول کا نام دے دیتا ہے۔ یہ بات صاف ظاہر ہے کہ سماجی ناول دوسرے تمام ناولوں سے بالکل الگ اپنی خصوصیات رکھتے ہیں۔ اس تفصیلی بحث کے بعد سماجی ناول کی خصوصیات کا تعین کر لینا بہت آسان ہو جاتا ہے مثلاً ایسے سارے ناولوں کو اس ذیل میں شامل کر سکتے ہیں جن میں حسب ذیل خصوصیات ہوں۔

زندگی کا تسلسل

زندگی ماضی سے مستقبل کی طرف بڑھتی ہے اور یہی تسلسل سماجی زندگی کی حقیقت ہے اس حیثیت سے سماجی ناول زندگی کا عکس ہوتا ہے۔ اس کے لیے ضروری ہوتا ہے کہ وہ زندگی کے تسلسل کو پیش کرے اور اس لیے سماجی ناول میں حقیقت نگاری اور اپنے زمانے کے حالات کا گہرا شعور سب سے زیادہ اہمیت رکھتا ہے۔ سماج ماضی کی بنیادوں پر استوار ہوتا ہے اور مستقبل کی طرف پیش قدمی کرتا ہے۔ اس لیے یہ سماجی ناول نگار کا فرض ہوتا کہ وہ ماضی کو نظر میں رکھے اور حال کی مطابقت سے مستقبل کی وضاحت کرے۔ یہ نہیں کہ مستقبل کی مثالی بنانے کے لیے حال کی حقیقتوں سے منہ موڑ لے۔

سماجی مسائل

ناول میں سماجی مسائل کی پیش کش بہت اہمیت رکھتی ہے۔ سماجی ناول حقیقی معنوں

میں وہ ہیں جن میں سماجی مسائل اس طرح ابھر کر سامنے آئیں کہ کرداروں اور واقعات کے تانے بانے سے ان کی صورت گری ہو۔

سماجی مقصد

کسی سماجی مقصد کو پیش کرنا بھی سماجی ناول کی ایک اہم خصوصیت ہے۔ لیکن مقصد کی پیش کش ایسی ہو کہ ناول پروپیگنڈانہ بن جائے حد سے بڑھتی ہوئی مقصدیت ناول کے فن کو مجروح کر دیتی ہے۔ناول میں تاثر اسی وقت پیدا ہوتا ہے جب مقصد خود بخود ابھر کر سامنے آجائے۔

حقیقی زندگی سے ربط

سماجی ناول میں حقیقی زندگی سے گہرا ربط ہوتا ہے۔ اس لیے سماجی ناول جس زمانے میں لکھا جاتا ہے اس زمانے کی ہو بہو تصویر پیش کرتا ہے۔ سماجی ناول وہی زیادہ اچھا ہوگا جس میں زندگی کی مجموعی تصویر کی عکاسی پورے طور پر کی گئی ہو۔ اگر زندگی کا کوئی ایک حصہ یا ایک پہلو سماجی ناول میں ابھرتا ہے تو وہ سماجی ناول میں ابھرتا ہے تو وہ سماجی ناول ناقص ہوگا اور اگر وہ اپنے آپ کو زندگی کے بہت چھوٹے اور غیر اہم پہلو تک محدود کر لیتا ہے تو پھر وہ سماجی ناول میں ابھرتا ہے تو وہ سماجی ناول ناقص ہوگا اور اگر وہ اپنے آپ کو زندگی کے بہت چھوٹے اور غیر اہم پہلو تک محدود کر لیتا ہے تو پھر وہ سماجی ناول نہیں کہلایا جاسکتا۔

سماجی ناول کا اسلوب

سماجی ناول کی ایک یہ بھی خصوصیت ہوتی ہے کہ اس کا اسلوب بیان پیش کردہ

واقعات اور کردار کے مطابق ہوتا ہے۔ سماجی ماحول اور خاص سماجی تقاضوں کے اعتبار سے سماجی ناول کا اسلوب متعین ہوتا ہے۔ اچھے سماجی ناول میں اسلوب ماحول سے اس قدر ہم آہنگ ہو جاتا ہے کہ اس زمانے کی سماجی زندگی کا اندازہ اس کے اسلوب سے کیا جا سکتا ہے۔

سماجی ناول کے مکالمے

مکالمے کو سماجی ناول میں ایک خاص اہمیت حاصل ہوتی ہے۔ ناول نگار اپنے کرداروں کی سیرت، شخصیت اور مزاج وماحول کی مناسبت سے مکالمے پیش کرتا ہے۔ ہر کردار کے مکالمے اس کی ذہنی استعداد، طبیعت کے رجحان اور سماجی حیثیت سے ہم آہنگ ہوتے ہیں بالخصوص حسب مراتب مکالمے ناول میں جان ڈال دیتے ہیں۔ وہی سماجی ناول کامیاب ہوتا ہے جس کے کردار مصنف کے نظریات اور تصورات کی ترجمانی نہ کرتے ہوئے خود اپنی ترجمانی میں کامیاب ثابت ہوں۔

سماجی پس منظر

سماجی ناول میں سماجی حالات و مسائل کی حقیقت سے قریب ترین ترجمانی کی جاتی ہے۔ سماجی زندگی کی حقیقی ترجمانی اور پیش کش ہی سماجی ناول کا بنیادی مقصد ہوتا ہے۔ کرداری ناول کی طرح محض کسی کردار یا چند خاص کرداروں کی ترجمانی سماجی ناول کے منصب کے منافی ہے۔ اس میں تو فرد کی زندگی اور اس کے ہر طرح کے مسائل کو سماجی پس منظر میں رکھ کر پیش کیا جاتا ہے۔ اس سماجی پس منظر کی واضح اور حقیقی پیش کش ہی کسی ناول کو سماجی ناول بنا سکتی ہے اور اسی سے بے تعلقی کسی بھی ناول کو سماجی ناول کے

دائرے سے نکال سکتی ہے۔

٭ ٭ ٭

پانچواں باب
سرشار کے ناولوں میں سماجی مسائل کی پیشکش

ہم نے اس مقالے کی ابتدا میں سرشار کی شخصیت اور فن کا اجمالی جائزہ لیا۔ پھر موضوع کی مناسبت سے اور فکشن میں سماجی مسائل کے اظہار و اعتبار سے سیر حاصل بحث کی۔ اردو میں جدید ناول کے آغاز اور اس کے فنی و ادبی محاسن و معائب کا تنقیدی مطالعہ پیش کیا ہے اور یہ جاننے کی کوشش کی کہ ناول میں سماجی شعور کی کارفرمائی کے انداز کیا ہوتے ہیں، ناول نگار سماجی مسائل کو کس طرح محسوس کرتا ہے اور اپنے محسوسات کا اظہار ناول میں کس طرح کرتا ہے، کیا سماجی مسائل کی پیش کش ترجمانی یا اظہار وترسیل سے ناول کا فن متاثر ہوتا ہے؟ وغیرہ۔

جیسا کہ ہم سب جانتے ہیں، فسانہ آزاد سرشار کا شاہکار ناول ہے۔ اس کا موضوع لکھنؤ اور اس کی کائنات ہے اور لکھنؤ لکھنؤ نہیں برصغیر کے عالم اسلام کا مرکز ہے۔ اس کے علاوہ وہ سرشار نے خدائی فوج دار، سیر کہسار، جام سرشار، کامنی، پی کہاں، ہشو اور کڑم دھم جیسے چھوٹے بڑے اور منجھولے ناول لکھے۔ ادبی تحقیق و تنقید کا تقاضا تو یہ ہے کہ سرشار کے جملہ ناولوں کا مطالعہ تاریخی ترتیب کے اعتبار سے کیا جائے لیکن ہمارا موضوع اس امر کا مقتضی ہے کہ پہلے ہم سرشار کے کم درجہ ناولوں کو جانچیں، پھر ان کے شاہکار کی قدر و قیمت متعین کریں اس لیے کہ سرشار کے دیگر ناولوں میں جو محاسن و

معائب کم و بیش موجود ہیں وہ سب فسانۂ آزاد میں بدرجۂ اتم یکجا، مرتب اور جمع ہو گئے ہیں۔ لہٰذا ہم پہلے ان کے دوسرے کارناموں کو توجہ کی نظر سے دیکھیں گے۔

***

خدائی فوجدار

سرشار نے "فسانہ آزاد" سے بہت پہلے سروانٹز کی شہرۂ آفاق تصنیف "ڈان کوئی زاٹ" کا آزاد خیال ترجمہ کیا تھا۔ "ڈان کوئی زاٹ" کے ترجمے کے بعد ہی سرشار کو "فسانۂ آزاد لکھنے کا خیال پیدا ہوا۔ جیسا کہ صالحہ عابد حسین نے لکھا ہے:

"فسانۂ آزاد سے پہلے سرشار نے مشہور تصنیف سروانٹز کا پہنایا تھا یہ اس کتاب کا ترجمہ تھی۔ سروانٹز نے اپنے اس ناول میں قرونِ وسطیٰ میں جو نائیٹ ہوا کرتے تھے ان کا خاکہ اڑایا ہے۔"

سروانٹز کی کتاب کو ایک مخصوص عہد اور ایک خاص ماحول میں زبردست سماجی اہمیت حاصل تھی۔ کیوں کہ یہ سولہویں صدی عیسوی میں لکھی گئی تھی اور اس زمانے میں نائٹ بننے کا خبط یورپ میں عام تھا۔ ہندوستان میں کبھی ویسا مخصوص ماحول پیدا نہیں ہوا۔ اس لیے "خدائی فوجدار" کو ہم پوری طرح ناول نہیں کہہ سکتے۔ لیکن اس کے باوجود اس کے کردار خاص طور پر اس کا ہیرو اس کائناتی حقیقت کو پیش کرتا ہے کہ انسان جب اپنی اصلی اور حقیقی زندگی سے مہہ موڑ کر خیالی اور بے اصل چیزوں کے لیے سرگرداں ہو جاتا ہے تو کتنا مضحکہ خیز بن جاتا ہے اور اس طرح اس کتاب میں جو طنز و مزاح پیدا ہو گیا ہے وہ اس کی اہمیت کا ضامن بن گیا ہے۔ "خدائی فوجدار" اس لیے بھی اہم ہے کہ یہی کتاب سرشار کے لافانی شاہکار "فسانۂ آزاد" کا محرک اور باعث ہوئی۔ لیکن "فسانۂ آزاد" کی

تصنیف خود اس بات کو ظاہر کرتی ہے کہ سرشار نے یہ بات محسوس کرلی تھی کہ "خدائی فوجدار" کا لکھنؤ کی سماجی زندگی سے کوئی گہرا ربط نہیں ہے۔ اس لیے لکھنؤ کی سماجی زندگی کا خاکہ اڑانے کے لیے انھوں نے "فسانۂ آزاد" لکھا۔ خدائی فوجدار کے بارے میں صالحہ عابد حسین کا خیال ہے:

"اس سے ان کو یہ خیال پیدا ہوا کہ خود ایک ایسا قصہ لکھیں جس میں لکھنؤ کے بانکے ٹائپ کا ہیرو بنایا جائے اور ایک افیونی کو اس کا حب اور اس ذریعہ سے سروانٹز کی طرح اپنے زمانے کی تصویر پیش کر کے اس کا کھوکھلا پن دکھائیں اور اس کی خامیوں اور خرابیوں پر روشنی ڈالیں جو اس وقت ہندوستان کی عموماً اور اودھ کی خصوصاً جان سمجھی جاتی تھیں۔

طنز و ظرافت کے اعتبار سے سرشار کی آخری کتاب خدائی فوجدار ہے۔۔۔ یہ ترجمہ باقاعدہ طور پر ۱۸۹۴ء میں منظر عام پر آیا لیکن حقیقت میں سرشار ابتدا ہی سے اس کتاب سے اتنے متاثر تھے کہ ان کے پہلے ناول فسانۂ آزاد کی تصنیف کا سبب ہی یہ کتاب تھی اور اسی لیے آزاد اور فوجی کے کرداروں میں ڈان کوئی زاٹ اور سانچو پانزا کے کرداروں کی اتنی نمایاں جھلکیاں موجود ہیں۔

سرشار نے مقام کی تبدیلی اور تفاوت نہ تھا۔ انسانی فطرت کی نیرنگیوں سے جو مسائل جنم لیتے ہیں وہ جغرافیائی حدود کے پابند نہیں ہوتے، اس حقیقت سے سرشار بخوبی واقف تھے۔

پریم پال اشک کے الفاظ میں یہ ایک کرداری ناول ہے۔ اس کا ہیرو اپنی احمقانہ حرکتوں سے لوگوں ہنساتا رہتا ہے۔ خوش فہمی میں مبتلا ہو کر اپنی اول جلول حرکتوں سے سب کی دل بستگی کا سامان بنتا رہتا ہے۔ آخر میں گلابو جان کے عشق میں مبتلا ہوتا ہے۔

ایک جزیرے کا گورنر بنایا جاتا ہے۔ سات دنوں کی حکومت میں وہ جنگ بھی کرتا ہے۔ لوگ اسے خوب الو بناتے ہیں۔ آخر گورنری چھوڑ کر بھاگ آتا ہے اور گلابو جان کی جدائی میں آوارہ ہو جاتا ہے، پھر اپنے گلہ گھوٹ کر اپنی جان دے دیتا ہے۔

کردار کی ترجمانی میں شک نہیں لیکن یہ بھی ایک بدیہی حقیقت ہے کہ ترجمانی سماجی مسائل کے حوالے سے ہوئی ہے۔ اس لیے یہ رائے قطعی غلط نہ ہو گی کہ خدائی فوجدار میں سرشار نے کسی نہ کسی حیلے سے اپنے عہد کے لکھنؤ کے سماجی مسائل میں سے چند کو پیش کرنے کی فنکارانہ کوشش کی ہے۔

***

سیر کہسار

ضخامت کے اعتبار سے یہ ناول فسانۂ آزاد کے بعد دوسرے نمبر پر آتا ہے۔ اس کا حجم بڑی تقطیع کے بارہ سو صفحات ہے۔ اس کا موضوع بھی وہی ہے جو فسانۂ آزاد کا یعنی لکھنؤ کی تہذیبی اور سماجی زندگی۔ لکھنؤ کے نوابوں کے شب و روز کا محور ہیں۔ اس ناول کا مرکزی کردار خود لکھنؤ کا ایک نواب ہے۔

اس ناول کی کہانی کا خلاصہ یہ ہے کہ ایک متوسط طبقے کے باعلم گھرانے کے نواب صاحب عیاشی اور بری صحبت میں گرفتار ہیں۔ یہ نینی تال جانے کا ارادہ کرتے ہیں لیکن اس دوران میں انھیں قمرن نامی منہارن سے عشق ہو جاتا ہے اور وہ اسے اپنے گھر ڈال لیتے ہیں یہ ایک نہایت، بد چلن، بد معاش اور اوباش عورت ہے۔ یہاں تک کہ ایک بار اپنے شوہر کے ہوتے ہوئے للوا تنبولی کے ساتھ بھاگ جاتی ہے۔ کبھی قلفی والے سے آنکھیں لڑاتی ہے اور گلی کے لچوں، لفنگوں اور شہدوں کے ساتھ ناجائز تعلقات قائم کرتی

ہے۔ اس کی ایک بہن نازو بھی ہے۔ شکل و صورت میں تو وہ اپنی بڑی بہن جیسی ہے لیکن طبعیت اور مزاج میں اس سے بالکل مختلف ہے۔ اگر نواب صاحب کے مصاحب مہراج سے عشق کرتی ہے تو اس کی ہو بھی رہتی ہے۔ اسے جھوٹے پتے چاٹنے کا قطعاً شوق نہیں ہے۔ نواب کی بیگم ایک پاکباز اور نیک عورت ہے۔ وہ اپنی آن پر کھیل جانا معمولی بات سمجھتی ہے۔ لیکن اپنی عزت اور خاندان کی آبرو پر حرف آنا۔ برداشت نہیں کر سکتی۔ وہ نہ خود پسند ہے نہ خود نمائی کو پسند کرتی ہے۔ ایک بار بشیر الدولہ نامی کوئی شخص اس کی عزت لوٹنے کی کوشش کرتا ہے تو اس کی ران میں چاقو گھونپ دیتی ہے مگر نواب سے کچھ نہیں کہتی۔ صرف اس لیے کہ کہیں اس کے خاندان کی آبرو مٹی میں نہ مل جائے۔ نواب اور قمرن نینی تال میں خوب عیش کرتے ہیں۔ آخر قمرن نواب کو چھوڑ کر کہیں اور بھاگ جاتی ہے مگر پھر نواب کے پاس لوٹ آتی ہے۔ اس کے بعد دوبارہ نکل بھاگتی ہے اور اس بار وہ کہیں اور نہ جا کر کوٹھے کا سہارا لیتی ہے اور طوائف بن جاتی ہے۔ نواب خون کے گھونٹ پی کر رہ جاتے ہیں۔ انھیں بہت دکھ ہوتا ہے۔ اُدھر نواب کی بیگم ایک سیدھی سادی عورت ہے۔ وہ یہ ساری بربادی ہنستے ہنستے برداشت کرتی ہے۔ آخر قمرن جب سخت بیمار پڑتی ہے تو ایک بار پھر نواب کے یہاں آکر پناہ لیتی ہے۔ نواب اپنی فراخ دلی کا ثبوت دیتے ہوئے قمرن کو پھر سہارا دیتے ہیں۔ آخر نہایت تنگ دستی کے عالم میں قمرن مر جاتی ہے اور نواب کا اجڑا ہوا گھر پھر آباد ہو جاتا ہے۔

سرشار نے اس ناول میں لکھنؤ کی سماجی زندگی کی ان خوبیوں اور کمزوریوں کو اجاگر کیا ہے جن کی وجہ سے لکھنؤ کی پوری فضاء زہر آلود ہو گئی تھی۔ دولت کی فراوانی کے ساتھ اگر علم و فضل نہ ہو اور غلط صحبت ملے تو انسان کا بھٹک جانا لازمی ہے۔ نواب محمد عسکری بھی ایک ایسے ہی انسان تھے۔ یہ نواب ابتدا میں بیوقوفی کی حد تک بھولا نظر آتا

ہے۔ اسے یہ تک معلوم نہیں کہ "پہاڑ" کیا ہوتے ہیں۔ وہ اپنے مصاحبین سے پہاڑ کے بارے میں پوچھتا ہے۔

ظاہر ہے کہ اس قسم کے انسان کو مصاحبین نواب صاحب کی سادہ لوحی سے ہر ممکن فائدہ اٹھائے ہیں۔ اس کا پلاٹ "فسانۂ آزاد" مقابلے میں کم غیر مربوط ہے۔ لیکن اس میں "فسانۂ آزاد" کی طرح لکھنؤ کی زندگی وہ چہل پہل، وہ ہماہمی اور رنگارنگی نہیں ہے۔ یہ ایک نواب کی لذت پرستی اس سلسلے میں نوابوں کو عیش پسند زندگی کا نقشہ کھینچ کر رکھ دیتے ہیں۔ مصاحبین کی چال بازیاں، ان کی گفتگو نواب کا خانگی مہریوں اور چھوکریوں سے آنکھیں لڑانا، غرض ان تمام سماجی برائیوں کی عکاسی ملتی ہے جو اس زمانے کے نوابوں میں عام طور پر پائی جاتی تھیں۔ سرشار نے اس ناول میں نواب کے کردار کا ارتقا بھی دکھایا ہے۔ نواب اپنے مصاحبین کو پہچاننے لگتے ہیں۔ انھوں نے نواب کے کردار کی تبدیلی کو یوں ظاہر کیا ہے:

"ان مصاحبوں نے ان کو اس قدر چکمے دیے تھے کہ اب سچی بات اور واقعے کی صحت تسلیم کرنے میں ان کو تامل ہوتا تھا۔ جو بات انھوں نے اپنے مصاحبوں کی زبان سے سنی اس کو یہ فوراً لغو اور مہمل اور پایۂ اعتبار سے خارج سمجھے۔ ایک روز نواب صاحب نے بیگم صاحب کی طرف مخاطب ہو کر آہ سرد بھر کر کہا ہمیں سخت افسوس ہے کہ ہم اپنے رفقا کے ساتھ اس قدر اخلاق اور جود و کرم سے پیش آتے ہیں مگر وہ کم بخت اسی پر تلے رہتے ہیں کہ ہم کو چکمہ دیں اور قرعہ بازی کر کے کچھ لے مریں۔"

اس طرح نواب مصاحبوں کے ہاتھ سے بری حالت لٹنے سے محفوظ رہتے ہیں۔

سرشار نے بدلتے ہوئے حالات اور قدامت پسند احساسات کو بھی پیش کیا ہے۔ نواب صاحب کو یوروپین اصحاب کی طرف سے دعوت ملتی ہے۔ اس وقت نئی تہذیب کی

کوئی بات اختیار کرتے ہوئے لوگ ڈرتے تھے اور انگریزوں کے ساتھ کھانا کھانا بھی برا سمجھا جاتا ہے۔ اس بات کو سرشار یوں پیش کرتے ہیں۔

"صاحبان یوروپین کی دعوت کی نسبت نواب چھٹن صاحب اور محمد عسکری میں بحث ہوئی کہ جس میز پر وہ لوگ کھانا کھائیں اس پر کھانا چاہیئے یا نہیں۔ محمد عسکری نے کہا بھائی صاحب ہماری رائے تو نہیں ہے۔ اول تو شراب اڑائیں گے دوسرے بیکن اور پوراک ہوگا۔ خواہ مخواہ گرفتار مصیبت ہونا کس نے بتایا ہے۔"

خیر نواب صاحب دعوت میں شریک ہوتے ہیں۔ دعوت کے دوران میں جو گفتگو ہوتی ہے۔ اس سے بھی اس زمانے کے خیالات پر روشنی پڑتی ہے اور یہ معلوم ہوتا ہے کہ سرشار کی قومی عزت کا کتنا خیال تھا۔ وہ بتاتے ہیں کہ انگلستان کے پڑھے لوگ ہندوستان کی صحیح حالت سے واقف نہ تھے اور اس کو غلط رنگ میں پیش کرتے تھے۔ انہوں نے "زمانے کے رنگ" کے عنوان سے ایک باب لکھا ہے۔ جس میں ہندوستانی تہذیب کی برتری، اپنے ملک کی فضیلت اور شرف کو ظاہر کرتے ہیں اور کہتے ہیں کہ ہندو اور مسلمان دونوں نے اپنی گذشتہ عظمت کیوں کھودی ہے۔ اس لیے انھیں اپنی کھوئی ہوئی عظمت حاصل کرنے کے لیے تعلیم حاصل کرنا ضروری ہے۔

سرشار محسوس کر رہے تھے کہ ملک اور قوم کی بھلائی اعلیٰ انگریزی تعلیم کے حصول میں مضمر ہے۔ انہوں نے فریزر صاحب اور میجر بارلو کی گفتگو کے ضمن میں بڑی دور کی بات کہی ہے بارلو کہتے ہیں:

"ان لوگوں کو اس قدر انگریزی پڑھانی چاہیئے کہ کلر کا کام کر لیں۔ ہاں عربی، فارسی، سنسکرت کی تعلیم دی جائے تو خیر ہم بھی خلاف اس کے نہیں مگر ان لوگوں کی تاریخی باتیں اور پولیٹکل امور سکھانا۔۔۔ البتہ غلطی اور بڑی بھاری غلطی ہے۔ جب

ہندوستانی تربیت یافتہ ہونگے تو خواہ مخواہ حقوق کے لیے جھگڑیں گے اور جھگڑا ہمارے حق میں مفید نہ ہو گا ہم کو اس سے کیا ملے گا" خاک"۔

سرشار نے اس انداز میں اس وقت کے اہم ترین مطالبے کو ظاہر کرتے ہوئے ہندوستانیوں کو متنبہ کیا ہے کہ انگریز انہیں اعلیٰ تعلیم سے محروم رکھنا چاہیں گے۔ لیکن وہی ان کی قسمت جگا سکتی ہے اس انداز میں سرشار اہل ہندوستان کی کمزوریوں اور ان کی غلط عادتوں کو بھی ظاہر کرتے ہیں۔ لیکن سرشار ان موضوعات پر وقتاً فوقتاً کچھ لکھ جاتے ہیں۔ ان کا اصل موضوع تو نوابوں اور جاگیرداروں کے مشاغل و امور کو پیش کرنا ہے اور ان سے پیدا ہونے والے مسائل کو ظاہر کرنا ہے۔ نواب عسکری مصاحبوں سے چڑھتے لیکن ان کی طبعیت میں عیاشی تو تھی ہی۔

ایک دن قمرن چوڑی والی کے حسن اور جوانی کو دیکھتے ہیں تو ہزار جان سے فدا ہو جاتے ہیں۔ نازو اور قمرن دو بہنیں ہیں جو چوڑی کے بیوپار کی آڑ میں اپنے حسن و جوانی کا سودا کرتی تھیں۔ ان لڑکیوں کی ماں بڑی چالاک تھی وہ ان دونوں کو نوابوں کے رنگنے کے گر بتاتی ہے۔ چنانچہ قمرن نواب کو رنگتی ہے اور نازو نواب کے دوست مہراج پر ہاتھ صاف کرتی ہے۔ نواب شراب بھی پینے لگتے ہیں۔ چنانچہ سرشار لکھتے ہیں:

"حضرات ناظرین! نواب محمد عسکری صاحب کی بربادی کے دن اب قریب آ گئے۔ اب ان کے دربار میں اس مردار نے بار پایا جو خانہ بر انداز جمعیت کامل ہے یہ وہ سبز قدم ہے جس نے لاکھوں گھر برباد کئے۔ کروڑوں کو خاک میں ملایا۔

نواب کی رند مستیوں کا حال بیگم کو بھی معلوم ہوتا ہے وہ نواب کو قمرن کے حسن کے جال سے نکالنا چاہتی ہے۔ اس سلسلے میں نواب کے ایک دوست بشیر الدولہ سے مدد لیتی ہے۔ بشیر الدولہ اس کے معاوضے میں بیگم کے رخسار و لب کا بوسہ مانگتے ہیں۔ لیکن

بیگم ایک پاک بازار اور عفت مآب عورت تھی۔ جب بشیر الدولہ حد سے گزرتے ہیں تو بیگم اپنی عصمت کی حفاظت کے لیے بشیر الدولہ کو چاقو گھونپ دیتی ہے جو ران کے پار ہو جاتا ہے۔ لیکن اس کے باوجود سرشار پر یہ الزام عاید ہوتا ہے کہ انھوں نے ایک پاک باز شریف بیگم کا صحیح کردار پیش نہیں کیا۔ بیگم کا رویہ بھی ایسا رہتا ہے کہ بشیر الدولہ دست درازی کی جرأت کرتے ہیں۔ سرشار نے بیگم سے جو گفتگو کروائی ہے وہ کسی شریف خاتون کی نہیں ہو سکتی۔ گال اور لب کا بوسہ مانگنے پر بیگم پر بیگم مسکرا کر جواب دیتی ہیں:

"اوئی۔ بس۔ اور آنکھوں کا نہیں۔"

بیگم کا یہ انداز "جرأت آزما" ہمیشہ رہتا ہے۔

ناول نگار لکھتا ہے:

"تخلیئے میں جب کبھی انھوں نے کچھ کہا تو خاموش ہو رہیں یا ملائمت کے ساتھ جھڑک دیا۔ یا مسکرادیں کہ دیکھا جائے گا۔ مسکرا کر کہا اوئی بس ہونٹ اور گالوں کے بوسے لوگے۔ آنکھوں کے نہ لوگے۔"

سرشار آوارہ عورتوں کی عادات و اطوار کو پیش کرنے میں ملکہ رکھتے تھے اس لیے وقت وہ شریف خواتین میں بھی انداز پیدا کر دیتے ہیں۔

سیر کہسار کی ساری دل چسپی حسن و عشق کے اس پہلو سے تعلق رکھتی ہے جو جنسیت سے مملو ہے۔ یہ عیاش نوابوں اور عیاش عورتوں کی داستان ہے۔ لیکن اس کے ذریعے سرشار نے سماج کے بعض متعفن ناسوروں کی نشاندہی کی ہے۔ انھوں نے ناولوں اور قصوں کے کردار کا فرق واضح کر کے ظاہر کیا ہے کہ جب انسان پر نفس کا غلبہ ہوتا ہے تو اندھا ہو جاتا ہے چنانچہ قمرن کو نواب کے یہاں ہر قسم کا عیش و آرام میسّر تھا۔ لیکن اس کی عیاس طبیعت نے اسے فضلے برف والے کے پاس جانے پر مجبور کیا۔ پھر وہاں سے کئی

مردوں کے ہتھے چڑھتی ہے۔ بیمار ہوتی ہے اور بالآخر نواب ہی کے گھر آکر دم توڑتی ہے۔ اس کے برخلاف نازو میں سوجھ بوجھ کا مادہ تھا۔ وہ نواب کے دوست مہراج بلی سے نباہ کر جاتی ہے۔ جو اگرچہ مضبوط کردار کا آدمی نہیں لیکن اس کو اپنے نفس پر قابو تھا۔ نواب کے کردار میں عیش کوشی کے ساتھ وضعداری بھی ہے۔ وہ قمرن سے عشق کرتے ہیں اور اسے ہر قیمت پر حاصل کرنے کی کوشش کرتے ہیں۔ قمرن کا شوہر جب نواب پر دعویٰ کرتا ہے تو بہت پریشان ہوتے ہیں۔ لیکن اس موقع پر بھی مصاحبوں کے ہاتھوں بے وقوف نہیں بنتے۔ قمرن کی بے وفائی کو معاف کر دیتے ہیں اور مرتے دم تک اس کی تیمار داری کرتے ہیں۔ وہ بیگم کا بھی خیال رکھتے ہیں۔ ان کے کردار میں باوجود نوابی خصوصیات کے ایک انفرادیت بھی ہے۔ مہراج بلی کردار بہت دل چسپ ہے یہ بھی کچھ خوجی کی خصوصیات رکھتے ہیں۔ گو خوجی کا انداز پیدا نہیں ہو سکا ہے۔ ان خصوصیات کے ساتھ "سیر کہسار" مجموعی طور سے ایک دل چسپ سماجی ناول ہے۔ دل چسپ سماجی ناول سے ہماری مراد یہ ہے کہ اس میں سماج کے مختلف طبقوں کے کرداروں کی نفسیات کو پیش کیا گیا۔ ان کے حالات و کوائف پر روشنی ڈالی ہے انکے رجحانات و میلانات کو جانچنے کی کوشش کی گئی نیز ہر طبقے کے سماجی مسائل کو اجاگر کر کے ان مسائل کا ممکنہ حل بھی بتایا گیا ہے اور یہ سب کچھ اس طرح پیش کیا گیا ہے کہ دل چسپی برقرار رہتی ہے۔

سیر۔۔۔ سرشار فسانۂ آزاد میں اپنے فن کا پورا زور صرف کر چکے تھے۔ آزاد اور خوجی جیسے مثالی اور لازوال کردار تخلیق کر چکے تھے۔ لہٰذا اس ناول میں ان کی توجہ فنی دروبست کی طرف زیادہ رہی۔ اس کے علاوہ انھوں نے واضح طور پر سماجی مسائل کی طرف اشارہ کئے ہیں۔ سماجی برائیوں کو اجاگر کیا ہے۔ حالات کے نئے تقاضوں کی نشاندہی کی ہے۔ ان باتوں سے ثابت ہوتا ہے کہ یہ ناول ہے۔ ڈاکٹر مصباح الحسن قیصر

نے ان نکات کو درج ذیل الفاظ میں پیش کیا ہے:

"فنی اعتبار سے سیر کہسار کا قصہ سرشار کے تمام ناولوں سے بہتر ہے۔ اس کی سب سے بڑی خوبی یہ ہے کہ پورے قصے میں ربط تسلسل موجود ہے۔ سرشار کے دیگر ناولوں کی طرح اس کی کڑیاں الگ الگ ٹوٹتی ہوئی محسوس نہیں ہوتیں بلکہ پورا ناول ایک ہی لڑی میں اچھی طرح گندھا ہوا ہے اور کہیں بھی ضمنی واقعات اصل قصے پر حاوی نہیں ہونے پائے ہیں۔ ایک ہی قصہ ہے جو نہایت مربوط ہے اور جس پر مصنف کی گرفت مضبوط ہے۔ مزید براں قصے کی رفتار میں توازن ملتا ہے سرشار کی دیگر تصانیف اس سے عاری ہیں۔"

ناول کے مرکزی کردار نواب محمد عسکری ہیں۔ ان کی سیرت کی خصوصیات ہم گذشتہ سطور میں بیان کر چکے ہیں۔ سرشار نے اس ناول میں ان کے حوالے سے سماجی برائیوں کی طرف واضح اشارے کیے ہیں اور ان سے بچنے کی تلقین کی ہے۔ مثلاً نواب صاحب موصوف کو اپنی خامیوں کا احساس ہی نہیں ہے کہ بلکہ وہ ان پر شرمندہ بھی ہیں۔ ان کی فطرت میں خود احتسابی کا مادہ بھی ہے اور وہ اپنی سماجی برائیوں سے نجات پانے کے بارے سوچتے بھی ہیں۔ اس ضمن میں نواب صاحب کا ایک مکالمہ ملاحظہ فرمائیں:

"نواب: اچھا اب یہ سوچنا چاہیئے کہ ہماری حالت کیونکر ترقی کر سکتی ہے۔ آوارگی مزاج میں بڑھی ہوئی۔ چوڑی والی کو دیکھا اسی پر لٹو ہو گئے گھسیاری آئی، ذرا جوان سی گدبدی، اسی پر ڈورے ڈالنے لگے۔ مہری کوئی طرار سی آئی اسی پر عاشق ہو گئے۔ یہ ہماری وارستگی اور حماقت ہے بلکہ پچھوڑا پن۔"

یہ تو نواب صاحب کا مکالمہ تھا۔ خود سرشار اپنے قلم کو وعظ و نصیحت سے باز نہ رکھ سکے۔ ان کا سماجی شعور ان کو مجبور کرتا ہے کہ وہ اپنے عہد کے سماجی مسائل کو سمجھیں اور

ان کو حل کرنے کی نیت کریں۔ درج ذیل عبارت اس کا بین ثبوت ہے۔

نواب محمد عسکری صاحب کے خیالات فی نفسہ برے نہیں مگر صحبت ایسی پائی اور لڑکپن سے خراب صحبت میں رہے کہ ترقی دماغی کے عوض اور دماغ خراب ہو گیا اور اکثر حضرات نے ایسا ان کو شکنجے میں کسا تھا کہ ان کے قابو میں ہو گئے۔ اب جدھر کل موڑتے ہیں اسی طرف یہ مڑ جاتے ہیں۔۔۔ یہ نہیں سوچتے کہ یہ لوگ اپنے مطلب کے یار ہیں، کھایا پیا اور الگ کیا۔ آج آپ کے دستر خوان پر کھاتے ہیں آپ کی سی کہتے ہیں، کل اور ہاں گئے سب سے پہلے آپ ہی کی ہجو کرنے لگے۔ ان سے بڑھ کر دشمن اور کون ہو گا۔

اگر محمد عسکری کو اچھے لوگوں کی صحبت ہوتی تو سبحان اللہ! یہ بھی کچھ کر دکھاتے"۔

بخل و کنجوسی ایک سماجی برائی ہے۔ اور سماجی مسئلہ بھی۔ ہندو امرا کی کنجوسی اور ان کی بخل آلود ذہنیت کا خاکہ سرشار نے بڑی کامیابی سے کھینچا ہے۔ ناول کے کردار منشی جی اس کی مثال ہیں۔ موقع یہ ہے کہ انعام و اکرام وصول کرنے کے لیے طوائفیں بنگلے پر حاضر ہونا چاہتی ہیں منشی جی بنگلے سے فرار ہو کر سرائے میں پناہ لیتے ہیں۔ وہاں سے تلاش کر کے لائے جانے پر بھی حیل وحجت سے باز نہیں آتے۔ آخر نازو سمجھاتی ہے:

"نازو: (مہراج بلی کو علیحدہ لے جا کر) کیا اپنے تئیں ہنسواتے ہو۔

اسے جو دینا ہے وہ دے دونا۔

مہراج: ہم تو پونے دو سے زیادہ نہ دیں گے۔

نازو: بس پانچ روپے دو اور ٹٹخار دو۔

مہراج: تمہاری خاطر سے چار آنے بڑھائے گا اور وہ بھی ہماری خاطر سے۔

غرض کہ سماجی مسائل کی پیش کش، ترجمانی اور عکاسی کے لحاظ سے یہ ناول بہت کامیاب ہے۔ اس میں سرشار کا فن اور ان کا سماجی شعور دونوں پوری طرح معرض اظہار

میں آ گئے ہیں۔

***

جامِ سرشار

سرشار کے دوسرے ناولوں کی طرح ان کا یہ ناول بھی مقصدی اور سماجی ہے۔ اس کی تمہید میں انھوں نے شراب خواری کی مذمتیں کی ہیں۔ گویا اس سماجی اور اخلاقی برائی کا تدارک ان کے پیش نظر تھا۔ اس کے علاوہ اس میں اس برے ماحول کو بھی پیش کیا گیا ہے جس میں بدمعاش مصاحب رئیس زادوں کو بری عادتوں میں ڈال کر ان کی عزت اور دولت کو برباد کر دیتے ہیں۔

اس کا پلاٹ سرشار کے دوسرے ناولوں کے مقابلے میں زیادہ منظم اور مربوط ہے۔ یہ ناول بھی لکھنؤ کے امرا کی خانگی اور سماجی زندگی کو پیش کرتا ہے۔ نواب امین حیدر اس ناول کے مرکزی کردار ہیں۔ یہ کم سن رئیس زادہ اپنے والد بزرگوار کی نگرانی میں عمر بسر کرتا ہے۔ اس لیے "صحبت بد" سے محفوظ رہتا ہے۔ لیکن بڑے نواب کی مسلسل بیماری سے امین الدین حیدر کو من مانی کرنے کا موقع مل جاتا ہے۔

رئیس زادہ ایک تو کم عمر دوسرے بھولا بلکہ بے وقوف، تیسرے واجبی سا پڑھا لکھا، بلکہ جاہل۔ اب جو یہ بدمعاش مصاحبوں کے ہاتھ میں پھنسا ہے تو مصاحب جس راستے پر چاہتے ہیں لے جاتے ہیں اور جس طرح چاہیں لوٹتے ہیں۔ پہلے تو مصاحب نواب کو بازاری عورتوں کے چکر میں ڈال دیتے ہیں۔ نواب بے وقوف ہونے کے ساتھ ساتھ ڈرپوک بھی تھے۔ ان کی گاڑی کو جب ایک معمولی حادثہ پیش آتا ہے اور کمہار کو چوٹ آتی ہے تو نواب کے ہاتھوں کے طوطے اڑ جاتے ہیں وہ سمجھتا ہے کہ ان کو پھانسی ہی ہو جائے گی۔

مصاحب نواب کی پریشانی اور گھبراہٹ سے خوب فائدہ اٹھاتے ہیں اور موقع غنیمت جان کو نواب کو شراب پینے کا چسکا بھی لگا دیتے ہیں۔ شراب نوشی کی عادت میں مبتلا ہونے کے بعد نواب کے کردار میں جو تبدیلی آتی ہے اس کو سرشار نے بڑی مہارت سے پیش کیا ہے۔ وہ محل کی مہری ظہورن سے آنکھیں لڑاتا ہے اور بیگم کے چکمے دینے لگتا ہے۔ بی فرخندہ کو گھر بلاتا ہے اور جب شراب کا دور چلتا ہے تو گھر بھٹیار خانہ بن جاتا ہے۔ فرخندہ خوب ادھم مچاتی ہے، بڑے نواب کو جب ان باتوں کی خبر ہوتی ہے تو وہ ناراضگی ظاہر کرتے ہیں۔ لیکن نواب اپنے اعمال پر شرمندہ ہونے کے بجائے گھر اور بیوی کو چھوڑ کر اپنے ایک دوست نصرت الدولہ کے گھر میں بے غیرتی کے ساتھ پڑا رہتا ہے۔ فرخندہ کو گھر ڈال لیتا ہے۔

نواب چوری کا مال خریدنے کے مقدمے میں پھنستا ہے اور بے انتہا پریشان ہوتا ہے۔ باپ کے کہنے پر بلکہ ظہورن کے بلانے پر محل میں داخل ہوتا ہے مقدمہ کے دوران پریشان ہو کر مصاحبوں کو نکالنے اور شراب نہ پینے کا عہد کرتا ہے لیکن مقدمے سے بری ہونے پر قول و قرار بھول کر خم کے خم لنڈھاتا ہے۔ ظہورن کے لیے بیوی کو چھوڑ دیتا ہے۔ وقت پڑنے پر اپنے دوست نصرت الدولہ سے طوطا چشمی کرتا ہے اور دوسرے دوست گو جر مل کی محبوبہ سے پینگیں بڑھاتا کہے۔ ظہورن کو پتہ چلتا ہے تو وہ بھی اپنی اصلیت پر آجاتی ہے اور چوک میں ایک کمرہ لے کر کاروبار شروع کر دیتی ہے۔ نواب کو جب معلوم ہوتا ہے تو آپے سے باہر ہو کر ظہورن کو قتل کر دیتا ہے اور خودکشی کر لیتا ہے اس طرح سرشار نے شراب نوشی کے بھیانک نتائج واضح طور پر پیش کئے ہیں سرشار نے اس سماجی برائی کو اور زیادہ موثر طریقے پر پیش کرنے کے لیے نصرت الدولہ اور گو جر مل کی تباہی کے بیان سے بھی مدد لی ہے۔ نصرت الدولہ بھی بادہ نوشی اور بوالہوسی کا خمیازہ

بھگتتے ہیں وہ ایک نجومی کے چکر میں پڑ کر شراب کے نشے میں اپنا سب کچھ لٹا بیٹھتے ہیں اور ترک دنیا کرنے پر مجبور ہو جاتے ہیں۔ سرشار نے نصرت الدولہ کی تباہی میں جہاں مے نوشی کی خرابی دکھائی وہیں ضعیف الاعتقادی کی برائیوں کو بھی پوری طرح نمایاں کیا ہے۔ نواب امین الدین حیدر کے ایک اور دوست گوجر مل میخواری کی بدولت اپنی صحت تباہ کر لیتے ہین اور اپنے آپ کو ہلاک کر لیتے ہیں۔

سرشار نے کہانی اور پلاٹ کو بڑے فطری انداز سے آگے بڑھایا ہے۔ اگرچہ ناول کی غایت تخلیق شراب کی مذمت اور شراب نوشی کے تباہ کن اثرات کا اظہار کرنا ہے۔ اسے پڑھتے وقت کسی جگہ بھی یہ احساس نہیں ہوتا کہ ناول نگار اپنے مقصد کو ترجیح دے رہا ہے اور اس کے حصول کے لیے کہانی اور پلاٹ کو غیر ضروری موڑ دیے رہا ہے بلکہ اس کے بر خلاف ناول امراء اور عیاش آدمیوں کی زندگی کا سچا عکس معلوم ہوتا ہے اس میں روزمرہ پیش آنے والے واقعات کو مانوس انداز میں پیش کیا گیا ہے اور یہی اس کے کامیاب ناول ہونے کا ثبوت ہے۔ علی عباس حسینی کا اس ناول کے متعلق یہ خیال بالکل صحیح ہے کہ:

"جن مقامات کا ذکر کیا گیا ہے اور جہاں کی معاشرت کا خاکہ کھینچا گیا ہے وہ ہو بہو وہیں کا ہے۔ پورا پلاٹ حقیقت پر مبنی ہے۔ اس طرح کے آئے دن واقعات ہوتے رہتے ہیں اور پورے قصے کا کوئی جزو ایسا نہیں ہے کہ جس میں شک کیا جائے۔ یا جو کہیں سے غیر فطری ہوا ہو۔ یہ ناول ہر طرح اس قابل ہے کہ اسے اردو ادب کی صف اول میں جگہ دی جائے۔"

ڈاکٹر قمر رئیس نے جام سرشار کو مصنف کا دوسرا اہم ناول قرار دیتے ہوئے اس کے سماجی پہلو کو اجاگر کیا ہے۔ ان کے خیال میں سرشار نے اس ناول میں اپنے عہد کے

سماجی مسائل کو ابھارنے کی کامیاب کوشش کی ہے۔ اس تفصیل کی اجمالی صورت انکے الفاظ میں یہ ہے:

"سرشار نے اس ناول میں نوابین اور امرا کی اخلاقی پستی اور آلودگی کو نشانۂ ہدف بنایا ہے۔ نواب اور ظہورن کو ناول میں ہیرو اور ہیروئن کا درجہ حاصل ہے۔ اگرچہ دونوں میں ہیرو یا ہیروئن جیسی کوئی صفت نہیں ہے۔ دونوں اخلاقی اور انسانی نقطۂ نگاہ سے نہایت پست اور عامیانہ ذہنیت کے مالک ہیں۔ دونوں اپنی نفسیاتی خواہشات اور ادنیٰ جذبات کی تسکین کے خواہاں ہیں۔ دونوں تہذیب اور انسانیت کی قدروں کا کوئی تصور نہیں رکھتے۔ نواب اپنی عیش کوشی کے لیے اپنے باپ اور اپنی وفاشعار بیگم کی پرواہ نہیں کرتے۔ یہاں تک کہ اپنے عزیز دوست کی محبوبہ کو بھی اپنی داشتہ بنالیتے ہیں"۔

جام سرشار ایک سماجی ناول ہے۔ اس میں سرشار نے عہد کے سماجی عوامل و محرکات کی طرف اشارے کیے ہیں، سماجی مسائل کو اجاگر کرنے کی سعی بلیغ کی ہے۔ اور بعض مقامات پر ان کا حل بھی سمجھایا ہے۔ اس کی فنی قدر و قیمت بھی کچھ کم نہیں ہے۔ پریم پال اشک نے سیر کہسار سے اس کا تقابلی مطالعہ کرتے ہوئے جو رائے قائم کی ہے ہم اس سے متفق ہیں۔ وہ لکھتے ہیں کہ:

"یہ ناول سیر کوہسار کے مقابلے میں دو اعتبار سے مختلف ہے۔ اول یہ کہ اس ناول کا نواب مے نوش ہے۔ اس میں شراب نوشی کے نتیجے ظاہر کیے گئے ہیں۔ اس میں سرشار کا اپنا خاص کردار راوی زیادہ دیر تک سامنے نہیں آتا اور اگر آتا بھی ہے تو اپنے ماحول کا صحیح جائزہ لیتا ہے۔ دوسرے یہ کہ دو ناول بیک وقت لکھنے کے باوجود رتن ناتھ سرشار کے ناول جام سرشار کی ایک خوبی یہ بھی ہے کہ فسانۂ آزاد کے مقابلے کو میں صحافت کا رنگ نہیں آتا۔ اس کے ایک باب میں شرابیوں کی فطرت کو بڑی خوبی کے ساتھ پیش کیا گیا ہے اور

اس باب میں سرشار کی کردار نگاری اپنے جوہر دکھاتی ہے اور زبان نے بھی اس ناول کے کرداروں کا پورا ساتھ دیا ہے لیکن زبان و بیان کا جو زور فسانۂ آزاد میں نظر آتا ہے اس ناول میں نہیں ملتا"۔

* * *

کامنی

کامنی سرشار کا واحد ناول ہے جس میں ہندو سوسائٹی اور ہندوؤں کی سماجی زندگی کی ترجمانی اور منظر کشی کی گئی ہے۔ اس لحاظ سے اس کو جام سرشار سیر کہسار، ہشو، اور پی کہاں کو صف میں جگہ دینا انصاف کے منافی ہے۔ علی عباس حسینی نے مذکورہ ناولوں کے ساتھ اس کو شامل کر کے سر عبدالقادر کی اس رائے سے اتفاق کیا ہے کہ :

"ان تمام کتابوں میں ایک ہی طرح کی زندگی بیان کی گئی ہے کہ کردار بھی ملتے جلتے ہی پیش کئے گئے ہیں۔ زبان اور روزمرہ بھی وہی ہیں بلکہ بعض منقولات اور اشعار بھی وہی دہرائے گئے ہیں جو پچھلی کتابوں میں استعمال کئے جا چکے ہیں"۔

یہ بات دوسری کتابوں کی حد تک تو صحیح ہے لیکن کامنی کے متعلق درست نہیں۔ سرشار کے لکھے ہوئے تمام دوسرے ناولوں میں نوابوں، جاگیرداروں یا ان کی بیگمات کی زندگی پیش کی گئی ہے۔ ان ناولوں میں عیش پرست نوابوں کی زندگی کے مرقعے ملتے ہیں یا ان کے عشق و محبت کی کہانی ملتی ہے۔ اس کے برخلاف کامنی میں جنگجو راجپوتوں کی سماجی زندگی کی عکاسی کی گئی ہے۔ کامنی کا ہیرو سرشار کے دوسرے ناولوں کے ہیروؤں سے بہت مختلف ہے۔ وہ عشق کرتا ہے لیکن آزاد کی طرح کئی عورتوں سے نہیں۔ اس کو ابتدا ہی سے جنگ و جدل کا شوق رہتا ہے۔ وہ لڑائیوں میں شریک ہو کر راجپوتوں کی بہادری کا

مظاہرہ کرتا ہے۔ لیکن جنگوں میں یہ شرکت کسی کا دل جیتنے کے لیے نہیں ہوتی وہ جنگ میں اس وقت شریک ہوتا ہے جب کہ معشوقہ اس کی بیوی بن چکی ہے۔ اسی طرح سے دوسرے کردار بھی کسی نہ کسی حد تک مختلف ہیں۔ اس کے علاوہ ایک اہم اختلاف یہ ہے کہ ناول کا مجموعی ماحول اور فضا دوسرے تمام ناولوں سے جداگانہ ہے۔

ہر چند کہ کامنی ایک اوصافی ناول ہے لیکن اس میں راجپوتوں کے اوصاف وخیالات بدلتے ہوئے حالات اور ذہنیت کی عکاسی بھی ملتی ہے۔ رنبیر سنگھ کی پیدائش کے وقت توپیں چھوٹتی ہیں تو سب ٹھاکر اور لڑکے کے باپ بل زور سنگھ خوش ہوتے ہیں کہ ان کا بیٹا جری اور بہادر نکلے گا۔ راجپوت لڑکے کی تربیت کا حال سرشار نے یوں پیش کیا ہے:

"لڑکا جوں جوں بڑھتا تھا بل زور سنگھ کے دل میں ولولہ پیدا ہوتا جاتا تھا کہ اس کو سپہ گری کے سب کرتب گھول کے پلاؤں۔ گھوڑے پر چڑھنا بچپن ہی سے سکھایا اور کچھ نہیں تو گھوڑے کی پیٹھ ہی پر رکھ دیا۔ لکڑی کی اس ذرا ذرا سی تلواریں بنا دیں۔ چھوٹے نیزے لے دیے۔ دو گھنٹے تک بندوق اس کے سامنے چھوڑی گئی۔ شکار کھیلنے گئے تو ساتھ لے گئے۔ تاکہ بڑھ کے آتش کا پرکالہ ہو جائے اور فن سپہ گری میں خاندان کا نام روشن کرے"۔

لیکن یہ تمام اوصاف بغیر علم کے لیے کار ہو جاتے ہیں۔ اس لیے رنبیر سنگھ کو اچھی تعلیم بھی دی جاتی ہے۔ سرشار نے لڑکیوں کی تعلیم کی ضرورت کو بھی واضح کیا ہے۔ یہی وجہ ہے کہ اس ناول کی ہیروئن انٹرنس پاس ہے۔ یہاں سرشار کا بیان قابل غور ہے:

"مس کامنی نے انٹرنس کے امتحان میں کامیابی حاصل کی۔ نئی پود کے چھتری تو بہت خوش ہوئے کہ لڑکی نے تہذیب کی پہلی منزل میں قدم رکھا اور اس کے بزرگوں اور عزیزوں کی مارل کریج پر بھی سب عش عش کرنے لگے۔ مگر پرانے فیشن کے ٹھاکر

بہت بگڑے"۔

اس طرح سرشار نے اس زمانے کی سماجی زندگی میں ہونے والی تبدیلیوں کو اجاگر کیا ہے۔ کامنی کے سلسلے میں بتایا ہے کہ پڑھنے لکھنے کے بعد لڑکیوں میں اچھے اور برے کی تمیز پیدا ہوتی ہے۔ کامنی کو جب جاہل اور انپڑھ لڑکوں کے پیام آتے ہیں تو اس کو سخت صدمہ ہوتا ہے اور وہ بیمار پڑ جاتی ہے۔ سرشار نئی روشنی اور نئے خیالات کو پیش کرتے ہوئے پرانی تہذیب، غلط قسم کے رسم رواج کی مذمت بھی کرتے ہیں۔ رنبیر سنگھ جب اپنی بھاوج سے فحش مذاق کرتے ہیں تو کامنی انہیں ٹوکتی ہے اور ازراہِ نصیحت کہتی ہے:

"دیکھو! یہ بات پڑھے لکھے آدمی کی عقل کے خلاف ہے حالانکہ ہندوستان کی بعض قوموں میں بڑی بھاوج سے اس طرح کی دل لگی کرنا جائز ہے۔ مگر گنوارپن ضرور ہے، اجڈ پنا ضرور ہے۔ چاہے شہر میں برابر رواج ہو، اور ہے ہی، بڑی بھاوج کی تعظیم کرنی چاہیئے۔ نہ یہ کہ ہم کو چوم لو، ہم کو لپٹ جاؤ سو رہو۔ یہ بے حیائی کی بات ہے"۔

راجپوتوں میں مرد کے مرنے کے بعد جو رسم ہوتی ہے اس کی مذمت سرشار یوں کرتے ہیں :

"تمام ہندوستان کے چھتریوں کے خلاف رنبیر سنگھ کے یہاں ایک انوکھی رسم یہ تھی کہ بیوہ ہو جانے کے ساتھ اسی روز بیوہ بے چاری کو نئی قسم کی ساری پہناتے تھے اور پہنا کر اس پر یہ ستم ڈھاتے تھے کہ آئینہ لا کر اس کے سامنے رکھ کر اس سے کہتے تھے کہ آئینہ میں اپنا چہرہ دیکھ۔ کس قیامت کی رسم ہے۔ خدا اس رسم کو غارت کرے۔"

ایک دوسری جگہ چھوٹی عمر میں شادی کرنے اور عقد ثانی نہ کرنے کی رسم کی مخالفت بھی کرتے ہیں:

"بڑی ظلم کی رسم ہے کہ جو ذرا ذرا سی لڑکیاں چھ چھ سات سات برس کی معصوم

بیچاریاں بیوہ ہو جاتی ہیں۔ ان کی دوسری شادی نہیں کرتے یہ بڑا غضب ہے اس سے تو مار ہی ڈالو۔"

اسی طرح وہ تعویذ، گنڈے، جھاڑ پھونک، فقیروں کے پاس جانے اور ان سے مرادیں مانگنے کے غلط عقیدوں کی مذمت بھی کرتے ہیں اور بتاتے ہیں کہ آدمی اگر پڑھا لکھا ہو تو ایسے عقیدوں کو نہیں مانتا۔ یہی وجہ ہے کہ کامنی بعد میں خود جو گن بن جاتی ہے لیکن ان رسموں کی مخالفت کرتی ہے اور لوگوں کو سمجھاتی ہے کہ وہ اس قسم کے خیالات کو دل سے نکال دیں۔

ان تمام باتوں کے باوجود کامنی پلاٹ اور کردار نگاری کے اعتبار سے سرشار کے ناولوں میں کوئی خاص امتیازی حیثیت نہیں رکھا۔ ناول کا پلاٹ اس قدر ہے کہ کامنی اور رنبیر سنگھ صورت اور کردار دونوں اعتبار سے راجپوت برادری میں خاص شہرت رکھتے ہیں۔ دونوں کی نسبت طے پاتی ہے اور شادی ہو جاتی ہے۔ شادی ہونے کے بعد رنبیر سنگھ فوج میں شامل ہو کر محاذ جنگ میں جاتے ہیں۔ محاذ جنگ سے ایک غلط فہمی کی بنا پر اطلاع دی جاتی ہے کہ رنبیر سنگھ مارے گئے۔ کامنی ان کی یاد میں جوگن بن جاتی ہے اور مخلوق خدا کی خدمت کرتی ہے۔ ایک مدت کے بعد رنبیر سنگھ آتے ہیں اور اس طرح بچھڑے ہوئے مل جاتے ہیں۔ اس پلاٹ میں سرشار نے خواہ مخواہ اطناب پیدا کیا ہے اور ساڑھے پانچ سو صفحات پر پھیلا دیا ہے۔ کردار نگاری کے لحاظ سے گو کامنی اور رنبیر سنگھ ایک خالص انفرادیت رکھتے ہیں۔ لیکن ان کرداروں میں کوئی ایسی جاذبیت اور دل چسپی نہیں ہے جو انہیں لافانی بنا دے۔

پریم پال اشک نے اپنی کتاب رتن ناتھ سرشار میں کامنی کے پلاٹ اور کہانی کا خلاصہ پیش کرتے ہوئے اس کی فنی خصوصیات کو بجا طور پر ان الفاظ میں بیان کیا ہے:

"یہ سرشار کا ایک کرداری ناول ہے اور اس کا تانا بانا ایک ہندو گھرانے کے گرد بنایا گیا ہے۔ اس ناول میں سرشار نے ایک ایسا کردار پیش کیا ہے جو روایت سے سراسر بغاوت کرتا ہے۔۔۔ اس کے مطالعے سے سرشار کے سماجی عقیدوں اور نظریوں پر روشنی ضرور پڑ جاتی ہے کہ انھوں نے اپنی تحریروں کے ذریعے ہمارے سماج کے پرانے، فرسودہ اور کہنہ رسم رواج کے خلاف آواز بلند کرنے کی کوشش کی ہے۔ اگر لڑکے اور لڑکیاں اپنی پسند کے مطابق لیکن والدین کی مرضی سے شادی کر لیں تو یہ ازدواجی رشتہ مستقل اور دیرپا ہوتا ہے مگر اس کے لیے لڑکے اور لڑکی دونوں کا ہوشیار اور سمجھ دار ہونا ضروری ہے۔۔۔ اس کے مطالعے سے سرشار کے صحت مند اور ترقی پسند خیالات اور نظریات پر ضرور روشنی پڑتی جاتی ہے"۔

جیسا کہ ہم پہلے لکھ چکے ہیں، اس ناول کا ماحول ایک ہندو گھرانے سے متعلق ہے اور سرشار نے موقر ہندو راجپوت گھرانوں کے رسم رواج اور مختلف موقعوں پر ہونے والی باتوں کو بڑی تفصیل کے ساتھ اس طرح اور اس لب ولہجے میں بیان کیا ہے کہ ان کی دلی منشا بھی ابھر کر سامنے آجاتی ہے۔ بچے کی ولادت کا موقع ہے، ملاحظہ فرمائیے کہ ٹھاکروں کی رسمیں کیا ہیں:

"اے مولوی صاحب! ان کے گھر کی ساری خدائی سے نرالی ریت ہے۔ نہ انگیٹھی ہے نہ کالا دانہ، ایک تلوار رکھی ہے وہ بھی ننگی اور ایک ڈھال جو دیو کے اٹھائے بھی نہ اٹھے اور ایک جوڑی تینچے کی، پیدا ہوتے ہی تلوار چھوائی گئی۔

اتنے میں اندر سے مہری آئی اور گھر کا پیغام لائی کہ بندوقیں دغوایئے۔ رسالہ، رسالہ دار نمبر ایک مسکرائے کہ اتنی توپیں داغ چکے۔ ابھی تک ان کو بندوق کے سراہنے کی خواہش ہے۔ رسالہ دار نمبر دو نے اکیس ضرب سلامی اتاری دائیں دائیں پھر

پیغام آیا کہ بچے کے عین سرہانے پر بھی بندوق داگی جائے اور بل زور سنگھ نے اپنے لڑکے اندر بکرم سنگھ کو بھیجا۔ اس نے بھائی کے سرہانے گیارہ دفعہ بندوق داغی، جب کہیں جا کے عورتوں کو تسلی ہوئی"۔

اس ناول کی ایک بڑی خصوصیت یہ بھی ہے کہ اس میں سرشار نے اپنی عادت اور اسلوب کے بر خلاف فارسی اور اردو کے اشعار و محاورات سے قصداً گریز کیا ہے۔ غالباً اس کی وجہ یہ ہے کہ انھوں نے ماحول کے تقاضے کو ملحوظ خاطر رکھا ہے۔ چنانچہ جا بجا لوک گیتوں کے بول ہیں، ہندی کے کومل الفاظ ہیں، ٹھیٹھ محاورے اور فقرے ہیں۔ ملاحظہ ہو ایک موقعے پر برہمن کی گفتگو:

"آج تو ٹھاکر گجراج کی بکھری ہیں۔ تو جنھیال نکلی ہے۔ سمپورن چندماں، ایک تو مہا لکشمی سہائے ہے اور پرمیشر کا دیا سب کچھ ہے۔ دو دو ڈبل دیتے ہیں اور اپنے لڑکے کی برس گانٹھ کے دن برہمنوں کو کھلاتے اور دکشنا دیتے ہیں اور برس میں روٹی پریا برہم بھوج ہوتا ہے۔ منگلوار کو بندروں کو گڑھانی بھیجتے ہیں اور کنیاؤں کو مہینے میں ایک دن کھیر اور پوری بھجیا کھلاتے ہیں اور کئی کنیا دان کروائے۔ گرمیوں میں پوسالے بٹھا دیتے ہیں"۔

اب آخر میں ناگ پنچمی کے میلے کا ذکر بھی ملاحظہ فرمایئے:

"دن ٹھکرائن بھاری کامدانی کی گلابی چادر اوڑھ کر ہم جولیوں، سہیلیوں، ناؤن مہرسی اور بارن کو دے کر سورج کنڈ گڑیاں چڑھانے چلیں۔ سینک کی نئی رنگین ڈلیا ناؤن کے ہاتھ میں تھی۔ اس میں کپڑے کی گڑیا بنی ہوئی تھی۔ چھوٹا سا کم خواب کا لہنگا، گلنار کا دوپٹہ، اس میں لچکا اور لیس ٹکی ہوئی۔ ڈلیا میں گیہوں اور چنا اور جو۔ گڑیا لڑکوں نے پیٹی۔ ناؤن نے اس کو چنا اور گیہوں دیا۔ سورج کنڈ کی متی لی اور ہم جولیوں نے آپس میں پان اور گوٹا تقسیم کیا اور جھولا جھولیں اور تین تین چار چار خوش گلو طرار طرحدار کم سنوں نے

مل مل کر اپنے جھولوں سے سچی تانیں شروع کیں"۔

***

پی کہاں

اس کا ناول کے بجائے ناولٹ کہنا زیادہ صحیح ہو گا۔ اس کا ناقدانہ جائزہ لینے سے پہلے مناسب معلوم ہوتا ہے کہ ناول اور ناولٹ کے فرق کو واضح کر دیا جائے۔ انگریزی کا قاعدہ ہے کہ بعض اسماء کے آگے Lette یا Let کا اضافہ کر کے متعلقہ اسم کی تصغیر بنا لیتے ہیں۔ ناولٹ Novelette بھی ناول Novel کے آگے Lette کا اضافہ کر کے بنایا گیا ہے۔ یہ حجم اور ضخامت کے لحاظ سے ناول کے مقابلے میں مختصر ہوتا ہے۔ دوسرے الفاظ میں ہم ناول کو تاروں کا ایک مکمل جال کہہ سکتے ہیں اور ناولٹ میں چند تار بٹ کے ایک موٹا تار بنتا ہوا نظر آتا ہے۔ اس فرق کو ایک مثال سے بھی سمجھایا جا سکتا ہے۔ غالب کا مشہور شعر ہے:

میں نے کہا کہ بزم ناز چاہیئے غیر سے تہی
سن سے ستم ظرف نے مجھ کو اٹھا دیا کہ یوں

شعر کے مضمون کو مختصر افسانہ بنانا چاہیں تو ہم کو یہ کرنا ہو گا کہ بزم ناز کے منظر میں عاشق اور معشوق کو دکھائیں، غیر کے ساتھ معشوق کا التفات دکھائیں، یہ منظر دیکھ کر عاشق کے دل پر کیا بیت رہی ہے، یہ جتائیں عاشق کا یہ کہنا کہ بزم ناز کا غیر سے تہی ہونا ضروری ہے۔ اس پر معشوق کا ناز و غرور کر رو میں عاشق کو بزم ناز سے نکال دینا کہ میاں! تم ہی غیر ہو۔ اس مضمون کو ناولٹ کی صورت عطا کرنا چاہیں تو معشوق، غیر اور عاشق تینوں کو کچھ اور واضح کرنا ہو گا۔ موضوع تو وہی ہو گا کہ بزم ناز کو غیر سے تہی ہونا چاہیئے۔

اور معشوق عاشق ہی کو غیر ثابت کر کے رہا ہو گا۔ اب تینوں کے تصادم کے مناظر جداگانہ ہوں گے۔ تینوں کی سیرت کی وہ باتیں سامنے لائی جائیں گی جن کا براہ راست تعلق اس تصادم سے ہو۔ تینوں کی الگ الگ ملاقاتیں دکھائی جائیں گی۔ معشوق کی یہ ادا کہ وہ عاشق کا ستم ظریف ہونا مکمل تاثر کے ساتھ واضح کیا جائے گا۔

مختصر یہ کہ مثلاً ایک شخص دوربین لیے کھڑا ہے اور ایک پہاڑی کی چوٹی کے نظارے میں محو ہے تو وہ مختصر افسانہ نگار ہے۔ اگر وہ پوری پہاڑی دیکھتا ہے تو وہ ناولٹ نگار ہے اگر وہ پہاڑی کے پورے سلسلے کو دیکھتا ہے تو ناول نگار ہے۔

اہلِ نظر نقادوں نے باتفاق رائے سرشار کو اردو کا اولین ناولٹ نگار قرار دیا ہے۔ ان کے دو ناولٹ اس ضمن میں خاصے اہم ہیں۔ پی کہاں اور ہشو۔

پی کہاں میں سرشار نے عشق و محبت کی تاثیر بھری کہانی کو پر درد اور دلچسپ اسلوب میں پیش کیا ہے۔ اس کی کہانی بڑی سادہ سی ہے۔ اس داستان محبت میں رقیب کا کہیں گزر نہیں البتہ عاشق معشوق کی باہمی دوری ہی ان کی رقیب بن جاتی ہے۔ دونوں ہی عشق کی بیماری میں گرفتار ہو کر ٹی بی کے عارضے میں مدقوق ہو کر مر جاتے ہیں۔ شہزادہ راحت حسین ایک امیر تعلقہ دار کا بیٹا ہے۔ اس کی دیکھ بھال خوبصورت لڑکیاں کرتی ہیں۔ ان میں سے ایک کا نام فیض ہے۔ راحت حسین اس کی دلچسپی اور توجہ کا مرکز ہے۔ ایک رات کی بات ہے۔ راحت حسین سامنے پیڑ پر بیٹھی ہوئی کوئل کی آواز، پی کہاں، سن کر جاگ پڑتا ہے۔ پی کہاں، کی یہ صدا پورے ناولٹ کی فضا سے ہم آہنگ ہو کر ایک حزینہ لے میں ڈھلتی ہوئی محسوس ہوتی ہے۔ حزنیہ لے کہانی کے داخلی و خارجی، معنوی اور صوری ہر لحاظ سے اس کا لازمی جزو معلوم ہوتی ہے۔

راحت حسین کے تعلقہ دار باپ کی وفات کے بعد بیگم صاحب نے اپنے دیور سے

نکاح رچالیا۔ دیور نے راحت حسین کو گھر سے نکال دیا۔ ادھر اس کی لڑکی نور جہاں بیگم کا بھی یہی حال ہے۔ پی کہاں کی صدا سے متاثر ہو کر وہ بھی محبت کی بلا میں گرفتار ہو جاتی ہے۔ نہ کسی ڈاکٹر کا علاج کام آتا ہے نہ کسی حکیم کی دوا سے افاقہ ہوتا ہے۔ بالآخر یہ راز طشت از بام ہو جاتا ہے کہ وہ شہزادے سے محبت کرنے لگی ہے۔ شہزادے کی کھوج شروع ہو جاتی ہے۔ نواب صاحب اور بیگم صاحبہ اس خیال پر جمے رہتے ہیں کہ ایک معمولی داروغہ کے لڑکے کے ساتھ نواب زادی کی شادی نہیں ہو سکتی۔ یہ تو بعد میں معلوم ہوتا ہے کہ لڑکا معمولی داروغہ کا نہیں ایک امیر تعلقہ دار کا بیٹا ہے۔ متعلقہ حصہ قابلِ ملاحظہ ہے:

"فیضن: اب میں صاف صاف بتادوں۔ وہ لڑکا داروغہ جی کا نہیں ہے۔ وہ تعلقہ دار کا لڑکا ہے۔ کوئی راج کا راجہ جب مر گیا تو رانی نے اپنے دیور سے نکاح کیا۔ اس دیور نے رانی کو بے دخل کر دیا اور اپنے بھائی کے رانی نے لڑکے کی تلاش کی۔ بڑے نواب تو داروغہ جی کے لڑکے کو نکال چکے تھے۔ لوگوں نے ان کا کھوج لگا کر ڈھونڈا۔ رانی نے لوگوں کو ہزار روپئے دیئے۔ لڑکا اب راجہ ہو گیا مگر آپ کی جدائی سے ان کے دشمنوں کی بری حالت ہے۔ یہ جو حکیم آئے ہیں۔ یہی راجہ کا علاج کرتے ہیں، داروغہ جی کے لے کر یہاں آئے ہیں"۔

شہزادہ تعلقہ دار کا لڑکا ہے، یہ جان کر سبھی کو خوشی ہوتی ہے۔ جب لڑکی کی حالت زیادہ ہی خراب ہو جاتی ہے تو دونوں کا نکاح کرا دینا ہی آخری اور صحیح علاج تصور کیا جاتا ہے۔ لہٰذا اس غرض سے سب جمع ہو جاتے ہیں لیکن اس وقت تک بہت دیر ہو چکی ہوتی ہے۔ مدقوق شہزادہ اپنی محبوبہ کا آخری دیدار کر کے اللہ کو پیارا ہو جاتا ہے۔ خود نور جہاں بھی اپنے عاشق کے گلے میں بانہیں ڈال کر شہید محبت ہو جاتی ہے۔

یوں اس ناولٹ کی کہانی تمام ہوتی ہے۔ سرشار نے اس کو بڑے دل گزار طریقے سے بیانیہ اور ڈرامائیت کے امتزاج سے تخلیق کیا ہے۔ پریم پال اشک نے اس کا تنقیدی جائزہ بڑے متوازن رویے کے ساتھ کیا اور ہم کو اس سے متفق ہونا ہی پڑتا ہے۔ ملاحظہ فرمائیے:

"یہ حقیقت ہے کہ سرشار المیہ یعنی ٹریجیڈی کے درمیان نہیں تھے بلکہ وہ طنز ومزاح کے ذریعے ماحول کو خوش گوار بنانے اور اسی کے ذریعے اپنے دور کی عکاسی کرنے میں مہارت رکھتے تھے۔ لیکن اس ناول میں انھوں نے اپنی مخصوص روش سے ہٹ کر المیہ رنگ اختیار کیا ہے۔ اس ناول میں سرشار نے حزن ویاس کی اتنی فراوانی پیدا کی ہے کہ پتھر سے پتھر دل بھی موم ہو جاتا ہے۔ علاوہ ازیں اس کی ایک اور خصوصیت یہ بھی ہے کہ سرشار راوی کے کردار میں کہیں نظر نہیں آتے۔ بلکہ ساری کہانی کا پلاٹ صرف ایک ہی کردار کے بل بوتے پر کھڑا ہے اور اس کردار کے ہٹتے ہی ناولٹ ختم ہو جاتا ہے۔ اس کے علاوہ اس ناول کے مطالعے سے یہ بات بھی ظاہر ہوتی ہے کہ سرشار زندگی کو محض پھولوں کی سیج ہی نہیں بلکہ کانٹوں بھرا راستہ بھی تصور کرتے تھے ان کی رائے میں زندگی محض مزاح اور ظرافت کی پھلجھڑیاں پڑتے ہیں۔ ایسے ہی کڑوے گھونٹ انھیں اپنی زندگی کے آخری دور میں پینے پڑے تھے اور انھوں نے مایوسی، بے چارگی، بیکسی اور کس پرسی کے عالم میں دم توڑا"۔

خلاصۂ کلام یہ کہ اس ناولٹ کے ذریعے سرشار نے اپنے منہ کا مزہ بدلا ہے۔ ایک شے جو مشترک ہے وہ ہے ان کا سماجی شعور۔ وہ اس ناولٹ میں بھی ہم کو صاف طور سے محسوس ہوتا ہے کہ مسائل خواہ خالص عشق دعاشقی ہی کے کیوں نہ ہو آخرکار ان کا تعلق سماج ہی سے ہوتا ہے۔ اس نکتہ نظر سے یہ ناولٹ فنی لحاظ سے کمزور ہونے کے باوجود

نظریاتی اور اخلاقی اعتبار سے کامیاب قرار دیا جاسکتا ہے۔

***

کڑم دھم

یہ ناول بھی مختصر ہے اور کل اٹھیاسی صفحات پر مشتمل ہے لیکن اس میں سرشار نے اپنے خاص موضوع یعنی بیگموں کی زندگی کو پیش کیا ہے۔ یہ ایک پردہ دار نواب زادی کی داستانِ عشق ہے۔ نوشابہ اور نواب بہادر ایک محلے میں قریب قریب رہتے تھے۔ اتفاق سے ایک دوسرے کو دیکھ لیتے ہیں اور محبت کرنے لگتے ہیں۔ لیکن نوشابہ کا ماموں زاد بھائی بھی اسے چاہتا ہے یہ ایک پرلے درجے کا غنڈہ اور شرابی تھا۔ نوشابہ جیسی پڑھی لکھی مہذب اور شریف لڑکی چھوٹے مرزا نوشابہ کے محل کے آگے اس بات کا اعلان کرواتا ہے کہ نواب بہادر کو پھانسی دی جارہی ہے۔ جس کو سنتے ہی نوشابہ بے ہوش ہو جاتی ہے اور بیمار پڑ جاتی ہے۔ لیکن نواب بہادر تماشا دکھانے والے کو بلا کر بندریا کے کپڑوں میں چٹھی لکھ کر اپنی خیریت کی اطلاع دیتے ہیں۔ نوشابہ بھی ایک نئے طریقے سے اس کا جواب دیتی ہے۔ وہ رات کے وقت دیے رکھ کر ایک تھال دریا میں چھوڑ دیتی ہے اور اس تھال میں خط ہوتا ہے چونکہ دریا کے اس طرف نواب بہادر کا مکان ہوتا ہے اس لیے اس کو یہ خط مل جاتا ہے مگر چھوٹے مرزا ان تمام باتوں کی خبر رکھتا ہے اور ان کے باپ بڑے مرزا بیمار ہوتے ہیں تو چھوٹے مرزا نوشابہ پر ہر قسم کی پابندی لگا دیتا ہے۔ حد یہ کہ نوشابہ کی قریبی بہنوں تک کو محل میں آنے نہیں دیتا۔ محل میں پہرا بٹھا دیتا ہے جب بڑے مرزا رو بہ صحت ہوتے ہیں تو ان کو پٹی پڑھاتا ہے کہ نوشابہ بد چلن ہوتی جارہی ہے۔ وہ غیر آدمی سے خط و کتابت کرتی ہے۔ بڑے مرزا آگ بگولا ہو جاتے ہیں اور نوشابہ پر سختی

کرنے لگتی ہیں۔ لیکن نوشابہ کی بہن اور بہنوئی چپکے سے اس کی شادی نواب بہادر سے کر دیتے ہیں۔ اس طرح سے "کڑم دھڑم" کی آواز یعنی نقارہ کی آواز جو پہلے غم کا باعث ہوئی تھی اب خوشی کا باعث ہو جاتی ہے۔

سرشار نے اس ناول میں زیادہ تر محل کی اندرونی زندگی کو پیش کیا ہے۔ وہ جب اس ناول میں بیگموں کی گفتگو، ان کی نوک جھونک، ان کی چہل پہل، ان کی فقرہ بازی، ان کی ہنسی مذاق پیش کرتے ہیں تو اس میں بڑی زندگی محسوس ہوتی ہے اور اسی پر اس ناول کی دل چسپی کا انصار ہے۔ اس ناول میں سرشار نے نوشابہ کی ایک بہن اور سہیلی حور لقا کے کردار کو بڑا دلچسپ اور جاذب توجہ بنا دیا ہے۔ لیکن اس شوخ وشنگ بیگم کی گفتگو میں بعض وقت طوائف کا رنگ آگیا ہے۔ وہ نواب بہادر کی تصویر دیکھ کر نوشابہ سے کہتی ہے:

"ایک بات ہے نوشابہ اس میں چاہے برا مانو چاہے بھلا۔ جب یہ تمہارا ہو گا ہم اٹھا کر چوما ضرور کریں گے"۔

اسی ایک اور جگہ یوں گل افشاں ہوتی ہیں:

"پانی ان کے منھ میں بھر آئے گا جو سوائے میاں ٹڑول، ٹڑول کے اور کسی کو جانتی ہی نہیں۔ یہاں تو جہاں کوئی رنگلیاں جو ان کوئی پورا خوبصورت گبھرو دیکھا دو گال نہیں بولے ذری چوما چاٹی کی دو چار بوسے اس نے اس لیے دو چار ہم نے لیے، یہی زندگی کا مزہ ہے۔"

سرشار نے حور لقا کے کردار میں ضرورت سے زیادہ بے باکی دکھائی ہے ورنہ یہ کردار سرشار کے اچھے کرداروں میں شامل ہونے کے قابل ہے۔

"کرم دھڑم" میں اور کوئی کردار قاری کی توجہ کو اپنی طرف مبذول نہیں کرتا "کڑم دھڑم" سماجی زندگی کی پیش کش میں بھی کامیاب رہا ہے۔ یہ ناول سرشار کے

دوسرے درجے کے ناولوں میں شامل کیا جاسکتا ہے۔

پریم پال اشک نے اس ناولٹ کا تنقیدی جائزہ لیتے ہوئے بجا طور پر یہ نتیجہ اخذ کیا ہے کہ سرشار نے ایک خاص مقصد کے تحت اسے لکھا۔ وہ رقم طراز ہیں:

"اس افسانے میں سرشار نے اپنے قارئین کو ایک نیا پیغام دیا ہے کہ آج کے عوض اپنی ازدواجی زندگی کو دوزخ کا نمونہ نہیں بنانا چاہیئے اور خصوصاً پڑھی لکھی لڑکی کو تو فطرتاً باغی ہونا چاہیئے۔"

***

ہشو

پی کہاں کی طرح یہ ناولٹ بھی صرف ایک کردار کے گرد گھومتا ہے۔ یہ ایک شرابی ہندو سیٹھ کا فسانۂ عبرت ہے جو اپنی بلانوشی کے باعث سخت بیماری میں مبتلا ہو جاتا ہے۔ یہی بیماری اس کے راہِ راست پر آنے کا وسیلہ بنتی ہے۔ وہ نہ صرف شغل مے نوشی ترک کرے نیک اور شریف النفس بن جاتا ہے بلکہ ایک مرد مجاہد کا روپ بھی دھار لیتا ہے شراب بیچنے والوں کی بری گت بناتا ہے۔ شراب پینے والوں کو نصیحت و فضیحت کرتا ہے۔ غرض کہ شراب کے خلاف ایک بڑا محاذ قائم کرتا ہے۔

اگرچہ زبان و بیان کے اعتبار سے سرشار کا یہ ناولٹ ہمیں مایوس کرتا ہے لیکن ایک لحاظ سے یہ خاص اہمیت رکھتا ہے ہے۔ اس ناول میں راوی کا کردار کہیں نظر نہیں آتا کیوں کہ خود سرشار لالہ کے روپ میں براجمان ہیں۔ خاص بات یہ ہے کہ سرشار کے ہر ناول میں کوئی نہ کوئی مقصد ضرور ہوتا ہے۔ لہٰذا ہشو بھی ایک خاص مقصد پر مبنی ہے۔ یعنی شراب کے خلاف جہاد عظیم سرشار نے پورے قصے کو اپنی گرفت میں رکھنے کے ساتھ

ترتیب و تسلسل کو بھی برقرار رکھا ہے۔

***

طوفانِ بے تمیزی

یہ خمکدہ سرشار کے سلسلے کا ایک ناولٹ ہے۔ سرشار کو محسوسات کے علاوہ مشاہدات کو زینتِ تحریر بنانے میں مہارت تامہ حاصل تھی۔ افواہ پھیلنے اور پھیلانے سے کیا فتنہ برپا ہوتا ہے، یہ دکھانا اس ناولٹ کا مقصد ہے۔ پریم پال اشک کے الفاظ میں اس کا پلاٹ یہ ہے کہ ایک دریا کے کنارے ہندوؤں کا کوئی پوتر تہوار منایا جارہا تھا۔ ایک ہندو بیسوا خوب بن ٹھن کر اس میلے میں آئی۔ وہ بھرے میلے سے گزرتی ہوئی کسی مندر میں داخل ہونے لگی تھی کہ ایک مسلمان غنڈے نے اس کا تعاقب کیا۔ اس کا چھیڑنا تھا کہ کوئی ہندو پہلوان جو اس ہندو عورت سے پہلے متعارف تھا، لاٹھیاں سنبھال کر میدان میں آگیا۔ اس کے ساتھ ہی گھاٹ والے پنڈت جی حزلی ساز و سامان لے کر اس عورت کی حمایت میں اٹھ کھڑے ہوئے۔ ادھر دوسری طرف گاؤں کے قریب کسی مسلمان کے یہاں مولود شریف منایا جارہا تھا جس میں چھوٹی ذات کے مسلمان، متعصب اور ناخواندہ لوگ اکٹھا تھے۔ انھوں نے جب سنا تو آؤ دیکھا نہ تاؤ میلے کا رخ کیا۔ اور آخر ہندو مسلم فساد برپا ہوگیا۔ پولس آئی لیکن موقع نہ سنبھال سکی۔ آخر اس افواہ نے جنگل کی آگ کی طرح پورے شہر کو اپنی لپیٹ میں لے لیا جس کا نتیجہ یہ نکلا کہ ہندو مسلمان آپس میں کٹ کٹ کر مرنے لگے۔ جب پولس نے خوب رشوت لے لی اور ایک طرف ہٹ گئی تو فوج طلب کی گئی پھر کہیں جاکر یہ ہنگامہ سرد ہوا۔

اس پلاٹ میں واقعیت کا عنصر تو بے شک ہے لیکن افسوس کہ فنی معیار کے لحاظ سے

یہ خاصا پست ہے۔ اس کی مقصدیت قابلِ لحاظ ہے یعنی یہ کہ افواہ پھیلانا کتنی بڑی سماجی برائی ہے اور اس سماجی مسئلے کے نتائج کتنے تباہ کن ہوتے ہیں۔

اس ناولٹ میں سرشار کی قصے پر گرفت بہت ڈھیلی ہے۔ اس میں باب کے بجائے لفظ لہرا استعمال کیا گیا ہے۔ گیارہواں لہرا بلا عنوان ہے۔ تیسرے لہرے تک کہانی میں ربط و تسلسل کا فقدان بری طرح کھٹکتا ہے۔ کہانی کا مقصد ساتویں لہرے میں ابھر کر ہمارے سامنے آتا ہے۔

اس ناولٹ میں سرشار کی زبان، جس کے لیے وہ بطور خاص مشہور ہیں، کہیں بھی کہانی کا ساتھ دیتی نظر نہیں آتی۔ کہانی تیز رفتار ہے تو زبان سست رو۔ جب زبان تیزی پکڑتی ہے تو کہانی کی رفتار سست ہو جاتی ہے۔ نتیجہ یہ ہے کہ قاری کسی بھی مقام اور موقع پر کوئی خوش گوار تاثر قبول نہیں کرتا۔ البتہ ایک جگہ فسادیوں اور پولس والوں کے متعلق یہ فقرہ کہ "فسادی تو بھاگ جاتے ہیں، لیکن پھنس جاتے ہیں بے چارے شریف"۔ انتہائی درجہ صحت مند تاثر رکھتا ہے۔

اس ناولٹ میں سرشار کی موجودگی راوی کے روپ میں ضرورت سے کچھ زیادہ ہی محسوس ہوتی ہے اور ایک شدید قسم کا تاثر یہ پیدا ہوتا ہے کہ سرشار خود بہت بولتے ہیں اور ان کے کردار کم۔

سرشار کا ایک ناول رنگے سیار ہے۔ یہ کسی خاص خوبی کا حامل سوائے اس کے کہ اس پر سرشار کا نام غالباً اس کی منشا یہ ہے کہ پڑھنے والوں کو فسانۂ آزاد کی خصوصیات کا احساس کرایا جائے۔

درج بالا ناولوں اور ناولٹوں کے مفصل مطالعے کے بعد ہم یہ نتیجہ اخذ کرنے میں حق بجانب ہیں کہ فسانۂ آزاد ہی سرشار کا شاہکار اور ان کی نمائندہ تخلیق ہے۔ اسی شہرۂ

آفاق اول میں سرشار کا فن اپنے عروج کو چھوتا ہے۔ یہی وہ ناول ہے جس میں پورا لکھنؤ اپنے عہد کی شہری اور مضافاتی زندگی کا آئینہ بن کر منعکس ہوا ہے اور یہی وہ دامن ہے جس میں سماجی مسائل اپنے پورے کیف وکم کے ساتھ جگہ پاسکے ہیں۔ لہٰذا ہم اس کا مفصل مطالعہ پیش کرتے ہیں۔

***

فسانۂ آزاد

یہ سرشار کا سب سے اہم مشہور اور شاہکار ناول ہے۔ اس کی تصویر لکھنؤ کے سماجی پس منظر میں ابھرتی ہیں۔ وہ ان تصویروں میں رنگ بھرنے کے لئے لکھنؤ کی سماجی زندگی کی رنگینیوں سے کام لیتے ہیں۔ لکھنؤ سے شدید وابستگی ہی فسانۂ آزاد کی سب سے بڑی کامیابی ہے۔ سماجی زندگی کے ہمہ گیر پہلوؤں سے اتنا گہرا ربط وضبط اور رشتہ و تعلق اردو کے کسی اور ناول میں کم ملتا ہے اور یہی خصوصیت اس کو اردو ناولوں کے بجائے "جدید داستان" کہنا زیادہ مناسب معلوم ہوتا ہے۔

ناول کا ایک اہم عنصر پلاٹ ہے اس کے بغیر داستان اور ناول میں ہیئت کے لحاظ سے کچھ فرق نہیں رہ جاتا۔ "فسانۂ آزاد" کا ایک بڑا نقص اس کا پلاٹ ہی ہے۔ یہ قصہ ڈھائی تین ہزار صفحات پر پھیلا ہوا ہے اور اسی وجہ سے پلاٹ کا رشتہ کہیں گم ہو جاتا ہے۔ اس کی بنیاد ایک حد درجہ معمولی قصے پر قائم ہے۔

قصہ یوں ہے کہ ایک جوان رعنا آزاد ایک پڑھی لکھی اور اونچے خاندان کی خاتون حسن آرا کی جھلک دیکھتے ہی اس پر ہزار جان سے فریفتہ ہو جاتے ہیں۔ حسن آرا بیگم شادی

کے لیے یہ شرط لگاتی ہیں کہ وہ جنگ روم وروس میں شریک ہوں۔ آزاد یہ شرط بوجہ احسن پوری کرتے ہیں۔ اور حسن آرا اپنا وعدہ پورا کرتی ہیں۔بقول علی عباس حسینی۔؎

اتنی سی بات تھی جسے افسانہ کر دیا

بات دراصل یہ ہے کہ سرشار کے ذہن میں کوئی منظم پلاٹ نہیں تھا۔ تخلیقی محرکات کے زیر اثر انھوں نے داستانوں کی طرز کا ایک قصہ لیا اور اس کی تعمیر میں گذشتہ داستانوں اور قصوں کا وہ طرز اپنایا جس سے قاری کے ذہن میں بار بار یہ سوال پیدا ہوتا ہے کہ پھر کیا ہوا؟' یہ پھر کیا ہوا' ہی فورسٹر کے خیال میں کہانی کے لیے ضروری ہے۔ اس نے بالکل ٹھیک لکھا ہے۔:

"کوئی پلاٹ غار میں رہنے والے آدمیوں پر مشتمل سامعین، جابر بادشاہ یا ان کے جدید جانشین فلم بیں عوام، کے سامنے نہیں سنایا جاسکتا۔ انھیں اور پھر کیا ہوا۔ کی مسلسل رٹ کے ذریعے صرف بیدار رکھا جا سکتا ہے۔ ان سے صر تجسس حاصل ہو سکتا ہے۔ پلاٹ فہم وادراک اور یادداشت کا بھی متقاضی ہوتا ہے"۔

اس نقطۂ نظر سے دیکھیں تو "فسانۂ آزاد" کی ساری دل چسپی قصہ گوئی کی تکنیک میں ہے۔ اس میں کوئی شک نہیں کہ پلاٹ مربوط اور غیر مربوط دونوں طرح کے ہوتے ہیں۔ "فسانۂ آزاد" میں پلاٹ اس قدر مربوط ہے کہ اس کا سراغ پانا دشوار ہو جاتا ہے لیکن 'فسانہ آزاد' کی یہی سب سے بڑی کمزوری، اس کی سب سے بڑی خوبی بن گئی ہے۔ پلاٹ سے بے نیازی نے سرشار کے لیے آسان کر دیا کہ وہ لکھنؤ کی سماجی زندگی کو بھرپور انداز میں پیش کر سکیں۔ اور یہ بات بھی بڑی دلچسپ اور اہم ہے کہ سرشار کا مقصد صرف لکھنؤ کی سوسائٹی کی مرقع کشی نہیں تھا بلکہ ان کا مقصد اودھ اخبار کو چلانے کے

لیے کچھ دل چسپی کا سامان مہیا کرنا بھی تھا چنانچہ انہوں نے اپنے مخصوص طرز میں قصہ کا آغاز کر دیا۔ ان کے پیش نظر کوئی سوچا سمجھا پلاٹ نہیں تھا وہ قلم برداشتہ لکھتے تھے کیوں کہ اس قصے کو پسند کیا جا رہا تھا اور اخبار کا مالک اس سے فائدہ اٹھانا چاہتا تھا۔ صالحہ عابد حسین نے بالکل ٹھیک لکھا ہے:

"سرشار نے یہ ناول اپنے دماغ میں کوئی پلاٹ ترتیب دے کر نہیں لکھا نہ ایسا ہو سکتا ہے کہ پہلے پورا ناول لکھ لیا جاتا پھر اس پر نظر ثانی کی جاتی۔ اس کی خامیوں، خرابیوں، اس پر نظر ثانی کی جاتی۔ اس کی خامیوں، خرابیوں، اس کی کوتاہیوں، اس کی بھولوں کو دور کر کے اسے چھپوایا جاتا بلکہ روزانہ سرشار "اودھ اخبار" کے لیے جس کے وہ ایڈیٹر بھی تھے۔ اس کا ایک قصہ اور چھپنے کے لیے دے دیتے"۔

پلاٹ سے یہ بے نیازی اس ناول کی سب سے بڑی خوبی بن گئی اور سرشار کی کوئی دوسری تصنیف اس خوبی کو نہیں پہنچ سکی ہے۔ حالانکہ کامنی، جام سرشار، پی کہاں وغیرہ میں سوچا سمجھا اور مربوط پلاٹ موجود ہے۔ فسانۂ آزاد میں اس کی خامی خوبی میں اس لیے تبدیل ہوگئی ہے کہ سرشار کے ذہن میں ناول کا کوئی واضح نقشہ تھا ہی نہیں اور اودھ اخبار کے لیے روزانہ کچھ نہ کچھ لکھنا لازمی اور ضروری تھا۔ لیکن سرشار ذہین تھے اور سب سے بڑھ کر ان کے مطالعے نے بھی ان کا ساتھ دیا۔ وہ جانتے تھے کہ داستان گوئی کس طرح کی جاتی ہے۔ علی عباس حسینی لکھتے ہیں:

"سرشار نے جس طرح رچرڈسن، فلیڈنگ، اسمولٹ اسٹرن، اسکاٹ ڈکسن اور تھیکرے کے ناول بغور پڑھے تھے اسی طرح انھوں نے ڈان کوئی زاٹ، الف لیلہٗ، انوار سہیلی، رامائن، مہابھارت، قصہ نل ودمن، گل بکاولی، داستان امیر حمزہ، مراۃ العروس اور

نبات النعش کا بھی گہرا مطالعہ کیا تھا۔"

سرشار کے اس مطالعے نے انھیں ایک راہ سمجھائی۔ جس پر چل کر وہ اودھ اخبار کے زبردست تقاضوں کو پورا کر سکتے تھے۔ انہوں نے قدیم داستانوں کی طرز پر ایک کردار لیا اور اس کردار کو رابط بنا کر غیر مربوط واقعات میں ایک طرح کا ربط پیدا کر دیا۔ لیکن سرشار کی دقت یہ تھی کہ وہ داستان نویسوں کی طرح خیالی دنیا تخلیق نہیں کر سکتے تھے۔ یہ انیسویں صدی عیسوی تھی اور وہ خود طلسم کے کارخانہ پر بھروسہ نہیں رکھتے تھے۔ اس لیے انہوں نے یہ ترکیب نکالی کہ خود اپنے اطراف واکناف کی زندگی کو پیش کرنا شروع کر دیا۔ سرشار کے لیے یہ بات آسان تھی۔ انھیں زبان اور بیان پر قدرت حاصل تھی ہی اور اس طرح بے بنیاد ہی مواد قبضہ میں آگیا۔ لکھنؤ کی سماجی زندگی کی مرقع کشی سرشار جیسے صاحب قلم کے لیے کیا مشکل تھی۔ وہ اس کے روپ بہروپ کو اچھی طرح پہچانتے تھے اس لیے انھوں نے اس کے بہر بہروپ کی عکاسی کی اور اس طرح سے سرشار کو ایک کبھی نہ ختم ہونے والا مواد ہاتھ آگیا۔ فسانۂ آزاد میں ہر جگہ یہ بات کامل طور پر نمایاں ہے کہ جب سرشار قصہ کو نیا موڑ نہیں دے سکتے ہیں تب انھوں نے لکھنؤ کی زندگی کا کوئی خاکہ پیش کر دیا ہے۔

مخصوص جگہ کی نشان دہی کرنے کی ضرورت نہیں ہے کیونکہ یہ بات فسانۂ آزاد کی مکمل ترین صورت میں نظر آتی ہے۔ یہی وجہ ہے کہ اس ناول میں ہم لکھنؤ کی زندگی کی چلتی پھرتی، بولتی چالتی تصویریں ملتی ہیں۔ علی عباس حسینی نے اس خصوصیت کی تعریف اس طرح کی ہے:

"وہ ہر طبقہ، ہر قوم، ہر ملت و مذہب، ہر پیشے اور حرفت کی آدمی سے کماحقہ واقف

دکھائی دیتے ہیں۔ وہ ملائے مسجد سے بھی واقف ہیں اور مجتہد عصر سے بھی۔ وہ بخوبی رمّال سے بھی آگاہ ہیں۔ اور پنڈت اور جیوتشی سے بھی۔ وہ طبیب کو بھی اچھی طرح جانتے ہیں اور ڈاکٹر کو بھی، وہ نوابوں کو بھی خوب پہچانتے ہیں اور ان کے لوٹنے والے مصاحبوں کو بھی۔ پتنگ بازوں کا حال ان سے سنیے، افیونیوں اور چانڈو بازوں کی حالت ان سے پوچھئے، شراب نوشی اور مئے آشامی ان کے ہاں ملاحظہ فرمائیے۔ نانکوں اور بنوٹیوں کی کیفیت ان کی کتابوں میں پڑھیے۔ غنڈے، شہدے، بدمعاش، نیک معاش، فقیر، جوگی، بنیا، نائی، حلوائی، غرض ہر پیشے اور ہر طبیعت کے لوگ آپ کو ان کی کتابوں میں مل جائیں گے"۔

سرشار ایک خاص پس منظر میں ان تصویروں کو ابھارتے ہیں اور ان کی تمام تر کامیابی کا انحصار اس مخصوص پس منظر کی پیش کش پر ہے اور ان تصویروں کی رنگارنگی اسی پس منظر میں واضح ہوتی ہے۔

لکھنؤ کی سماجی زندگی کی عکاسی سرشار نے جس چابکدستی سے کی ہے اس کا جواب ملنا مشکل ہے مثلاً فسانۂ آزاد" کی جلد دوم میں شطرنج کے عنوان سے کئی صفحات لکھ ڈالے ہیں جس سے لکھنؤ کی شطرنج بازی ہمارے سامنے آجاتی ہے اور ہم شطرنج بازوں کی خاص اصطلاحوں سے واقف ہو جاتے ہیں۔ اسی طرح عید الضحیٰ میں ایک امیر گھرانے کی عید کی تیاری عید کی مصروفیتیں غرض وہ سب کچھ ہے جو ایک اونچے گھرانے میں ہو سکتا ہے۔ فسانۂ آزاد کے ہر صفحہ پر لکھنؤی سوسائٹی کی چھاپ لگی ہوئی ہے۔ انکی حقیقت نگاری ہر جگہ، ہر مقام پر نمایاں ہے۔ سر عبد القادر سرشار کی حقیقت نگاری کے بعد بے حد معترف ہیں اور انہوں نے لکھنؤ کی زندگی کا مطالعہ کرنے کے بعد سرشار کی اس زبردست کامیابی کو ان الفاظ میں خراج عقیدت پیش کیا ہے:

"میں نے خود لکھنؤ کی حقیقی زندگی کا سرشار کے مرقعوں سے مقابلہ کر کے دیکھا اور بلاخوف تردید یہ کہہ سکتا ہوں کہ لکھنؤ کا کوئی باشندہ، خواہ وہ کاہل و آرام پسند وثیقہ دار ہو یا معمولی بد معاش، خواہ وہ ٹینگ مارنے والا شتربان ہو یا خیالی پلاؤ پکانے والا نفسی، ہر ایک کا نمائندہ اور مرقع پنڈت رتن ناتھ سرشار کی گلیوں میں مل جائے گا۔"

سرشار کو لکھنؤ کی اس درجہ متنوع تصویر مکمل انداز میں پیش کرنے میں کامیابی اس لیے ہوئی کہ ان کا ہیرو آزاد ہے جو ہر جگہ جاتا ہے، ہر ایک سے ملتا ہے۔ وہ چانڈو خانہ میں بھی جاتا ہے اور حرم سرا میں بھی، وہ نواب کا مصاحب بھی ہے اور جنگی سپاہی بھی، وہ افیونیوں کا دوست بھی ہے اور شرابیوں کا شناسا بھی۔ وہ بانکا بھی ہے اور شریف بھی، وہ حسن پردہ نشیں پر بھی جان دیتا ہے اور حسن بازاری کا بھی شیدا ہے۔ وہ امرا کی رگ رگ سے بھی واقف ہے اور ان کے مصاحبوں کا فطرت شناس بھی ہے۔ وہ اہلِ سیف بھی ہے اور صاحب قلم بھی ہے۔ سیر سپاٹے بھی کرتا ہے اور میلے ٹھیلوں میں بھی جاتا ہے وہ بزازوں سے بھی ملتا ہے اور لالہ جی سے بھی، مشاعرہ کی دھوم بھی دیکھتا ہے اور بڑے بڑے زہاد سے بھی ملاقات کرتا ہے۔ آزاد ہر قسم کی محفل، ہر قسم کے جلسے میں جاتا ہے۔ اس لیے آزاد کے ساتھ ہم بھی سارے لکھنؤ کی سیر کرتے ہیں۔ لکھنؤ کے ہر طبقے اور ہر نوع کے لوگوں سے ملتے اور ان سے متعارف ہوتے ہیں۔

لیکن سرشار نے جس انداز میں لکھنؤ کی سماجی زندگی کا کھوکھلا پن آجاتا ہے۔ لکھنؤ کا اونچا طبقہ جو وہاں کی تہذیبی زندگی کی روح رواں رہا ہے۔ سرشار کے زمانے میں انحطاط کے آخری درجہ تک پہنچ چکا تھا۔ لکھنؤ کی تہذیب اور تمدن کی کمزوریاں بے حد نمایاں ہو گئی تھیں۔ کیوں کہ یہ جن بنیادوں پر استوار ہوئی تھی وہ بنیادیں ختم ہو چکی تھیں۔ لیکن

عمارت اب بھی باقی تھی۔ عمارت خوبصورت بھی تھی، شاندار بھی، دیدہ زیب بھی تھی دل کش بھی لیکن بنیادیں چونکہ متزلزل ہو چکی تھیں اس لیے اس کے مکین اپنے آپ کو غیر محفوظ سمجھ رہے تھے۔ اس کے باوجود وہ عمارت سے باہر آنے کے لیے تیار نہیں تھے۔ وہ اس کے لیے بھی تیار نہیں تھے کہ عمارت کی اس خطرناک صورت حال کو تسلیم کرتے ہوئے اس کو نئے سہارے دے کر قائم رکھنے کی کوشش کریں۔ سرشار بھی اس کے رہنے والوں میں سے ایک تھے۔ ان کو بھی اس سے جذباتی لگاؤ تھا۔ وہ بھی اس کو چھوڑنا نہیں چاہتے تھے۔ اور یہ بھی پسند نہیں کرتے تھے کہ اسے ڈھا دیا جائے۔ لیکن انھوں نے اس کو نئے سہارے دینے کی کوشش کی ہے۔ انھوں نے اپنے ناول میں جابجا لکھنؤ کی سماجی زندگی کے کھوکھلے پن کو اجاگر کیا ہے، نئی تہذیب کے مطالبات کو پیش کیا ہے اور ان سے اپنے آپ کو ہم آہنگ کرنا ضروری قرار دیا ہے۔ اس لحاظ سے فسانۂ آزاد ایک مقصدی ناول ہے اور اس کا بھی مقصد اصلاح معاشرت ہے۔ صالحہ عابد حسین نے درست لکھا ہے کہ:

"فسانۂ آزاد اگرچہ ایک رومانی داستان ہے اور ایک نہیں بیسوں حسن و عشق کی کہانیاں اس میں موجود ہیں۔ لیکن اس کے باوجود یہ ایک مقصدی ناول ہے۔ مصنف کا مقصد اس ناول کو لکھنے سے یہ تھا کہ اپنے زمانے کی معاشرت اور تہذیب کی خامیاں اجاگر کر دے اور لوگوں کو نئے زمانے کے تقاضوں سے آگاہ اور نئی چیزوں سے روشناس کرائے۔ اس لیے اسے ایک اصلاحی معاشرتی ناول کہنا بے جا نہ ہو گا۔"

اس کے باوجود فسانۂ آزاد نری مقصدیت کا شکار نہیں ہوا۔ کیونکہ سرشار صرف لکھنؤ کی انحطاطی زندگی کو پیش کرنے پر اکتفا کرتے ہیں لیکن اس انداز میں کہ قاری کے

لیے مقصد کا تعین کچھ مشکل نہیں رہ جاتا۔ سرشار کے زمانے میں لکھنؤ کی تہذیبی میراث جاگیردارانہ نظام کی خرابیوں کی نذر ہو چکی تھی۔ جاگیردارانہ نظام کی خرابیاں اس لیے نمایاں ہو رہی تھیں کہ وہ اپنی اصل بنیادوں پر قائم نہیں رہی تھیں۔ بادشاہ نہیں رہ گیا تھا۔ صرف امراء رہ گئے تھے۔ دربار نہیں تھے لیکن درباری ہر جگہ تھی۔ دولت ختم ہو چکی تھی۔ لیکن اس کی نمائش بدستور باقی تھی۔ طاقت نہیں تھی، طاقت کا مظاہرہ تھا۔ عیش کا سامان نہیں رہ گیا تھا۔ لیکن عیاشی بہر حال تھی۔ سپاہی کوئی نہیں تھا لیکن بانکا پن بدستور قائم تھا۔ نشہ نہیں تھا خمار ضرور تھا۔ اس حالت میں انسان دن رات یک گونہ بے خودی اپنے اوپر طاری رکھنا پسند کرتا ہے۔ لکھنؤ کی بھی اس زمانے میں یہی حالت تھی، لیکن ایک طبقہ زندگی کے بدلتے ہوئے حقائق کو دیکھ رہا تھا اور اس حقیقت کو تسلیم کر چکا تھا کہ نئے حالات سے آنکھیں چار کرنے میں ہی بقا کا راز مضمر ہے۔ فسانۂ آزاد میں بدلتی ہوئی سماجی زندگی کا احساس صاف طور پر نمایاں ہے۔ انگریز ہندوستان پر قابض ہو چکے تھے۔ ان کی تہذیبی زندگی بھی آہستہ آہستہ اپنا قبضہ جما رہی تھی۔ انگریزی تعلیم او رسائنس کی برکتوں سے لوگ آشنا ہوتے جا رہے تھے۔ ریل، ڈاک، تار، مغربی لباس، مغربی رہن سہن، نامانوس نہیں رہ گئے تھے۔ لیکن ایک طبقہ ابھی ان چیزوں سے بدک رہا تھا اس تہذیب کی کسی بھی چیز کو اختیار کرنا اب بھی اس کے لیے قومی اور مذہبی توہین کے مترادف تھا۔ نئی تہذیب سے نفرت کچھ تو حاکم کی مخالفت کی بنا پر تھی، کچھ قدامت پرستی کی وجہ سے اور کچھ پرانی تہذیبی روایتوں سے محبت کے سبب سے۔ سرشار اس طبقے کو بتاتے ہیں کہ پرانی تہذیب کھوکھلی ہو گئی ہے۔ پھر وہ قدامت پرستی کی بے شمار خامیاں دکھا کر نئی تہذیب کی اچھائیاں واضح کرتے ہیں۔ وہ یہ بھی بتاتے ہیں کہ پرانی روش پر

اڑے رہنے میں قوم و ملک کا نقصان ہے۔ اپنے اس خیال کو پوری طرح سے پیش کرنے کے لیے سرشار نے اپنے ہیرو کو ایک طرح سے نئی تہذیب کا نمائندہ بنا دیا ہے۔ سرشار اس کی زبانی اس زمانے کی سماجی اور معاشرتی خرابیوں پر تنقید بھی کرتے ہیں اور اظہار افسوس بھی۔ آزاد پرانی تہذیب کی خامیوں، قدامت پرستوں اور رئیسوں پر نکتہ چینی کرتا اور ان کا مضحکہ اڑاتا ہے۔ وہ نئی تہذیب اور نئے زمانے کی کچھ کچھ چیزوں کی تعریب کرتا ہے اور ان کو اختیار کر لینے میں جو فائدے ہیں ان کی وضاحت کرتا ہے۔

عام اصلاحی موضوعات کی بھی سرشار کے پاس کوئی کمی نہیں ہے۔ وہ سماجی زندگی کو بہتر بنانے اور اس کی اصلاح کرنے کی بھی کوشش کرتے ہیں۔ اس لیے سرشار نے بے شمار سماجی موضوعات سے بحث کرتے ہوئے سماجی خرابیوں کی مذمت کی ہے اور اصلاح کے طریقوں کی بھی وضاحت کی ہے اس لیے فسانۂ آزاد میں تندرستی ہزار نعمت ہے، خیرات کے کیا معنی، بخیل اور فضول خرچ کا مقابلہ، نشہ بری چیز ہے، بچپن کی شادی کی خرابیاں بے جوڑ شادیوں کی مذمت، لڑکیوں کی تعلیم کی اہمیت، لڑکوں کو جاہل رکھنے کے خطرناک نتائج وغیرہ۔ ان گنت موضوعات ملتے ہیں۔ اس میں تو کوئی شک نہیں کہ سرشار نئی تہذیب کا خیر مقدم کرتے ہیں۔ لیکن اس کی اندھی تقلید بھی ان کو پسند نہیں۔ ان کو پرانی تہذیب کی بلند قدریں بھی عزیز ہیں۔ آل احمد سرور نے اپنے مضمون لکھنؤ اور ادب میں صحیح لکھا ہے:

"سرشار کا ہیرو ہر شہر و دیار میں جاتا ہے اور وہاں کی بے ہودہ رسموں پر جھلّاتا ہے۔ لیکن دراصل وہ لکھنؤ ہی میں رہتا ہے اور جس تہذیب کی ہنسی اڑاتا ہے۔ اس کا عاشق بھی ہے۔ سرشار میں یہ برائی ہے کہ وہ اپنے ہی ایک حصے پر طنز کر سکتے ہیں۔ اور اپنے جگر

پاروں کی قربانی دے سکتے ہیں۔"

سرشار نے اس حقیقت کو بھی پیش کیا ہے کہ نئی نسل زیادہ روشن خیال ہوتی ہے۔ وہ نئی باتوں اور نئی چیزوں کو جلد اپنا لیتی ہے لیکن پرانی نسل ان باتوں سے بھڑکتی ہے۔ اس لحاظ سے فسانہ آزاد کے جھنڈے تلے چلی جائے گی اور پرانی نسل کے سپہ سالار اعظم اور لیڈر میاں فوجی رہیں گے۔ آزاد اور فوجی کے خیالات کا فرق نئی نسل اور پرانی نسل کے ہر فرد میں نظر آئے گا۔ مثلاً بڑی بیگم کے متعلق سرشار لکھتے ہیں:

"بڑی بیگم انتہا کی ضعیف الاعتقاد، پرانے فیشن کی عورت تھیں، جادوٹونے، گنڈے تعویذ، بھوت پریت، ان سب باتوں کی دل سے معتقد، انھوں نے جو یہ باتیں سنیں تو سخت ناگوار ہوا۔"

اس طرح سرشار ہر جگہ نئی نسل اور پرانی نسل کے انداز فکر کو پیش کرتے ہیں۔ ضعیف رواجی اور نوجوان مہری عباس کے متعلق لکھتے ہیں:

"رواجی انتہا کی ضعیف الاعتقاد تھیں مگر عباس کو ان باتوں سے اصلاً سروکار نہ تھا۔

"

اس طرح سے سرشار ہر جگہ قدیم وجدید نسل کے رجحانات کو پیش کرتے ہوئے قدامت پرستی اور فرسودہ خیالی پر اعتراض اور اس کی خرابی کی وضاحت کرتے ہیں:

"بڑی بیگم صاحبہ صفائی اور فرش فروش اور تنکی اور پلاؤ اور جوڑوں کی فکر میں غلطاں پیچاں تھیں۔ حکم تھا کہ آج کوئی تیل یا مردے یا جنازے یا تابوت کا لفظ زبان پر نہ لائے۔ کوئی چھینکنے نہ پائے۔ خدا خیر کرے۔ مغلانیاں اور پیش خدمتیں ادب کے ساتھ حکم کی تعمیل میں مصروف تھیں۔ خواصیں بھی ڈر رہی تھیں کہ کہیں ناک سے چھینک یا

زبان سے کوئی کلمہ نکل جائے تو بڑی بیگم صاحبہ بد دماغ ہو جائیں۔"

سرشار نئی اور پرانی نسل کے امتیاز کو پیش کرتے ہیں لیکن اس پیش کشی کا پس منظر لکھنؤ کی سماجی زندگی ہوتی ہے۔ لکھنؤ کی سماجی زندگی میں سرشار اسی طبقہ کو پیش کرتے ہیں جو ایک طرح سے اس زمانے کی زندگی کا محور بن گیا تھا۔ یعنی امرا اور جاگیرداروں کا طبقہ لکھنؤ کی مخصوص تہذیب اور وہاں کی خاص سماجی حالت اور ماحول تمام تر اسی طبقے سے وابستہ اور متعلق تھا۔ یہی وجہ ہے کہ فسانۂ آزاد میں اس طبقہ کی مصوری سب سے زیادہ اہمیت اور قدر و قیمت رکھتی ہے۔

فسانۂ آزاد میں لکھنؤ کی سماجی زندگی کو مکمل طریقے سے پیش کیا گیا ہے اور صرف اس ایک خوبی کی بنا پر اس کی دوسری خامیوں کو نظر انداز کیا جا سکتا ہے۔ اس کی اس خوبی کا اعتراف سب ہی نے کیا ہے مجنوں لکھتے ہیں:

"سرشار کی سب سے زیادہ مشہور تصنیف "فسانۂ آزاد" ہے جو لکھنؤ کی اس معاشرت کی آئینہ دار ہے جو اسی وقت تک مٹ چلی تھی اور آج تک مٹتی چلی جا رہی ہے۔ مگر جو کسی طرح مٹ نہیں سکتی۔ سرشار نے اس معاشرت کے مضحکہ انگیز رخ کو بے نقاب کیا ہے۔ ان کی نگاہ تیز ہے اور ہر چیز پر گہری پڑتی ہے۔ وہ جزئیات کو بھی کبھی نظر انداز نہیں کرتے بلکہ لکھنؤ کی معاشرت کا جو نقشہ انہوں نے کھینچا ہے وہ عین زندگی معلوم ہوتا ہے۔"

ڈاکٹر شائستہ اختر لکھتی ہیں:

"ماحول حقیقی ہے اور صاف ظاہر ہے کہ یہ انیسویں صدی کے لکھنؤ کا زوال آمادہ سماج ہے۔ سرشار نے بڑے کمال سے اس پس منظر کی مصوری کی ہے۔ وہ واضح اور صاف

طور پر ہمارے سامنے آتا ہے۔ اس کے رسم و رواج، تقریبیں اور تہوار سب کو ہم نمایاں طور سے دیکھ سکتے ہیں۔۔۔ ان کا کنوس بہت وسیع ہے جس میں شہزادے سے لے کر کسان تک شامل ہو جاتے ہیں۔ ہر وہ ٹائپ جس سے سماج بستا ہے۔ سرشار کے فسانۂ میں ملتا ہے۔ عیش پرست نواب، ناچنے والی لڑکیاں، مقدس شیخ۔۔۔ فقیر اور شعبدہ باز جو لوگوں کے توہمات سے فائدہ اٹھاتے ہیں۔ امراء روسا جو بے کار زندگی گزارتے ہیں۔ بیگمات جو اپنے عالی شان محلوں میں ٹھاٹ باٹ سے زندگی گزارتی ہیں۔"

لکھنؤ کی سماجی زندگی کی تصویر کشی میں سرشار نے جس حقیقت پسندی سے کام لیا ہے اس کا جواب نہیں۔ لیکن جہاں تک شریف پردہ دار خواتین کی زندگی کی مرقع کشی کا سوال ہے وہ کہیں کہیں حقیقت سے کچھ دور ہو گئے ہیں۔ مثال کے طور پر سرشار جس طرح آزاد سے حسن آرا اور سپہر آرا کی ملاقات کراتے ہیں وہ یقینی طور پر اس زمانے کی شریف خواتین کی حقیقی زندگی سے تعلق نہیں رکھتا، شریف گھرانے کی لڑکیاں بجرے پر ہوا کھاتی اور گھوڑے کی سواری کرتی دکھائی گئی ہیں۔ پھر جب عشق کی پتنگیں بڑھتی ہیں تو صرف حسن آرا ہی آزاد کو گلوریاں نہیں کھلاتیں بلکہ آزاد خود اپنے ہاتھ سے حسن آرا کو پان کھلاتے ہیں یہی نہیں جب وہ اٹھ کر جاتی ہے تو وہ ڈوپٹہ پاؤں کو چھینک جایئے۔ آزاد حسن آرا اور سپہر آرا کو لیے گھومتے پھرتے بھی دکھائے گئے ہیں۔ آزاد جب سپہر آرا کو ڈوبنے سے بچاتے ہیں تو حسن آرا آپے سے باہر ہو جاتی ہے۔ وہ آزاد کے زانو کا بوسہ لیتی ہیں اور اظہار عشق یوں فرماتی ہیں "سنو آزاد! میں صدق دل سے کہتی ہوں کہ مجھے تم سے عشق ہے۔ یہ کہہ کر حسن آرا نے آزاد کا ماتھا چوم لیا" سرشار نے اس طرح شریف گھرانوں کی لڑکیوں اور عورتوں کو بعض وقت غلط روپ میں پیش کیا ہے۔ سرشار حسن آرا

اور سپہر آرا کو حیا پرور، اور پاک نظر کہتے ہیں۔ لیکن جس انداز سے بعض وقت خصوصاً ابتدا میں انہوں نے ان کو پیش کیا ہے اس سے ان کی حیا پروری اور پاک نظری دونوں پر حرف آتا ہے علی عباس حسینی نے یہ بات بالکل ٹھیک لکھی ہے کہ:

"ابتدا ابتدا میں یہ ہندوستانی شریف زادیاں، گھروں میں بیٹھنے والی لڑکیاں اس قدر بے پردہ، بے حجاب، شوخ چشم دکھائی گئی ہیں کہ توبہ ہی بھلی۔"

اسی طرح بہت بعد میں سرشار نازک ادا اور جانی بیگم کے کردار پیش کرتے ہیں۔ یہ دونوں بیگمات اعلیٰ پایہ کی رئیس زادیاں ہیں اور معزز گھرانوں سے تعلق رکھتی ہیں لیکن ان کی بات چیت اور اٹھنے بیٹھنے سے جو تاثر پیدا ہوتا ہے وہ صرف اس قدر ہے کہ یہ بیگمیں بڑے پایے کی رئیس زادیاں ہونے کے باوجود ادنیٰ درجے کی چھوکریوں کی طرح ہڑدنگ ہیں لیکن ٹھٹھول اور فقرہ بازی کے سوا کچھ نہیں جانتی ہیں۔ اس کے علاوہ عام طور پر عورتوں کی جو گفتگو پیش کی ہے اس پر طوائفوں کی گفتگو کا گمان ہوتا ہے۔

ڈاکٹر شائستہ اختر بھی سرشار کی اس کمزوری کو بیان کرتی ہیں وہ حسن آرا اور سپہر آرا سے متعلق لکھتی ہیں:

"وہ اپنے عمل سے بے حد بے بک اور نڈر معلوم ہوتی تھیں۔ ان کو ایسی حیرت ناک آزادی اور خود مختاری حاصل ہے جو سن ۱۸۸۰ء کے اچھے گھرانوں کی لڑکیوں کو کسی بھی طرح حاصل نہیں ہو سکتی تھیں۔ ان کی گفتگو اور محاورے بھی پردہ دار خواتین کے سے نہیں ہیں۔"

سرشار نے عام طور پر عورتوں کی جو گفتگو پیش کی ہے اس پر ڈاکٹر شائستہ اختر کا یہ اعتراض بھی بجا ہے کہ:

"سرشار کے متعلق عام طور پر یہ جو کہا جاتا ہے کہ انہوں نے شریف خاندانوں کی خواتین سے طوائفوں کی طرح سے گفتگو کروائی ہے۔ بالکل حقیقت ہے۔ "

سرشار پر یہ اعتراض حق بجانب ہے لیکن سچ پوچھئے تو اس کمزوری میں اس سماجی زندگی کا بھی کچھ نہ کچھ ہاتھ ضرور ہے جس کی تصویر کشی کی کوشش انھوں نے کی ہے۔ لکھنؤ کی سماجی زندگی میں شروع ہی سے طوائف کو ایک خاص مقام حاصل رہا ہے۔ لکھنؤ کے خاص حالات نے جس میں آسودگی، فارغ البالی اور عیش و عشرت کے رجحان کا سب سے بڑا ہاتھ ہے۔ وہاں کی سماجی زندگی میں طوائف کو ایک مرکزی حیثیت دے دی تھی اور چونکہ لہو و لعب کی زندگی کی پرورش اخلاقی قدروں کے خون سے ہی ہو سکتی ہے۔ اس لیے سماجی زندگی میں اخلاقی قدریں ضعیف ہوتی جا رہی تھیں۔ سرشار کے ناولوں میں لکھنؤ کا یہی اخلاقی تنزل ہر جگہ نمایاں ہے۔ نوابوں اور امرا کو زندگی بسر کرنے کے لیے سایۂ گیسو ضروری تھا۔ اکثر صورتوں میں نواب کسی نہ کسی طوائف کو گھر میں ڈال لیتے یا گھر ہی کو نگار خانہ بنا دیتے تھے۔ نوابوں کے گھروں میں پیش خدمتوں، مغلانیوں اور مہریوں کی کمی نہ ہوتی تھی۔ لہٰذا یہاں بھی وہی کاروبار شروع ہو جاتا تھا۔ سرشار نے جگہ جگہ لکھنؤ کی زندگی کے اس مذموم پہلو کو ابھارا ہے۔ یہاں صرف ایک مثال پیش کی جاتی ہے:

"عباسی ایک عورت طرح دار سمجھ گئی کہ میاں الجھے ہیں۔ سر کو اس زور سے جھٹکا دیا کہ دوپٹہ کھسک گیا اور گوری گوری گردن صاف نظر آئی۔ نواب صاحب اور بھی ہزار جان سے عاشق زار ہو گئے اور گھورنا شروع کیا۔۔۔۔ عباسی دل میں کھلی جاتی تھی کہ نواب کی نظر پڑی۔ اب چاندی ہے اور پانچوں گھی میں ہیں۔"

غرض سرشار نے طوائفوں، مہریوں، مغلانیوں، بھٹیارنوں وغیرہ ایسی تمام عورتوں کا جو باہر آتی جاتی ہیں، جو بے پردہ ہیں ایسا نقشہ کھینچا ہے کہ ان کا جواب پیش کرنا مشکل ہے۔ البتہ شریف اور پردہ دار خواتین کی کردار نگاری میں کہیں کہیں ان کا قلم بہک گیا ہے۔

کردار نگاری کے اعتبار سے بھی اس ناول کو ایک خاص حیثیت حاصل ہے۔ اب تک اردو ناول میں سیرت نگاری گویا ناپید تھی۔ سب سے پہلے سرشار نے اس طرف توجہ کی اور نام پیدا کیا۔ ان کی سیرتیں دل چسپ اور زندگی سے بھرپور ہوتی ہے۔

نذیر احمد کے مقابلے میں سرشار کی سیرت نگاری بہت متنوع ہے۔ ان کے پیش نظر کوئی واضح اور متعین مقصد نہیں تھا اس لیے سیرت نگاری کی آزادی اور گنجائش انھیں زیادہ حاصل تھی۔ اس سے جو فائدہ سرشار نے اٹھایا ہے اس کی سب سے واضح اور عمدہ مثال خود فسانۂ آزاد کے ہیرو آزاد کی ہے۔ وہ کسی اونچے اخلاقی معیار کا قائل نہیں ہے۔ ابتدا میں تو یہ بھی معلوم نہیں ہوتا کہ اس کی سماجی حیثیت کیا ہے۔ نہ والدین کا پتہ چلتا ہے نہ تعلیمی لیاقت کا لیکن میاں آزاد کس قسم کے آدمی ہیں یہ خود سرشار بتاتے ہیں:

"میاں آزاد جب گھر سے نکلے۔ گرگٹ کی طرح رنگ بدلتے رہے۔ کبھی درویش رندے آشام، صبح کو شراب شام کو جام، کہیں پہلوان یا بھگت بن گئے، کسی لترے یا بنوٹے کو دیکھا اور تن گئے، اس کو دبوچا، اس کو نوچا، اس کو زمین پر دے پٹکا، اس کو گرا دیا، کبھی پری رخوں کا جمال دیکھ کر مفتوں ہوگئے۔ مگر ان سے بڑے بڑے کارنامے بھی ضرور ہوئے۔ مکتبوں کی انہوں نے اصلاح کی تدرسوں اور کٹھ ملاؤں کی انہوں نے خبر لی، پاٹھ شالوں کا انہوں نے خاکہ اڑایا۔ ان پڑھ لوگوں کو انھوں نے رستہ بتایا۔ مگر دو ایک

حرکتیں فضول بھی سرزرد ہو گئی تھیں جن کا اب خمیازہ اٹھائیں گے۔"

اس طرح آزاد کسی اخلاقی پابندی کو ملحوظ رکھنے والے نہیں ہیں۔ ہر جگہ دم حسن آرا کے عشق کا بھرتے ہیں۔ لیکن زینت النسا اور اختر النسا میں بھی دل چسپی لیتے ہیں۔ ممبئ وا بیگم اور مس درجنا سے آنکھیں لڑاتے ہیں۔ مس میڈا اور کلیسر سا پر بھی دل آتا ہے۔ حد یہ کہ پولینڈ کی شاہزادی سے تو شادی بھی کر لیتے ہیں۔ لیکن آخر میں اسے بھی دغا دے جاتے ہیں۔ حسن آرا سے پہلے اللہ رکھی سے جس قسم کے تعلقات تھے وہ بقول علی عباس حسینی بجائے خود بے غیرتی کا وہ نواب سے روپیہ بٹورتا ہے۔ ممبئ جا کر مسلمانوں سے ایک ہزار کی رقم اینٹھتا ہے۔ حد یہ ہے کہ مس میڈا کی محبت اور شیفتگی سے ناجائز فائدہ اٹھاتا ہے۔ اس غریب سے دس ہزار کی خطیر رقم حاصل کر کے اپنے خرچ میں لاتا ہے۔ آزاد وفا کے لفظ سے نا آشنا ہے۔ خوجی جیسے دوست سے بھی اس کو کوئی خاص ہمدردی رہتی ہے نہ محبت، بہر حال آزاد کا کردار کوئی اخلاق استقامت ہے۔ وہ نئی تہذیب اور نئی روشنی کا آدمی ہے۔ اس لیے فرسودہ رسم و رواج کا مضحکہ اڑاتا ہے۔ وہ خیالی اور فرضی باتوں کو خاطر میں نہیں لاتا۔ وہ زندگی کے حقائق سے آنکھیں چار کرتا ہے۔ اور اپنے آپ کو ان کے مطابق ڈھالنے کی کوشش کرتا ہے۔ وہ خیال کی دنیا میں زندگی بسر نہیں کرتا بلکہ حرکت و عمل کی دنیا میں زندگی بسر نہیں کرتا بلکہ حرکت و عمل کی دنیا میں رہتا ہے اور اس کو قائم رکھنے کے لیے بانکے پن اور شہدے پن سے بھی دریغ نہیں کرتا۔ وہ شراب پیتا ہے لیکن شراب کی خرابیوں کو بھی بیان کرتا ہے۔ وہ صاحب بھی بنتا ہے لیکن امیروں کی بری عادتوں کے تدارک کی بھی کوشش کرتا ہے۔ گو وہ وفاداری نہیں لیکن حسن کی کڑی آزمائش پر پورا اترتا ہے۔ اپنی بہادری اور جانبازی سے خود اپنا ہی نہیں ہندوستان کا

سر اونچا کرتا ہے۔

سرشار نے آزاد کے مقابلے میں خوجی کا کردار پیش کیا ہے۔ خوجی اس زمانے کے لکھنوی سماج پر سب سے بڑا اور گہرا طنز ہے۔ وہ لکھنؤ کی سماجی اور تہذیبی زندگی کے کھوکھلے پن کی مجسم تصویر ہے۔ یہ لکھنؤ کا ڈان کوٹک زاٹ ہے۔ یورپین ادب میں ڈان کوٹک زاٹ کے کردار کو اہمیت حاصل ہے۔ اسی طرح ہندوستان ادب میں خوجی کے کردار کو انفرادیت حاصل ہے۔ یہ سرشار کا لافانی کردار ہے۔ کیونکہ یہ کردار سرشار کے دلی جذبات کا سچا عکس ہے۔ سرشار لکھنؤ کی قدیم تہذیب کے دلدادہ تھے۔ انھیں اس سے ہمدردی اور محبت تھی لیکن اس کے ساتھ ہی انہیں اس کی ملمع کاری، کمزوری اور افسردگی کا بھی احساس تھا۔ سرشار نے ان متضاد قسم کے جذبات کو خوجی کے روپ میں پیش کر دیا ہے۔ قاری کے سامنے خوجی کی کمزوریاں اس کی باتیں، ڈینگ بازی، اس کی نشہ بازی، غرض سب چیزیں آ جاتی ہیں لیکن اس کے باوجود قاری کو خوجی سے ہمدردی ہوتی ہے۔ ان کو لکھنوی تہذیب، تہذیب تمام تر کمزوریوں کے باوجود عزیز تھی کیوں کہ اس میں خوجی کی طرح دنیا بھر کی خرابیوں کے باوجود انسانیت تھی ایک خاص وضع داری تھی، سخت جانی تھی اس میں نشاط اور شادمانی کو برقرار رکھنے کا حوصلہ تھا۔ سرشار نے خوجی کے کردار کے ذریعے فسانۂ آزاد میں اس قدر بھرپور مزاح و ظرافت پیدا کی ہے کہ اس کا جواب نظر نہیں آتا۔ خوجی ایک مٹتے ہوئے سماج کا مجسمہ ہے۔ جس میں سرشار نے بڑے خلوص اور فنکارانہ چابکدستی سے روح پھونکی ہے۔ جب تک اردو زبان زندہ ہے یہ کردار بھی زندہ رہے گا۔ ان دو اہم کرداروں کے علاوہ سرشار نے ہر قسم کی متعدد سیرتیں پیش کی ہیں۔ یہ تمام سیرتیں مختلف سماجی طبقوں سے وابستہ ہیں۔ ان کی مختلف سماجی حیثیتیں

ہیں۔ لیکن سرشار کا کمال یہ ہے کہ انھوں نے ان کی کردار نگاری اس انداز سے کی ہے کہ وہ اپنے اپنے سماجی طبقوں کے نمائندے بن گئے ہیں۔

فسانۂ آزاد کی سب سے بڑی خوبی یہ ہے کہ سرشار نے بے شمار کردار پیش کئے ہیں۔ کرداروں کی یہ بہتات بذات خود سرشار کی قوت تخلیق کی دلیل ہے۔ آج تک اردو کا کوئی ناول نگار اتنے کردار خلق نہیں کر سکا ہے۔ کرداروں کی یہ کثرت لکھنؤ کی سماجی زندگی کی گونا گونی کو پورے طور پر پیش کرنے میں معاونت کرتی ہے۔ وہ اسی کی بدولت لکھنؤ کی ایسی کامیاب منظر کشی اور ترجمانی میں کامیاب ہوئے لیکن افسوس! سرشار کی تخلیقی قوتوں نے اپنا پورا کمال نہیں دکھایا۔ کچھ انکی لاپرواہی اور کچھ اخبار کے تقاضوں نے فسانۂ آزاد کو اردو کا وار اینڈ پیس بننے سے محروم رکھا۔ بہرکیف ان کی جملہ مصنفات میں فسانۂ آزاد کی وہی حیثیت ہے جو ستاروں کے درمیانی چاند کی ہوتی ہے۔

ناول کے فن شناسوں نے فسانۂ آزاد کے محاسن و معائب کا جس ژرف نگاہی سے مطالعہ کیا ہے وہ اس کی فنی مقبولیت اور اہمیت پر دلالت کرتا ہے۔ آئندہ سطور میں ہم چند اہم اور منتخب نقادوں کی آرا پیش کریں گے۔

علی عباس حسینی نے سرشار کے ناولوں کی فنی خصوصیات کے ساتھ ان کے ذہنی ارتقا کو پیش کرنے کی بھی کامیاب کوشش کی ہے۔ چنانچہ وہ ان کی شخصیت اور کردار کے ایک اہم پہلو مذہبی بے تعصبی، مسلم نوازی اور مولد پرستی کا محاکمہ ان الفاظ میں کرتے ہیں:

"سرشار کی تمام تصنیفات اس بات کی شاہد ہیں کہ ان میں تعصب مطلقاً نہ تھا اور انھیں مسلمانوں سے خاص طور پر محبت تھی۔ اس کے یہ معنی نہیں کہ وہ ہندو نہ تھے۔

مذہب تو ان کا یقیناً ہندو تھا مگر ان کی ذہنیت یقیناً غیر ہندو تھی۔۔۔ انھوں نے مختلف مقامات پر اس ذکر کو چھیڑا ہے اور ہندوؤں کے علوم، ان کی قدیم تہذیب اور ان کے مذہب کی ایک ہندو کی طرح تعریف کی ہے۔ ان کے ہاں اسلامی رنگ کے غالب ہونے کی دو وجہیں ہیں۔ اول تو وہ بہت بڑی خوبی تھی۔ اس میں مذہب و ملت کی مطلقاً شرط نہیں۔ فسانۂ آزاد کے ہیرو میاں آزاد کشمیری ہیں یہی وجہ ہے کہ وہ ڈان کوٹک زاٹ نہ بن سکے۔ کشمیری ہونے کے بعد وہ قابلِ مضحکہ نہیں ہو سکتے تھے۔ اسی صوبہ پرستی کے سلسلے میں مولد پرستی بھی آتی ہے۔ اس لیے کشمیر کے بعد اگر کسی مقام سے محبت کی جا سکتی ہے تو وہ لکھنؤ ہے۔ یہی وجہ ہے کہ وہ تمام ناول کا مرکز بنا۔ اب چونکہ یہاں کی معاشرت زیادہ تر اسلامی تھی اور سرشار کے وقت میں امرا و اہل علم انھیں میں زیادہ تر ہوتے تھے اس لیے سرشار نے اپنے مولد کو سراہا۔ جو اس کے صحیح نمائندے تھے۔"

ڈاکٹر محمد احسن فاروقی ان ناول شناسوں میں نمایاں مقام رکھتے ہیں جنھوں نے عالمی ادب کے پس منظر میں صنف (ناول) کا تنقیدی جائزہ بڑی دیانت داری، سخت گری لیکن بڑے خلوص کے ساتھ لیا ہے۔ انھوں نے سرشار کی ناول نگاری کے محاسن و معائب کا محاسبہ بڑی سختی کے ساتھ کیا ہے لیکن فسانۂ آزاد میں سرشار نے واقعیت نگاری کا جو کمال دکھایا ہے اس کی تعریف کرنے پر وہ مجبور ہو گئے ہیں۔ ملاحظہ فرمایئے:

"بادی النظر میں فسانۂ آزاد کو ناول تصور کر لینا مشکل نہیں ہے۔ آخر وہ حقیقی دنیا کا نقشہ پیش کرتا ہے۔ ایک سوسائٹی، ایک شہر، ایک ماحول کے بہت پہلو ہمارے سامنے لاتا ہے۔ اس میں واقعیت ہے، مزاح ہے اور زندگی پر ایک خاص نظر ہے۔ اس کا فارم بھی اگر ہے تو اسی قسم کی ناول کا ہے جسے پکار رسک Picar Eseue کہتے ہیں اور سب سے

زیادہ بات تو یہ ہے کہ زندگی کو جس حسن و خوبی کے ساتھ یہاں زندہ کیا گیا ہے ویسے اردو کی کسی تصنیف میں بھی نہیں کیا گیا۔ سرشار ایک ناول نگار کی Genius رکھتے تھے اور فسانہ آزاد ہی ایک ایسی تصنیف ہے جس میں یہ قوت تمام اردو کے فسانوں اور ناولوں سے زیادہ موجود ہے۔"۔

سہیل بخاری نے اردو ناول نگاری کے فن اور فنکاروں پر ایک مختصر لیکن جامع کتاب لکھی ہے۔ اس میں وہ سرشار اور فسانۂ آزاد کی خوبیوں کے معترف نظر آتے ہیں وہ لکھتے ہیں:

"اس میں کوئی شک نہیں کہ فسانۂ آزاد پر مکمل ناول کا اطلاق نہیں ہوتا بلکہ اس پر داستان امیر حمزہ کا سایہ نظر آتا ہے لیکن یہ اردو کا پہلا افسانہ ہے جس میں ناول کی جھلک پائی جاتی ہے۔۔۔ سرشار مرقع نگاری میں کمال رکھتے ہیں۔ انھوں نے لکھنؤ کے مٹتے ہوئے تمدن کی جو کامیاب منظر کشی کی ہے وہ آپ اپنی مثال ہے۔۔۔ وہ جیسا دیکھتے ہیں ویسا ہی بیان کر دیتے ہیں، اپنی طرف سے اضافہ نہیں کرتے، اس لیے کہ ان میں تعصب نام کو نہ تھا۔ ان کا مشاہدہ وسیع بھی ہے اور گہرا بھی۔ ان کی نظر جزئیات پر گہری اور تیز پڑتی ہے"۔

ڈاکٹر یوسف سرمست نے اپنے تحقیقی مقالے "بیسویں صدی میں اردو ناول" میں ناول کے محرکات و عوامل سے سیر حاصل بحث کی ہے۔ وہ کسی بھی ناول نگار کے متعلق رائے قائم کرتے ہوئے اس کے عہد، شخصیت اور فنی معیارات کو پیش نظر رکھتے ہیں۔ سرشار کے فن کو پرکھتے ہوئے انھوں نے فسانۂ آزاد کو پکارسک ناولوں کے زمرے میں شامل کیا ہے اور سرشار کی کردار سازی کی تعریف اس طرح کی ہے:

"پکارسک ناول میں ہیرو اپنی آوارہ گردی اور مہمات کی وجہ سے مختلف لوگوں سے ملتا ہے۔ وہ ہر جگہ کی سیر کرتا ہے۔ سماج کے مختلف پہلو اور رنگوں کو دیکھتا ہے۔ چونکہ ہیرو کو مختلف افراد سے سابقہ پڑتا ہے اس لیے اس قسم کے ناولوں میں جب تک کردار نگاری میں دستگاہ نہ ہو، ناول نگار کامیاب نہیں ہو سکتا۔ سرشار مختلف انداز سے مختلف طبقوں کے کر پیش کرنے میں پوری طرح کامیاب ہوئے ہیں۔ سرشار نے اتنے کردار پیش کئے یہں کہ آج تک بھی ان کا جواب نہیں ملتا۔ ان کا ہر کردار اپنے طبقے کی پوری پوری نمائندگی کرتا ہے۔"

پریم پال اشک، سرشار کے صف اول کے مداحوں اور نقادوں میں شمار کئے جاتے ہیں۔ انھوں نے متعدد مضامین کے علاوہ دو مستقل تصانیف اسی ضمن میں کی ہیں۔ وہ بھی سرشار کی مقصدیت کے قائل ہیں۔ مقصدیت سماجی شعور سے عبارت ہے اور سماجی شعور ہی سماجی مسائل پر غور و فکر کرتے اور ان کا حال تلاش کرنے کی تحریک عطا کرتا ہے۔ ان کے الفاظ ملاحظہ فرمائیں:

"سرشار فسانۂ آزاد میں مقصد کے اظہار میں کہیں بھی پیچھے نہیں رہتے۔ کہیں لکھنؤ کی تہذیبی جھلک پیش کر دی ہے، کہیں کردار نگاری کے ناقابلِ فراموش نقوش پیش کر دیے ہیں تو کہیں منظر نگاری کے حسین مرقعے اپنے قارئین کے ذہین نشین کیے ہیں اور سب سے بڑی خوبی یہ ہے کہ ہر کردار کو مصروف اور زندہ دکھایا گیا ہے۔ کہیں بھی میکانکی نہیں ہوا۔ حرکت ہے تو فطری اور فقط فطری"۔

ڈاکٹر شمع افروزی زیدی نے اپنی کتاب "اردو ناول میں طنز و مزاح" میں موضوع کے ایک ایک پہلو کا احاطہ کر کے اردو کے اہم ناولوں میں طنز و ظرافت کے عناصر کی

نشان دہی کی ہے۔ ان کے خیال میں فسانۂ آزاد طنز و ظرافت کے حربوں سے پوری طرح آراستہ ہے۔ سرشار کی واقعیت پسندی اور معاشرتی شعور کو وہ ان لفظوں میں واضح کرتی ہیں:

"اس میں (فسانۂ آزاد میں) لکھنؤ کی مٹتی ہوئی تہذیب کی عکاسی کی گئی ہے۔ اس میں کوئی شک نہیں کہ فسانۂ آزاد ایک ایسا لازوال ناول ہے جس میں لکھنؤ کی انحطاط پذیر معاشرت کی پستیوں اور مضحکہ خیز اپنی تمام تر خوبیوں اور خامیوں کے ساتھ متحرک نظر آتے ہیں۔ اس ناول کی اچھوتی ظرافت اور زبان کے فن کارانہ استعمال نے اسے افسانوی ادب میں زندۂ جاوید بنا دیا ہے"۔

سرشار خود مقصدیت کے قائل تھے۔ انھوں نے اپنی تمام تر تصانیف کسی نہ کسی مقصد کے پیش نظر لکھی ہیں۔ منشی نول کشور اور دیگر ناشرین نے اس کی صراحت سرشار کی تصنیفات کے اشتہارات میں بھی کر دی ہے۔ اخبار اودھ کے مینجر شیو پرشاد کی زبانی فسانۂ جدید کا مقصد ملاحظہ فرمائیں:

"ماحصل اس کا یہ ہے کہ ناظرین کو عبرت ہو اور شائستگی ترقی پائے، مذاق اور مزاح کے طرز پر جو لکھا خوب اور لطف یہ ہے کہ ہر ایک بیان سے ایک ایسا نتیجہ معقول مسخرج ہوتا ہے کہ اگر اس کو دفتر پند سود مند کہیں تو می زیبد"

ظاہر ہے کہ فسانۂ آزاد کی تصنیف کے دوران یہی مقصد سرشار کے پیش نظر رہا ہوا ہم اس باب کو اردو کے معتبر نقاد قمر رئیس کی درج ذیل رائے سے اتفاق کرتے ہوئے ختم کرتے ہیں:

"عالمی ادب کی تاریخ میں اس کی مثالیں موجود ہیں کہ جب کوئی تہذیب اپنے نقطۂ

کمال پر پہنچ کر زوال کا شکار ہوتی ہے۔ جب اس کا شیرازہ بکھرتی ہوئی تہذیب اپنے انتشار اور ادباء کے دور میں کسی ایسے فنکار کو جنم دیتی ہے۔ حواس کی رونق اور رخشندگی، اس کی بلندی اور پستیوں کا عارف ہوتا ہے۔ جس کا تخیل شاداب، نگاہ وسیع اور ذہین دل کی طرح دھڑکتا اور محسوس کرتا ہے اور جو اس کی بکھرتی ہوئی نیم جاں تہذیب کو اپنی بے مثل قوتِ اظہار سے جاندار اور متحرک بنا کر ایک غیر فانی مرقع کی صورت میں سجا دیتا ہے۔

سروانٹیس، فیلڈنگ، گوگول اور بالزاک ایسے ہی فنکار تھے اردو میں قدیم لکھنؤ کی تہذیب کو ایک غیر فانی ادبی روپ دینے کا کام سرشار نے انجام دیا۔ اس لحاظ سے فسانۂ آزاد کا شاہکار ہے۔ ان کی شہرت اور عظمت کا سارا انحصار دراصل اسی ناول پر ہے۔ اگر وہ فسانۂ آزاد کے علاوہ کچھ نہ لکھتے تب بھی اردو ادب کی تاریخ میں شہرت دوام کے مالک ہوتے۔

✼ ✼ ✼